华中科技大学文科"双一流"建设项目基金资助

西方政党学说概论

岳 奎 著

中央编译出版社
Central Compilation & Translation Press

图书在版编目（CIP）数据

西方政党学说概论 / 岳奎著. —北京：中央编译
出版社，2024.8

ISBN 978-7-5117-4714-3

Ⅰ. ①西… Ⅱ. ①岳… Ⅲ. ①政党－政治制度－
研究－西方国家 Ⅳ. ①D564

中国国家版本馆 CIP 数据核字（2024）第 081475 号

西方政党学说概论

责任编辑	李媛媛　王　岗	
责任印制	李　颖	
出版发行	中央编译出版社	
网　　址	www.cctpcm.com	
地　　址	北京市海淀区北四环西路 69 号（100080）	
电　　话	（010）55627391（总编室）	（010）55627307（编辑室）
	（010）55627320（发行部）	（010）55627377（新技术部）
经　　销	全国新华书店	
印　　刷	北京印刷集团有限责任公司	
开　　本	710 毫米 ×1000 毫米　1/16	
字　　数	288 千字	
印　　张	19.5	
版　　次	2024 年 8 月第 1 版	
印　　次	2024 年 8 月第 1 次印刷	
定　　价	98.00 元	

新浪微博：@中央编译出版社　　**微　　信：**中央编译出版社(ID: cctphome)

淘宝店铺：中央编译出版社直销店(http://shop108367160.taobao.com)　（010）55627331

本社常年法律顾问：北京市吴栾赵阎律师事务所律师　闫军　梁勤

凡有印装质量问题，本社负责调换，电话：（010）55627320

前　言

　　2018 年全国两会期间，习近平总书记在看望参加全国政协十三届一次会议的民盟、致公党、无党派人士、侨联界委员并参加联组会讨论时，首次提出"新型政党制度"概念，指出："中国共产党领导的多党合作和政治协商制度作为我国一项基本政治制度，是中国共产党、中国人民和各民主党派、无党派人士的伟大政治创造，是从中国土壤中生长出来的新型政党制度。"这一重大政治论断，对中国政党制度作出了新的理论概括，彰显出高度的道路自信、理论自信、制度自信、文化自信，为我们深刻认识中国新型政党制度优势，在新时代坚持、发展和完善中国共产党领导的多党合作和政治协商制度指明了方向。中国新型政党制度是从中国土壤中生长出来的政党制度，具有旧式政党制度和西方政党制度不可比拟的优势，这是已经被历史证明了的。新中国成立以来特别是改革开放以来，中国共产党领导中国人民创造的"中国奇迹"以及"中国之治"与"西方之乱"的鲜明对照，就是中国新型政党制度优势的生动体现和有力证明。

　　《孙子·谋攻》中讲，"知彼知己者百战不殆。"意思是说对敌人的情况和自己的情况都有透彻的了解，作战就不会有危险。我在给党的建设专业硕士研究生、博士研究生上课的时候，也经常想起这句话。当前，党的建设专业学生的专业课程，多以马克思主义政党理论、中国共产党的建设历史以及党务工作理论与实践为主干课程，很少涉及西方政党学说。尽管西方政党制度存在诸多问题和弊端，但有其自身的发展脉络和存在逻辑。因此，了解西方政党理论发展的一般历程就非常重要。

当前，中共党史党建学作为一级学科正式设立，其中党的领导与党的建设是重要的二级方向。因此，我们在学习掌握马克思主义政党理论和中国共产党的建设理论的同时，也要"知己知彼"，对西方的政党理论有所了解。基于此，本书按照时间顺序选取了 20 多位有代表性的西方研究政党学者的著述，分别予以了介绍和评价。在写作过程中，我们力求把握原著精髓，突出理论要点，并运用历史唯物主义和辩证唯物主义的立场给予评价。

总体上看，西方政党学说的发展映照着资本主义的发展，资本逻辑是西方政党学说的内在线索，这是与无产阶级政党理论本质上的不同。因此，我们在了解西方政党理论学说的同时，同样要对西方政党理论学说的实质有精准的认识。

在了解了西方政党理论后，则有必要从具体国家的政党制度入手，进一步了解西方国家政党制度的运作逻辑，从具体的制度设计、实践中来考察政党理论。制度是政治文明的核心，具有根本性、长期性、规范性和稳定性，规定着政治文明发展的方向和方式。政党政治是当今世界最主要的政治运行样式，也是人类政治文明发展的新成果。目前全世界 200 多个国家和地区中，除了 20 多个严格实行君主制或政教合一制的国家外，绝大多数国家和地区都存在政党，实行政党政治。由于地理环境和政治生态的差异，各国政党政治的制度建设呈现出明显的多样性特征。作为当今世界唯一的超级大国，美国政党制度建设成果丰硕，是美国国家软实力的重要组成部分。

美国政党政治的制度建设不是单一的，而是成体系的，其中包括基于宪法的政治制度、政党制度、政党内部规章制度，三部分衔接紧密并保持高度的逻辑自洽，共同构成美国政党政治的制度体系。2024 年正值美国总统大选年，美国民主党和共和党之间的斗争越来越凸显出美国政治的极化与分裂特征。因此，对美国两党的政党制度进行梳理和简介正当其时。基于这样的写作思路，本书共分为两个部分，第一部分重点介绍在西方政党研究领域中的学者的生平、理论和学说贡献以及对其理论和学说的评价；第二部分主要介绍美国民主党、共和党两党的内部规章制度，以呈现美国两大主要政党参与政治所遵循的逻辑和准则。

目　录

Contents

第一部分　西方政党学说概论简介

第二部分　当代美国政党制度简介与思考

—

第一部分
西方政党学说概论简介

一、博林布鲁克的政党学说

（一） 博林布鲁克的个人基本情况

亨利·圣约翰·博林布鲁克（Henry St. John, Viscount Bolingbroke）是18世纪英国的一位杰出哲学家、作家和政治家。博林布鲁克是托利党员，他的政治生涯跨越斯图亚特王朝（托利党当权）至汉诺威王朝首位国王乔治一世（辉格党当权）时期。

1678年9月1日，博林布鲁克于英格兰出生，他的父亲是一位议员和外交官，其家族成员曾多次在政治和军事上扮演重要角色。博林布鲁克年轻时接受过良好的教育，曾在牛津大学学习古典文学和哲学，其间表现出了优秀的辩论能力和演讲技巧。他在当时流行的知识分子圈中结交了许多著名的思想家和文学家，成为当时的政治明星之一。1701年，博林布鲁克进入议会，并加入托利党。1710年，他开始在英国政府工作，担任下议院领袖和首相助手。1712年，他被册封为博林布鲁克子爵。1714年女王安妮去世后乔治一世继位，博林布鲁克遭到宫廷政治的打压，最终被流放法国。在流亡期间，博林布鲁克发表了许多著名的政治和哲学著作，呼吁自由、平等、宪政和人民主权。托利党没落后，政治权力掌控在辉格党领袖沃波尔手中。沃波尔长期担任首相，控制内阁和议会，实行寡头统治。1726—1735年间，博林布鲁克担任反辉格党期刊《工匠》的编辑，以讽刺散文等方式抨击嘲讽沃波尔政府，揭露政府的各种弊端。1733年，博林布鲁克获得英国国王的特赦，回到英国，但未能重返政坛。1735 年他再次流亡法国，与伏尔泰、孟德斯鸠等思想家和作家交往密切，并开始从事历史和哲学研究。博林布鲁克于 1751 年 12 月 12 日逝世，享年 73 岁。

（二）博林布鲁克的主要政党思想

1. 定义政党及其功能

博林布鲁克是首位对政党进行系统学术阐释的政治学家之一。他在论著《论批判性与古典性》（1730）中给政党以明确的定义，并探讨了英国政治制度中的党派政治。他认为政党是一群人共同追求特定政治目标的组织，这些人基于共同的政治原则、观点和利益而聚集在一起，以推动特定政治目标。

他在论著中归纳了政党的主要功能，包括代表选民的利益、负责政府、发展政治纲领、参与竞争和推动民主制度的发展等。第一，政党通常是参与政府的组织，有责任领导和管理政府机构，实现政治目标和抵制国内和国际威胁。第二，政党发展政治纲领和政策，努力推动其在选民中的支持，以实现其政治目标。第三，政党通常是政治竞争中的参与者，争取得到选民的支持并获得政治权力，从而在政府决策和制定政策中发挥影响力。第四，政党作为民主制度的一部分，有责任推动民主制度的发展，维护民主制度运转。博林布鲁克还认为，政党是一种发展政治力量的手段，可以更好地表达政治利益，更好地参与政治竞争，而不是阻碍政治进步的障碍。

此外，博林布鲁克的政党理论还区分了"宗派"和"党派"。他认为宗派着重表达宗教信仰和价值观，而党派主要代表特定的政治目标，两者有明显的区别。一是追求目标不同。宗派通常追求宗教信仰、精神人文层面的目标，如推广宗教、传承宗教文化等。而党派则强调更加具体的政治目标，如改善经济状况、推进社会进步等；二是组织形式不同。宗派通常在教堂、寺庙、清真寺等地方形成相应的教群，而党派多在政治领域、议会、政府机构等地方组成自己的党派组织；三是群众基础不同。宗派通常依托宗教信仰，汇聚起一定的教徒团体。而党派多依赖于广泛的社会群体，为不同人群的共同利益发声；四是对社会生活影响不同。宗派的影响力主要体现在宗教、道德及人生价值观方面，如家庭、婚姻、教育等。而党派的影响力主要体现在公共政策制定和社会政治变化方面。总之，博林布鲁克认为宗派和党派虽然都是社会组织，但它们在目标追求、组织形式、群众基础及对社会生活的影响方面存在显著区别。

总体上看，博林布鲁克对政党的定义强调了其在发展政治力量和推动公共利益等方面的重要性，他的政治哲学和政治思想，对自由主义、民主主义和英美政治制度的发展产生了深远的影响。

2. 强调乡村党的地位

在"光荣革命"之前，英国议会包含宫廷党和乡村党。其中，国会官员和支持王室政策的人组成宫廷党，与王宫或政府没有直接联系的人组成乡村党。乔治一世（1714—1727 年在位）和乔治二世（1727—1760 年在位）时期，宫廷党几乎完全由辉格党成员组成，乡村党则由托利党和部分持异议的辉格党组成。因此处于反对派地位的乡村党，通常被认为是一群主张不同、观点各异、离心离德又没有任何确定的反政府计划的人所组成。[①] 而博林布鲁克认为，乡村党是英国政治体系中的一个重要组成部分，与其他政党构成了英国政治制度的核心。

博林布鲁克为乡村党正名，强调了它在英国政治制度中的重要作用和地位，包括代表地方利益、平衡中央政府和地方政府之间的关系，以及具有深厚的政治文化和社会背景。这些观点为分析英国政治制度和文化提供了深刻的见解和启示。

3. 强调反对党的重要性

博林布鲁克在《论政党》一书中，提到了"反对党"的概念及其在政党

---

① 李剑：《从"宗派"到"党派"——博林布鲁克与现代政党观的起源》，载《当代世界与社会主义》，2009 年第 1 期。

制度中的作用。他认为，英国议会分为"政府党"和"反对党"，议会中每一个议员都是为了提高和促进国民利益和反对坏政府而当选的。"他们参与反对政府的行动，如同他们在君王之下以备效劳一样，秉承着重大的责任，准备去控制政府……一个为此目标而建立的政党，既不会像顺民，也不会像谦谦君子那样行事，而是要反对政府的错误议案。"其中，反对党的任务是按部就班地去反对政府的"邪恶计划"，为国民谋取福利，遏制坏的政府，守护公众自由。① 此外，博林布鲁克认为"反对党"不仅是当前执政党方针政策的异议者，更是政治角逐中代表各种不同观点的政治力量。它在政治竞争中起到了重要的平衡作用，如果没有反对党，执政党可能会滥用权力并忽略其他声音。博林布鲁克还指出，允许反对党存在是一种有利于民主政治与和平竞争的政治对抗形式，但这必须遵循规则和纪律，而不是采取暴力、压迫和无原则的行为。

总之，博林布鲁克认为，反对党是政治竞争不可或缺的组成部分，有助于提高政党竞争力和政治体系的稳定性，但必须遵循一定的规则和纪律。

4. 爱国君主制

博林布鲁克认为党派之争于宪法和自由有害，两个主要政党（托利党和自由党）之间的争斗破坏了国家的实际利益，导致政局不稳定。他在《党派罪恶论》中探讨了党派政治的问题，并提出了新的政治理念，即"爱国君主制"。他主张，一个真正的爱国者应该担任国家的君主，并为国家利益而行动，而不是代表特定的党派或利益集团。而君主应当具有公正的品格，才能在被授予审查和否决议会决策的权力后，确保国家利益不受党派斗争的影响。

博林布鲁克的"爱国君主制"理念被认为是一种有启发性和现实意义的政治理念，特别是在批评党派政治和利益集团的问题上，它激发了人们对政治制度，以及如何确保国家利益能够得到公正处理的思考。

---

① 阎照祥：《博林布鲁克的宪政观和政党理论》，载《世界历史》，2015 年第 6 期。

（三）博林布鲁克政党理论的评价

1. 博林布鲁克政党理论的积极意义

博林布鲁克的政党学说是 18 世纪英国政治思想的重要组成部分，对英国政治尤其是对英国政党制度和政治文化的形成和发展产生了深远影响。

首先，它促进了英国传统的两大政党制度（辉格党和托利党）的形成，推动了政治参与和政治多元化的发展。博林布鲁克认为，政党是政治体制中代表民意和进行竞争的主要组织。其中，政治竞争可以激发参与者的活力和创造力，促进政策的创新和改革，这对推动政治参与和政治多元化有着重要作用。他的这一理念在英国得到实践，最终形成了传统的两大政党制度。

其次，它推动了政党制度、宪法和选举制度的发展。博林布鲁克认为，政党应该与政府分离，并在宪法和选举制度中得到明确规定和保障。同时，政党必须遵循包括选举和公开辩论在内的民主程序，以确保政府合法和合理地运作。这不仅有助于保证政府的合法性和稳定性，而且为民主政治的发展和完善奠定了基础。

最后，它倡导的政治中立和政策平衡有一定价值。博林布鲁克认为，政治中立和政治平衡十分重要，政府应该代表所有公民，而不是为某个特定集团或人群的利益来表达政见，国家权力，尤其是立法权，须由国王、贵族院和平民院共同运行。[①] 这一理念有助于避免政党滥用权力和对少数人造成不利影响。同时，他还认为政府应该保持政策的连贯性和稳定性，防止政治动荡对国家和民众的伤害。

总之，博林布鲁克的政党理论在现代民主政治中产生了积极的影响。他在政治参与、政策平衡和民主制度等方面的思想理念，对于当前国际社会民主制度的维护和发展仍然具有一定的参考价值。

---

① 阎照祥：《博林布鲁克的宪政观和政党理论》，载《世界历史》，2015 年第 6 期。

2. 博林布鲁克政党理论的局限性

博林布鲁克的政治理论和政党学说在实践中仍存在诸多局限。首先，它缺乏对政治竞争和民意表达的系统分析。博林布鲁克主张通过政治竞争来实现政策创新和改革，但没有深入分析政治竞争与民意表达之间的关系，忽略了政治竞争与民意表达之间互动关系的重要性。其次，博林布鲁克虽然关注了政治竞争和权力制衡等机制对政治稳定和公民权益的巨大贡献，但忽略了政治竞争和政治制度对不同阶级、性别、种族等社会的差别影响。最后，博林布鲁克的政治理论及政党学说主要是探究一般性政治原则和制度规范，并未提供具体的政策和制度操作方案。

二、休谟的政党学说

（一）休谟的个人基本情况

大卫·休谟（David Hume），苏格兰不可知论哲学家、经济学家、历史学家。他的思想对现代哲学、心理学、政治学、经济学等领域都产生了深远影响，被视为苏格兰启蒙运动和西方哲学历史中最重要的思想家之一。休谟于 1711 年出生于苏格兰爱丁堡市一个小镇的富有家庭，他的父亲是一位商人，母亲是一位教育家。在父亲去世后，母亲和姐姐将他抚养长大。1723年，休谟进入爱丁堡市的乡村学校。1727 年至 1734 年期间，他在爱丁堡大学学习法律，其间对哲学和历史产生了浓厚兴趣，并开始自己的哲学创作。1734 年，休谟前往法国斯特拉斯堡学习，其间撰写了一篇著名的长篇论文《自杀的不当试验》。1737 年，他到荷兰莱顿大学学习，并与当地的学者交流哲学和数学知识，1738 年返回爱丁堡。1739 年，休谟发表了他最重要的著作《人性论》（*Treatise of Human Nature*），这部著作深入探讨了人类行为、思想和道德。1741 年至 1742 年间，他出版了《政治研究》（*Political Discourses*），探讨了政府和社会制度的问题。1752 年至 1753 年间，休谟担任了爱丁堡市的文书，并着手撰写了包括《英国史》（*The History of England*）和《罗马史》（*The History of Rome*）等在内的历史作品。1763 年至 1765 年间，休谟担任苏格兰大使团的秘书，前往法国和维也纳，与当地的政治家和知识界人士交往，并留下了丰富的手稿和日记。1776 年，他在爱丁堡去世，享年 65 岁。

（二）休谟的主要政党思想

1. 党派制度存在弊端

《党派罪恶论》（*Of the Parties of Great Britain*）是休谟在政治哲学领域的一次重要的思想探索。在这部著作中，休谟探讨了政治派系的聚集和分裂，批判了英国政治制度中的党派制度。他认为，党派制度导致了政治上的利益斗争和权力争夺，这种斗争和争夺会使政治体系萎靡不振，而不是造福于人民。政党制度促成不同派别和团体的同时分裂了国家，以至于这些团体只注重自身利益而非公共利益。此外，政治派别之间的矛盾和分歧是人为造成的，而非客观存在的差异，这导致了政治体系的混乱和政府的滥权，使人民难以获得公正的政治代表。休谟认为不同政党之间需要合作和协商，政府应该通过包容和妥协来达成共识，避免因一己之私造成政治危机和社会紧张。

休谟还总结了党派制度存在的缺点，包括：党派制度阻碍了改革的实施、党派制度煽动了民族主义、党派制度滋生了不诚实行为，等等。他主张政治体制应该摆脱党派主义的束缚，走向更为理性和务实的政治决策，以更好地服务于公共利益。

2. 党派的划分

休谟把政党定义为"由共同的原则、志趣、兴趣、习惯或传统结合而成的团体"，并在其著作《党派罪恶论》中根据政党的政治目标和聚集方式对其进行分类。

根据政治目标，休谟将政党分为两类：团体政党和思想政党。团体政党通常以商业或其他特定利益集团的形式存在，有追求权力或利益的目标。其中，团体利益是由该党的核心成员掌握的，这类政党的目标不是围绕明确的原则，而是围绕权力和利益，因此通常被认为是"无原则"的政党。相较而言，思想政党拥有自己的思想体系，尝试影响政治和社会的总体方向。它们的目标是推进思想的发展，并为他们的信仰和理念辩护。

根据聚集方式，休谟将政党分为两类：集中式政党和分立式政党。集中式政党由少量有权力的领导人来决策，它们通常具有明确的思想纲领，致力于追求团结和效率；分立式政党通常分为多个小组或派别，这些小组或派别在思想、目标和方法上可能存在差异，这类政党在政治决策的过程中，往往面临更多的分歧和分裂。

此外，休谟还区分了"个人派别（personal）"和"真正派别（real）"。他认为，"个人派别"由注重个人利益的短视者和道德品质较低的人组成，缺乏共同的信念和目标。因此，它们的政策常以团体或个人利益为导向，不关心社会公共利益和长远利益。相较之下，"真正派别"由追求公共福利和高尚品质的人组成，他们能够超越个人利益，转而注重整体利益和公共福利，在共同理念和目标下展现出强烈的凝聚力和团队精神，具有更多的发展潜力和参与价值。

3. 建立监督制约党派的机制

除了对党派进行分类之外，休谟从其他角度深入地分析和反思了党派制度。

一方面，他认为政治派别在一定程度上不可避免地存在于政治体系之中。政治派别代表不同利益集团的利益，他们通过政治角逐和竞争的方式维护其核心利益。同时，政治派别可以作为政治组织来推动政治变革和民主进程，帮助人们参与到政治决策中，强化政府的管治能力。正如休谟所言："党派在某种意义上对于公共福利是有好处的……政治派别推动了政治合作，并转化了政府中的力量，使之成为有利于社会公正的努力。"因此，休谟主张"阻止党派之间的诋毁、压制，鼓励温和的观点，调节争辩，劝说每一个党派去看到其对手正确的方面，在对每个党派的赞美和责备之间保持平衡，这将是产生美好结果的最好方法"。①

另一方面，休谟指出，政治派别导致了党派滥用权力，肆意扩大自身的

---

① 〔英〕休谟：《休谟政治论文集》，北京：中国政法大学出版社 2003 年版，第 206 页。

权势范围。他认为，政治派别过分强调党派利益和团队精神，缺乏对公共利益的高度关注和独立思考，容易导致局部利益占据主导地位，忽视了整个社会的公平和公正。对此，休谟主张建立制度性的监督和约束机制来限制党派权力。监督约束机制包括：对党派人员的考核、公众意见的收集、公正的选举制度、反腐败法律的实施和公民的法律意识的教育等。

此外，休谟还关注政治派别和政治文化。他认为，政治文化对党派制度和政治发展具有重要影响，它的改变会影响党派的出现和发展。同时，党派制度可以通过媒体、社会化教育来影响和塑造政治文化，从而增强政治参与者的社会责任感和集体理念，强化他们关注公共利益和承担责任。

（三）休谟政党理论的评价

1. 休谟政党理论的积极意义

休谟的党派理论对现代政治具有一定的积极影响和指导意义。首先，休谟的党派理论提出了政治派别的分类方法，涵盖了政治派别的多个层面，吸收了现实政治生活中各类党派的特点和本质，并将其概括为"个人派别"和"真正派别"。休谟分析政治派别后，强调党派的利益和团队精神的重要性，也指出了个人派别的危害和制约，强调了真正的党派应该具备的品质和理念。这种分类方式在现代政治理论和实践中具有一定的积极意义，对英国的政治改革起到了一定的推动作用。

其次，休谟强调集体理念和道德品质在政治参与中的重要性，认为政治派别应该注重整体利益和公共福利，而不是仅关注狭隘的个人或团体利益，这对现代政治也有着深远的影响。

最后，休谟的党派理论针对政治派别中的复杂利益议题和困境，提出了建立制度性的监督和约束机制，限制了党派权力滥用和扩张。这种制度性的约束和监督机制，能够一定程度上缓解党派利益纷争，同时也保护了个体和公共利益。

2. 休谟政党理论的局限性

休谟的政党思想具有明显的理想化的色彩。首先，休谟过于强调党派利益和团队精神的重要性，反而忽视了政治派别在现代民主制度下应当注重独立和自由的原则。他还过分强调政党的凝聚力和道德品质，并将其视为理想状态，反而忽视了政治派别中存在的复杂利益。休谟提出要建立制度性的监督和约束机制，限制党派权力的滥用和扩张，主张建立"共和政治"的理念，但其具体细节和实现路径等方面的问题仍需要进一步探讨和完善。

其次，休谟的"党派罪恶论"提出了党派对公共福祉的破坏作用，但对党派的评价过于负面，反而忽略了政治派别的正面贡献和内部合作。

最后，休谟的政党思想轻视了党派的利益诉求。休谟认为政治派别的存在本质上是在追求私人利益，这反而忽视了政治派别作为利益集团对整体公共事务的重要贡献，及其针对不良执政行为采取的有效反制措施。此外，休谟的政党思想还存在比较单纯的功利主义取向，忽视政治参与中的公平正义原则和社会道德等，误把政治议题简化为体制性改革、经济利益或自由市场等问题。

总的来说，休谟的政党理论虽然存在一些缺点和不足，但强调了政治参与中的集体理念和道德品质，着重展现了党派制度的优缺点。同时，他对党派分类的深度反思对塑造良好的社会政治环境具有一定的启示意义。

三、伯克的政党学说

（一） 伯克的个人基本情况

埃德蒙·伯克（Edmund Burke），18 世纪英国著名的政治思想家、哲学家，被誉为保守主义的先知。伯克所处的时代，正值乔治三世个人专制统治达到顶峰。

1729 年 1 月 12 日，伯克出生于爱尔兰都柏林市，父亲是一位律师，母亲来自一个富有的天主教家庭。他在都柏林的一所天主教学校接受了早期教育，而后前往都柏林学习文学和哲学。学习期间，他阅读了启蒙思想家如约翰·洛克和大卫·休谟等人的著作，也接触到了爱尔兰民族和宗教问题。毕业后，他前往伦敦从事律师事务，但很快将自己的职业重心转移到了政治和文学方面。1756 年，伯克出版了他的第一部著作《一年之计在于春》，这是一部风格独特、语言华丽的哲学著作，被誉为英国文学中最精彩的散文之一。这部著作中，伯克提出了一种反对行动派主义的思想。1774 年，伯克加入主张自由主义和议会制度改革的辉格党，之后继续发表关于个人自由、国家利益和议会制度等议题的演讲和论文，并相继组织和参与了多个重要的政治运动和改革。他坚决反对英国对美国的殖民政策，认为英国应该尊重殖民地的权利和利益，而不是剥削和压迫他们。他还关注和批评法国大革命的暴力和无序行为，反对英国议会中的机会主义和激进主义。而后，他成为辉格党中保守主义的主要人物，主张反制在党内提倡革命的"新辉格"。在伯克的理论中，他主张保守主义思想，认为社会的稳定和秩序是最重要的，同时也主张传统、道德和国家利益的重要性。他拒绝通过革命、意识形态等来改变社会，而认为社会变革应该是基于传统和历史经验的有机演化过程。这些思想被视为英国保守主义以及西方现代保守主义的基石之一。1797 年 7 月 9 日，伯克在英国贝肯汉姆去世，享年 68 岁。

（二）伯克的主要政党思想

1. 对政党的定义

伯克在他的著作《反对狂热》和《最新世界史》中对政党进行了定义和评价。他认为，政党应该有一定的统一性，即成员要团结在共同的原则和抱负之下，发出一致和协调的声音。这里的"原则和抱负"是指政治意识形态和政治目标，政党通过竞选和治理等手段来推进目标和价值观的实现。这一定义突出了政党的政治性和集体性，反映了政党运作的本质特征和社会功能。

伯克的政党观点建立在对法国大革命和革命派的深刻认识之上。对法国大革命和革命派的实践使他意识到政治党派在推动社会变革方面的作用。他认为，政党是促进社会公共利益和政治稳定的公共机构，是代表整个社会利益的公共机构，必须服从于公共利益和道德标准，而不是仅满足狭隘的团体或个人利益。伯克提倡的政党理念强调，政党应该成为促进公共利益和政治实践的定向力量，而不是以实现短期的政治目的为目标。相比于独裁君主，政党是一种旨在保持各种派别之间平衡的组织形式，是民主化的选择，它能够保证民主政治和多元化的政治声音。因此，政党应该促进各方之间的协商和妥协，维持政治稳定和社会的和谐。

2. 为党派正名

1790 年，伯克发表了《法国革命的反应》一书，书中全面展示了伯克关于政党的观点。他认为，政党的目标应该是追求公众利益的最大化，而不是追求私人利益或小团体的利益。他对党派的定义摆脱了休谟"党派罪恶论"

的束缚，提出新的政党观点。

首先，政党应当因其在保障政治自由、增进公共利益等方面的重要作用而受到尊重。他认为，政党之所以能够存在并在公共利益方面发挥积极作用，是因为政治活动自由释放的积极性；其次，伯克强调政党的存在应当基于稳定和合理的原则，并追求长远的整体利益。他主张政党领袖应当根据公众利益而不是个人利益进行决策，通过竞选从社会中积极选拔出有能力的政治家。此外，伯克还指出政党可能面临的问题和潜在危险，包括：政党活动受到少数人的操纵、政党理念成为政治狂热分子或极端主义者的工具等。为此，他主张政党应该通过道德和规范的手段，完善其内部组织和管理。

在政党评价方面，伯克认为，政党可以促进社会和政治的发展，有助于集中精力推进政治改革。他认为，政党可以组织特定政治派别的人并代表其需求和要求；政党可以促进政治稳定，防止个人或小团体通过不负责任的手段给社会与国家带来危害。但伯克也指出，政党可能存在被利用去实现个人或私人团体的权力和利益的风险。

（三） 伯克政党理论的评价

1. 伯克政党理论的积极作用

首先，伯克肯定了政党在限制王权、防止议会腐败和政府权力滥用方面的重要作用，他摆脱并否定了18世纪英国政治家、思想家观念里较为盛行的"党派罪恶论"思想。这是英国政党思想史上的一个转折点。他强调政党作为公共机构，代表的不仅仅是特定群体的利益，还代表了整个社会的利益。

其次，伯克认为，政治党派可以让不同的观点和利益得到充分的表达和沟通，促成各方形成共识并尽可能地达成妥协，从而促进政治文化的成长。他强调政党要注重妥协和协商，要通过互相理解、交流和合作实现政治进展和政策制定。

再次，伯克认为，政党需要遵循一定的道德和原则，注重价值观念的传递和倡导，而非一味地追求短期个人或特定小团体的利益。

最后，伯克强调政治家、政党以及党派成员的忠诚度，认为他们必须服从于公共利益和道德标准，而不是仅仅忠于其党派。伯克指出，正直党派的首要目的是采取正当的手段把政党领袖推上权力高位，让他们能够运用国家的全部权力和权威来实现本党的纲领。① 也就是说，政党应当权衡各方需求和利益，统一各个支持者的政治观点，并通过反思和妥协实现政治紧张和稳定，进而更好地推动社会的发展。

2. 伯克政党理论的局限性

首先，伯克对进步和变革的看法较为保守，过于强调政治稳定和秩序。伯克认为，政党应当稳健地推进政治变革，防止快速改革带来的不稳定和混乱。这种观点会导致政党产生保守主义、守旧主义，特别是他反对革命和变革的思想，对社会进步和变革以及政党的进步和创新起到了阻碍作用。

其次，伯克关于道德和原则的考量不完善。伯克强调政党应当秉持道德原则，但没有具体说明道德原则是什么、政党应当如何做。

再次，伯克忽视了社会多元性的因素。伯克的政党观点没有考虑到社会多元化的因素，诸如种族、性别、经济地位等。这些因素会影响不同群体对政党的信任度和参与度，进而影响政治党派的影响力和代表性。虽然伯克的政党观点强调政党代表公共利益，但实际上党派通常被分为各种派系，各自为政，政党与政治家往往也为自身的利益和权力而行动。这种情况下，政党所代表的利益与公共利益之间也可能产生矛盾，损害公众的利益和信任。

最后，伯克是18世纪英国的贵族，也是主张保守主义的思想家。伯克的政治观点受到贵族阶层的影响，强调传统等级秩序和自由主义的价值观念。因此，他对贵族特权的态度相对复杂，不是绝对反对或完全支持。一方面，他支持贵族特权，例如他强调传统体制的稳定作用，认为应该尊重历史的地方性差异和特权的传承；另一方面，他支持新兴中产阶级拥有更多的政治权利，认为他们应当拥有足够的阶级觉悟来参与政治活动，最终实现对政治决

---

① 宋腊梅：《英美政党思想的起源》，武汉大学博士学位论文，2013年。

策的影响。

　　总体上看，伯克的政党思想建立在传统保守主义的基础上，认为政党是暴力和独裁统治的替代品，突出强调政党在促进公共利益和政治稳定方面的作用。政党应当以公共利益和道德价值为前提，统一各个支持者的政治观点，并通过反思和妥协实现政治进展和稳定。

四、麦迪逊的政党学说

（一）麦迪逊的个人基本情况

詹姆斯·麦迪逊（JamesMadisonJr，1751—1836），美国政治家和政治哲学家，出生于弗吉尼亚夏洛茨维尔，毕业于威廉与玛丽学院，美国第四任总统。他在起草和施行《美国宪法》和《权利法案》中起到关键作用，被誉为"宪法之父"。

麦迪逊是美利坚合众国的第四任总统，出身于南方大种植园主家庭。十二岁时，麦迪逊到离家不远的寄宿学校学习，师从唐纳德·罗伯逊（Donald Robertson）。罗伯逊是当地著名的加尔文教牧师，他为麦迪逊讲授拉丁文、希腊文、地理、数学、文学及神学知识。在罗伯逊的指导下，少年麦迪逊熟读了柏拉图、欧几里得、洛克、方特奈尔等人的作品，《国法大全》（*Corpus Juris Civilis*）、孟德斯鸠的《论法的精神》等法学名著，托马斯·阿·肯披斯（Thomasa Kempis）的《遵主圣范》（*Imitation of Christ*）、英国加尔文教圣经《威斯敏斯特信条》（*West minster Confession*）等宗教典籍。①

麦迪逊少年好学，青年时期即投身于独立战争。他曾担任州众议员（1776年）、州参议员（1784—1786）、大陆会议代表（1780—1783）、联邦众议员（1789—1797）和国务卿（1801—1809在杰斐逊总统任下）。1776

---

① 郭起飞：《詹姆斯·麦迪逊多元主义政治思想研究》，大连理工大学博士学位论文，2013年。

年，他参与制定弗吉尼亚宪法，是弗吉尼亚会议的领导人之一，先后出席大陆会议和 1787 年的美国制宪会议。他在制宪会议上提出著名的"弗吉尼亚方案"，并使之成为制定联邦宪法的基本框架和指导原则。

《美利坚合众国宪法》由约翰·拉特里奇领导的细节委员会（the Committee of Detail）负责起草。1787 年 8 月 6 日至 9 月 10 日，大会逐条讨论了细节委员会的报告。1787 年 9 月 17 日，詹姆斯·麦迪逊作为 39 个制宪会议代表签署人之一签署了《美利坚合众国宪法》。1789 年，麦迪逊成为新众议院的领袖，起草多部基本法律。麦迪逊与总统乔治·华盛顿密切合作，组织新的联邦政府。他还与托马斯·杰斐逊共同起草了《1798 年肯塔基和弗吉尼亚决议》，以抗议《外国人和煽动叛乱法》。

麦迪逊曾连任两届总统，时间是从 1809 年 3 月 4 日至 1816 年 3 月 4 日。他担任总统期间曾领导第二次美英战争，为维持美国的共和制度和赢得美国的彻底独立作出贡献。1836 年 6 月 28 日，麦迪逊在弗吉尼亚州的庄园中去世。

（二）麦迪逊的主要政党思想

1. 自由是政党生存的前提

麦迪逊对党派的定义是："部分公民无论在整体中属于多数还是少数，在某种共同的欲望或利益的推动下联合行动反对其他公民的权利或者该社会中的长远与整体利益。"麦迪逊十分重视自由对政党生存的价值，他认为"自由"是现代文明的基石，没有"自由"的社会是"不健全"的社会。他认为美国是崇尚民主自由的国家，应当重视自由对政党生存的价值。在他看来，自由的政府不是由一些人组成的议会或者行政部门组成的政府，如果想要建立民主政治就必须有公共机构来进行管理。自由是政党生长的土壤和氧气，没有自由就没有政党。[1] 他还认为，在没有自由的国家，或有自由却又

---

[1] 宋腊梅：《麦迪逊的政党思想与实践》，载《河南大学学报（社会科学版）》，2008 年第 2 期。

有党派纷争的国家中，人民的偏好显而易见、不言自明。因此，他提出要划分不同的利益群体，建立不同的利益结构，以实现各利益群体的均衡与制衡。他还认为，将社会中的利益与力量划分开来，使不同的利益主体相互制衡，从而可以保证自由与社会的多元化。利益群体的分化和多元化程度愈高，各派别就更容易达到力量上均衡，以保证政治权力的稳定。①

2. 大共和国思想——党派问题的解决方案

麦迪逊认为，美国的两党相争极有可能造成共和政体下的政治混乱。党派斗争阻碍了国家对社会的正常管理，扰乱了社会的稳定，严重损害了民众的利益。他不认可民主只能够在一小块区域内生存的观点，他认为民主在像美国这样的大国同样可以获得成功。如果社会分裂成各种不同的、飘忽不定的少数群体，很难保持多数群体的稳定。他还认为，任何多数派是暂时的，新的多数派会逐渐消失。这就是麦迪逊的大共和国思想的主要内容。

麦迪逊所提出的大共和国概念是以小共和国即古典共和国为参照的。以古希腊的雅典城邦为例，公民直接参与管理国家事务，实行直接民主。麦迪逊将其定义为民主政体，并对其持悲观态度。他认为，"纯粹民主"是不公平、不稳定、不宽容的。在推行"纯粹民主"的国家中，共同的感情和兴趣影响着大多数人的政治判断、政策和行为。这意味着，为了共同利益而团结起来的大多数人对抗着长期的和集体的利益的同时，会使少数派的利益会受到侵犯。这种弊端在小共和国内难以解决，大共和国却能更好地解决这一问题。共和政府能比民主政府管辖更为众多的公民和更为辽阔的国土，主要就是这种情况，使前者的派系联合没有后者那么可怕。② 虽然，大共和国中不同派系的实力因其内部争斗而被削弱，但大共和国的存在为派系的扩大创造了空前的优势。

---

① 徐宗才：《麦迪逊政党思想评析》，载《法制与社会》，2016 年第 5 期。
② 〔美〕汉密尔顿、杰伊、麦迪逊：《联邦党人文集》，程逢如等译，北京：商务印书馆 1980 年版，第 50 页。

麦迪逊还认为，虽然"无论共和国的大小都应具有一定的代表"，① 但大共和国比小共和国更有优势。首先，代表的人数与共和国的选民人数不成正比。其次，选举比较自由，选票更能集中在德高望重的人身上。

综上，大共和国在选举上的优势不仅体现在能够选拔出能力强、品德高尚且秉持公正的代表，来防止占据优势的党派压迫其他党派，而且可以更大程度地阻碍不讲正义和图谋私利的多数人。麦迪逊认为，在控制党派的影响上，共和政体相较于民主政体更有优势，这也是大共和国优于小共和国，联邦优于组成联邦的各州之处。

此外，麦迪逊在《联邦党人文集》第十篇中指出，大共和国政府是代议制政府，它与民主政体有两大区别。第一，共和政体的政府实行间接民主或代议制民主，即委托给公民选举出来的少数公民来管理；第二，共和政体管辖范围内的国土面积较大、公民人数较多。麦迪逊认为，"大众政府"同时具有联邦结构和分权体系，既能缓和派系争斗，又能确保公民参与到保护自身利益的政治事务中。

3. 政党政治可以缓和国家与社会之间的矛盾

麦迪逊认为，国家是超越公民个体且有强制力的公权力组织，国家权力来源于公民权利的让渡，具有扩张性和寄生性的特点。首先，麦迪逊认为，国家权力的扩张性源于它自诞生之日起产生的不安全感。国家权力提供了支配一切的强制力，而强制力则是扩张性的后盾；其次，国家权力具有寄生性，无法依靠自身力量维持其独立存在，国家统治机器的运转需要依靠社会财富的供给。一般情况下，人们只有在自由而积极的社会氛围中会创造财富并享受快乐。要想营造自由而积极的社会氛围，就要依靠国家的强制力这一超然力量来维持社会的安定和秩序，但社会需要付出一定的代价才能获取强制力。

此外，麦迪逊认为，一旦国家势力的过度扩张超过社会承受力的极限，

---

① 〔英〕戴维·米勒、韦农·波格丹诺：《布莱克维尔政治学百科全书》，北京：中国政法大学出版社1992年版，第650页。

国家将难以维持自身的存在。① 因此，要限制政府权力来防止社会自由受到严重危害，而政党的存在能够起到缓和国家和社会之间冲突的效果。

（三）麦迪逊政党理论的评价

1. 麦迪逊政党理论的积极作用

麦迪逊的政党思想在美国的民主原则问题上有三点创新。首先，自由是政党产生的基础和前提，是促使党派茁壮成长、发展的土壤和氧气。所以，消除不同利益的表达自由和不同派别的结社自由是消除政党的前提。不过这种做法十分愚蠢，更甚于党派所带来的弊病。

其次，财富分配上存在的差异与不平等是导致政党形成的最广泛、最长久的因素。麦迪逊认为，每个文明社会都可以分为不同种类和数量的群体和阶层，例如：地主、商人、工业家、债主、欠债者、工人等。人民根据财富和思想上的差异分为两派，而每一派都决心要强迫政府采取行动。

最后，党派的产生是自由政府必然要付出的代价。他认为，两个政党可以相互克制。大共和国一旦成立，就会形成许多代表不同利益的政党，他们之间的利益相互矛盾，不可避免地要相互制衡。

2. 麦迪逊政党理论的局限性

首先，麦迪逊的政党学说具有浓厚的资本主义政党斗争色彩。麦迪逊的政党学说创作于美国政党政治斗争的紧张时期，具有为当时的政治斗争服务的浓厚色彩。比如，他的《联邦党人文集》的第十篇和第五十一篇是为1787年美国宪法能够得到人们的认同和承认而写的宣传文章。② 但实际上，建立大共和国并不是防止党派之争所带来的危害的必要举措。

其次，麦迪逊未能将政党和派别区别开来。麦迪逊常将政党和派别的本质混为一谈。他认为派别反对社会中的长远利益和整体利益，因此他采用传

① 徐宗才：《麦迪逊政党思想评析》，载《法制与社会》，2016 年第 5 期。
② 宋腊梅：《麦迪逊的政党思想与实践》，载《河南大学学报（社会科学版）》，2008 年第 2 期。

统的、带有"贬义"的词义谈论派别。

除此之外，麦迪逊认为人性是政党产生的潜在原因，人天生的品质会将他们分成不同党派。他对人性抱有的悲观态度使他充满疑惧与警戒，他反对君主制、主张共和制，唯恐发生"多数人对少数人的暴政"，即人民群众侵犯资产阶级和大土地所有者的财产权。这体现了麦迪逊政党学说的阶级局限性。

五、奥斯特罗果尔斯基的政党学说

（一）奥斯特罗果尔斯的个人基本情况

莫伊赛·奥斯特罗果尔斯基（又译奥斯特洛戈尔斯基，1854—1919），俄罗斯的政治学家、历史学家、法学家和社会学家。他与马克斯·韦伯和罗伯特·米歇尔斯被认为是政治社会学的三大创始人，也是政党制度和政党理论领域的专家。

奥斯特罗果尔斯基于1854年出生在俄罗斯格罗德诺镇，1919年去世。他在俄罗斯的圣彼得堡大学法律系就读期间，出版了多本历史教科书。1872年出版的《俄罗斯历史年表》，到1915年重印22版；1873年出版的《俄罗斯历史普通年表》，到1915年重印16版，等等。奥斯特罗果尔斯基自1875年起担任俄罗斯司法部的立法委员，随后担任圣彼得堡大学法律系的系主任。1881年，奥斯特罗果尔斯基不满于俄国沙皇政权的压迫，离开俄罗斯前往法国。奥氏在巴黎受法国政治思想影响颇深，特别是托克维尔、孔德、迪尔凯姆、圣西门和普鲁东的思想。这一经历也使奥氏的作品带有民主至上及不信任一切强有力政府的色彩。1888至1889年，奥斯特罗果尔斯基在《政法》杂志上发表了政党研究的相关文章。1902年，他出版了《民主与政党组织》，这部著作使他声名鹊起，成为现代政治学的奠基者之一。在该书中，他描述了旧式立法机构核心党团的崛起与衰落、政党代表大会的起源与发展、政党委员会对控制性权力的垄断、美国政治中派系和党魁的演化。他还强调，对政党的研究不应只关注政治的形式，还应关注政治力量的产生。

奥斯特罗果尔斯基不仅是一个杰出的历史学家，还是组织社会学和政治社会学的重要创始人之一。在组织结构方面，他分析政党的概念性理论具有独创性。他认为，区分当代政党不仅应当根据组织的性质，还要依靠组织的结构和成员的阶级性。

（二）奥斯特罗果尔斯基的主要政党思想

奥斯特罗果尔斯基撰写和发表的政党著作和相关文章，考察和分析了英美两国的政党，全面论述了政党的产生和发展，奠定了其政党思想的基础。为追溯政党产生的源头，他考察了英国近代政党组织的最早雏形——政治协会，着重分析了以英国保守党为主的政党组织的发展历程，概括总结了政党产生和发展的条件，还梳理了议会党团的发展脉络。

1. 政党组织的雏形及其发展

（1）政党组织的早期雏形

1830 年，经济危机的爆发使英国的阶级矛盾逐渐加剧，也使得中产阶级认识到必须围绕工业进行斗争。因此，中产阶级在工业中心伯明翰成立了第一个联盟，即"下层和中产阶级人民的共同政治联盟——伯明翰联盟"。随后，各个联盟在伦敦联合成立了"全国政治联盟"。然而，1832 年国会改革并未改善工人阶级的物质生活状况，也未使其获得投票权。于是，伯明翰等地的政治联合在宪章主义的旗帜下，再次发起了争取普选权的运动。虽然，1848 年法国二月革命的胜利为宪章运动注入了新力量，但由于政府的压制，宪章运动也从此开始衰退。尽管宪章运动并未取得最终胜利，但是英国公民的选举权获得了扩大。

奥斯特罗果尔斯基认为，"协会"既是改革者的武器，也是反对派的武器。他认为，1883 年成立的"反谷物同盟"不同于天主教联盟或其他政治协会，它通过舆论获取支持，通过灌输民族意识来促进立法胜利。这是宪法以外的组织对议会政党的胜利，不仅是政治社团的重大发展，更是国家的小转折点。尽管如此，奥氏却认为，任何非宪政团体的目的都不是想要作为永恒的势力而存在，他们的参与只是一种特殊的、迫于形势而进行的活动。

（2）政党组织的发展过程

真正意义上的政党的出现与近代以来政党组织的纷纷涌现密切相关。奥氏认为，只有有组织的政治团体才适合形成政党。欧洲大陆上的大多数国家存在议会之外的政党组织，但几乎毫无发展。例如，大选前建立起来的政党往往由没有明确政治信念的群众组成，在大选后很快土崩瓦解。此外，民族特色和历史前因也是重要因素之一。现代文明中的政治体制大多以同一模型为蓝本，这意味着人们如果受到相似社会条件的影响，便会以相同的步调发展政党。在英国，深入到人民脑海中的自由理念使英国在研究政党思想方面更具优势，也为研究政党发展方式提供了调查材料。英国政党组织的出现具有较强的代表性，主要体现在以下两点。

首先，议会外政治机构的建立。奥氏认为，宪法以外的组织在追求政治改革时，希望通过建立政党使政党的目标转向议会外的组织。1832 年，英国议会改革前，议会外没有常设性的政党组织，随着改革法案的提出，选民的选举权得到了扩大，政治地位得到了提升。随之而来的是传统操纵选民的方式逐渐失效，在议会外建立常设政治机构成为必要。议会外政治机构的建立有两个体现：第一，登记协会的出现。政党意识到改革法案扩大选民选举权的同时，改变了依靠少数有影响力的人获得议会席位的现状。保守党领袖罗伯特·皮尔积极推动成立登记协会，多次呼吁保守党提升对登记的重视程度。他认为"宪法的战役将会是登记法庭上的斗争"，并在《塔姆沃思宣言》里高呼"登记，登记，登记。"[①] 罗伯特·皮尔是这样评价登记协会的："改革法案改变了政党的地位和公共事务的运作，这是改革法案制定者所没有预想到的。目前政治力量中，选民登记是凌驾于君主或下院之上的强大因素。事实证明，热衷于登记工作的政党是最强有力的政党。选民登记仅是一种有待

---

① 〔美〕R. R. 帕尔默：《现代世界史》，何兆武、孙福生、陈敦全等译，北京：世界图书出版公司 2009 年版，第 126 页。

于发展的工具，但就其潜移默化的作用而言，它是最强大的工具。"① 第二，俱乐部的出现。奥氏提出，19 世纪出现的以会费和党员身份为准入基础的俱乐部是真正的俱乐部。1831 年，保守党建立了第一个真正的俱乐部，即卡尔登俱乐部；1836 年，自由党建立改革俱乐部。俱乐部成员由政党的两院议员组成，职责是讨论议题后听取党魁命令。俱乐部还成立了政治委员会来维持与地方协会的长久联系，和选举登记工作的有序推进。

其次，督导员制度的形成。奥氏认为，议会督导员的职责是指导群体团结起来以便在议会中发挥作用，这一群体是维系政党高效运作的积极要素。这意味着督导员开始向该党议员传达党魁之意。概括而言，督导员的责任包括以下方面：督导员按照行动计划的机密文件，监督实施情况，保证他们各司其职，随时准备履行被委派的职务；始终与议会成员保持接触，杜绝叛乱的苗头，向各党派成员推销领袖的理念，保证与会成员符合法定人数，并组织本党议员参与各种活动，如辩论、投票。督导员还被称为"政治工作的秘书"，负责向首相禀报各议员的情况。因此，督导员的权力来源是他的声望和机智，责任是维护党的团结和战斗队伍的紧凑。

反对党也利用相似的方式维持党内团结，提升党员的纪律性，来保持政党的高投票率。但这意味着，议员会因为纪律的约束无法独立表达真正意愿，只能在本党领袖和督导员的监督下违心地投票表决。因此，奥氏认为，政党机制和政党议会党团的出现和发展于个人利益无益。

2. 政党组织与民主政治的关系

奥斯特罗果尔斯基论述了政党组织对民主政治的推动作用，认为政党的兴盛有利于提升个体的政治觉悟，有利于调动公民参与政治生活的积极性，也提升了重新审视民主政治发展中政党组织价值的必要性。奥斯特罗果尔斯基论述了政党组织对民主政治的推动作用。

---

① 参见〔英〕P. J. 马歇尔：《剑桥插图大英帝国史》，樊新志译，北京：世界知识出版社 2004 年版。

（1）提升了民主政治的价值

奥斯特罗果尔斯基认为，民主选举产生的领导者和政党的腐败，导致政党不再对公众负责，这种腐败现象在英格兰尤甚。相较于传统等级制度的社会，现代社会充斥着腐朽的个人主义和固有的政治秩序，专业政客取代由自由公民理性选择的政党成为国家工具。因此，奥氏认为政党组织是寡头统治出现的重要原因，不利于社会发展。

奥斯特罗果尔斯基认为，政党组织的目的与作用是矛盾的。政党组织的存在本是为应对个人主义造成的后果，但逐渐成为通过侵蚀群众意志，逐渐取代深思熟虑后的个体行动。随着社会舆论在竞选活动中愈发重要，竞选者往往会采取非常规的手段骗取票数。这意味着票数不再是选民意志和共识的反映，而成为政党组织控制公众代表独立思想的象征。因此，政党组织为获取更大利益，借支持群众团体活动隐藏其专制思想，借机建立虚假民主，导致人们贡献力量却无法获得真实的民主权利。

奥氏在用自由民主理论批判民主的同时，认同建立在公认价值标准上的差异。他呼吁政治家们领导选民，从思维模式和行为特征两方面做出改变，进而建立于他们有利的政党组织，使人人享有平等机会得以展示自己的才能。此外，奥氏认为消除政党体系具有重要意义，政党在政治生活中不应仅是政党的标志物，更要发挥其应有的作用。而政党组织开始腐蚀政治，正是因为其政治文化理念不能与时俱进，甚至腐败不堪。

（2）提升了个人思想意识，促进了民主政治发展

奥氏的观点与美国、英国、法国和俄罗斯的思想理念产生共鸣。在他看来，政治社会是人类选择的结果，因此民主政治的历史是广泛的、有争议的和选择性的历史，这过程中的决定和冲突是重要的历史支点。他还认为，个人愿望和政党目标之间存在冲突，这种冲突与倡导者的选择息息相关。奥氏重视参政者思想对政治的影响，他认为政客的政治信仰、爱国精神、唯物论、党派精神、平等原则和公民精神等是造成英国腐败现象的原因。在所有政治格局中，奥氏认为"内在"是智力和道德，"内在是不可或缺的"。而决定政治环境的两个因素是"文化，其中包括智力和道德上的，和政治方法"。从

他书中的逻辑来推断不难看出这两个因素的重要作用。

奥氏认为，18世纪的英国社会被个人主义摧毁是思想影响历史的体现。既然思想是政治的重要力量，当思想的力量发展到足以变革政治的时候，新思想会随之而来。奥氏提出，19世纪末的英国可以通过设立议会党团来控制议会。但赢得选民的心仍然是获得真正胜利的首要条件，这意味着奥氏的提议在道德和舆论上是行不通的。新思想确是政治发展的首要推动因素，但并非所有人的智力和道德都能达到民主政治所需要的水平。奥氏对议会党团会议不满的原因，正是民主性的体制扎根于不民主的土壤。他认为，议会党团会议是扼杀自由灵活的党派论点的政治辩论，同时降低了政治领导者的智力。

因此，奥氏为辉格党的罪行辩护：包括在坚守原则，在期待超越目前的民主热情以及关注自由和民族永久的利益。奥氏关注的问题是政党的权力是否需要由具有超常智慧的社会精英来管理。从英国政党的案例来看，他认为领导者在政治活动中的权力和作用并没有因其素质的下降而削弱，在政党民主政体下，人民群众对政治问题的理解是有限的，迄今为止，英国的大部分群众仍不能对思想上的政治问题感兴趣。他们缺乏文化的入门和必要的训练，不能在一个半小时里将他们的注意力集中于日常生活之外但不是当务之急的主题上。①

(3) 为妇女争取权利提供了帮助

19世纪，英国中产阶级女性被迫从家庭走向社会，这一转变促使她们的自我意识开始觉醒，而她们的地位和权利的改变，也是英国社会所特有的时代特点的体现。随着英国海外殖民地的扩张，大批本国男性移居国外，英国出现大量来自中产阶级的单身女性，她们大多充满知识，但苦于旧有教义而困在家或教堂中。与此同时，工业革命的发展使英国出现一系列社会问题，如贫穷、卖淫、酗酒等，女性在这场社会变革中展现了极大的热情，这首先体现在她们在教育权、监护权、离婚权、财产权等方面的突破。这是女性由附属品向独立人的转变，也是争取与男性平等权利和地位道路上的第一步。

---

① 〔美〕乔治·奥威尔：《1984》，傅惟慈、董乐山译，北京：万卷出版公司2010年版，第82页。

奥氏积极呼吁维护女性权益，他认为女性是社会进步的一部分，应与男性享有同等权益，不应因性别而遭受歧视。他花费毕生时间来证明这一观点，并在 1892 年出版的《妇女在公法中的地位》一书中表达他的女权运动思想，他在书中详细介绍了妇女在法律中的地位，论述了妇女参与政治的正面影响，反驳了保守党人的意见。奥氏思索女权运动参与者的不同个性，认为各民主党派必须结成同盟，以维护自身利益，以达到最终的目标。

法国大革命中平等主义的内容之一是妇女的参政要求，但遭到了统治者们的冷漠回应。激进派为了追求终极的平等，试图寻找一种能够改善男女关系的折中方式。奥氏探讨了法国大革命中妇女权利的起源问题，主张维护妇女权利。长期以来，社会赋予妇女"低人一等"的特征，需要满足许多主客观条件才能在现实生活中真正实现男女平等。因此，只有占人类总数一半的女性有了自己的人生选择和实现自我价值的自由，社会才能够自由和谐地发展。

（三）奥斯特罗果尔斯基政党理论的评价

1. 奥斯特罗果尔斯基政党理论的积极作用

首先，奥斯特罗果尔斯基意识到政党具有垄断权力的本能。政党通过掌控国家权力，来推动国家政策和意识形态的发展，它必须"将全国性的利益放在普遍认同的原则上"。要做到这一点，最重要的是政党对权力的垄断。奥斯特罗果尔斯基认为，即便政党在初创时有着最崇高的目标，随着时间的推移，它最终会走向腐化。政党不可避免地要获取权力，当它得到权力时为了保持执政地位就要毫不犹豫地反对一切反对者。因此，他呼吁民众透过现象，看清政党非民主的寡头本质，关注无政党或政党内部的民主。

其次，奥斯特罗果尔斯基意识到政党组织对政治生活的侵害。政党制度是一种以"民主"为表象的"民主"，侵害了公民的独立思想和良知，这不仅削弱了具有民主特征的公众精神，还为某些投机者提供了夺取政权的机会。政治机构大多会导致资源、时间、精力的浪费，而各党派在政治事务上的观点差异也导致其追随者关系的紧张，进而导致公众观念的混淆，助长了妄想症和政治偏见。

奥氏对政党政治的研究，究其本质是对政治生活的持续的定性评价，也肯定了制度和事件形成过程中理念和人的选择的重要性。

2. 奥斯特罗果尔斯基政党理论的局限性

首先，奥氏认为政党首领拥有的权力过大，政党存在不具有合理性，这是片面的。第一，奥氏过于强调政党的不利影响，忽略了政党对民主政治的促进作用。他认为，巨额的选举费用和复杂的法律程序阻断了大多数候选人变政治理想为现实的可能性。而政治机器却获得了比它实际拥有的更大的权力，即便它在选举中失败，只是代表着另一个政治机器的胜利。第二，奥氏认为，政党领袖具有脱离党员群众、损害政党代表对象的倾向，其原因是政党组织的等级特性和政治人物对个人权利的追求，作为民主政治工具的政党一旦出现寡头的倾向就会损害其追求民主的初衷，使其退化为追求个人私利、损害大众利益的传统宗派。因此，他认为，民主制度不应该建立在政党之上，而是应该建立在广学博闻、积极参政、热心政治的公民群体基础之上。① 值得一提的是，虽然政党确实存在弊端，但奥氏因此忽视了它的积极作用，直接否认了政党的存在，这种完全否定是不为后世政治理论家所认可的。

其次，奥氏认为用选民联盟取代政党不具有可行性。他认为，美国政党是为了进行选举和特定利益而临时组建起来的组织，目标一旦实现，组织就会解散。这样选民们"不会拥挤在一个乱七八糟的混合体中，不会被机械地限制在永久性政党那固定不变的渠道中，而是能够按照他们的自然的联系，以同一类别自愿地结合或再结合。"② 因此，他认为只有取消永久性政党的权力，才能解决英美两国政党政治的问题。由此可见，奥氏提出这一建议的初衷是借助这一变革来达到消除集体和系统冲突的目的，但这一建议只停留在

---

① 金安平、陈忧主编：《民主协商与协商民主：当代中国政党的理论与实践》，北京：中国文联出版社 2007 年版，第 41 页。

② 〔美〕詹姆斯·伯恩斯：《领袖论》，李刘胜等译，北京：中国社会科学出版社 1996 年版，第 233 页。

浅层，奥氏并未对其进行充分论证，这使得它存在的合理性受到质疑。奥氏所提出的用选民联盟取代政党的方法来消除政党的弊端，这种对民主的极致追求与古希腊的直接民主大体相似。虽然民主影响有好有坏，但奥氏用过于悲观的态度看待政党寡头或有不妥，他提出的消除政党弊端的方案，是理论上的民主，实际上的乌托邦。

最后，奥氏认为政党政府的存在不具备合理性。他提出，国家和统治者是相分离的。这意味着，虽然民主政治在发展，但公民行使的只是形式上的民主，事实上不产生任何束缚。因此，奥氏反对责任政党政府模式，认为这种不以事实为基础的模式会使责任政党政府垄断立法提案权。实际上，他的想法过于悲观。

六、罗伯特·米歇尔斯的政党学说

（一） 罗伯特·米歇尔斯的个人基本情况

罗伯特·米歇尔斯（Robert Michels，1876—1936），德裔意大利籍政治社会学家，"寡头统治铁律"的提出者。1876年，米歇尔斯出生在科隆。9岁时，米歇尔斯在柏林的法国高卢体育馆就读。他具有强大的语言天赋，通晓包括德语、法语、意大利语在内的多门语言，曾在英格兰、巴黎、慕尼黑、莱比锡、哈雷、都灵等各地求学。1900年，米歇尔斯获得哈雷大学博士学位，加入意大利社会党。1903年，米歇尔斯成为德国社会民主党的一名成员，先后参加了1903、1904、1905年德国社会民主党的代表大会，成为一名工团主义者。1907年，米歇尔斯移居意大利，同年加入意大利社会党的工团主义派，并先后退出意大利社会党和德国社会民主党。他先后在都灵、巴塞尔和佩鲁贾大学任教。在莫斯卡、帕累托和韦伯的影响下，他成为一代"精英主义"倡导者，并对政党社会学做出了重要贡献。

米歇尔斯在其学术生涯初期是一位马克思主义者。而后，他对社会民主党持批判态度，他认为社会民主党容忍了资产阶级立宪主义对直接革命行动信念的侵蚀，并把维持政党存在的关心置于社会主义原则之上。在《政党》一书中，他提出：全社会和所有组织都服从政治寡头的统治。米歇尔斯将这种一般理论应用于社会主义政党，力图证明这条法则即使在信奉内部民主原则的政党中也是适用的。在米歇尔斯的后期著作中，他进一步发展了反民主立场，宣扬所谓精英至上主义和群众缺陷论，并成为一名法西斯主义的支持者。①

米歇尔斯于 1911 年出版的德文著作《寡头统治铁律—现代民主制度中的政党社会学》，曾引起巨大反响。1914 年，他修正该书的德文版后，在都灵出版的意大利文版中添加了第一次世界大战的相关内容，而后于 1915 年出版英文版。该书预见了政党和其他自愿性民主组织的行为趋向及其发展过程，使得此书成为 20 世纪最具影响力的著作之一。

（二）罗伯特·米歇尔斯的主要政党思想

1. "寡头统治铁律" 思想

米歇尔斯在《寡头统治铁律——现代民主制度中的政党社会学》一书中提出 "寡头统治铁律" 理论，认为 "组织最终不可避免地要服从其领导者的利益，这种领导即成为牢固的寡头统治—— '谁谈组织，谁就是在谈寡头统治'。"②

米歇尔斯认为，社会利益的分化导致组织的产生，组织的出现加剧了社会分工，进而出现精英人物。随着政党领袖对组织的影响力逐渐增大并长期身居要职，这一现实使得他们心理出现畸变。诱发这一变化的原因，可以归结为以下三个方面。第一，经济因素。政党领袖担任领袖职位需放弃先前职业，依靠微薄薪资维持生计，一旦失去领袖职位将会对其经济状况带来毁灭性打击；第二，思想因素。来自资产阶级阵营的领袖的社会主义信念，随着党务工作和信仰的冲突而产生动摇。但他们为了维持自身的政治名誉，仍旧在表面上坚持社会主义；第三，个人因素。在政党发展进程中，个体在政党中的职位和重要性逐渐发生变化，这使得他们的心理和个性随之发生根本性转变，但领袖会认为这些转变只不过是针对环境的变化所做出的本能反应。

---

① 孙林、黄日涵：《政治学核心概念与理论》，天津：天津人民出版社 2017 年版，第 25 页。
② 〔英〕戴维·米勒、韦农·波格丹诺：《布莱克维尔政治学百科全书》，邓正来译，北京：中国政法大学出版社 2002 年版，第 392 页。

米歇尔斯认为，领袖常借集体意志掩盖个人观点。由大众选举出来的领袖常认为自己是民众意志的代表，如若有人违背自己的意志，就是对民主的公然反对。此外，当政党领袖遭到攻击时，常将被攻击的范围夸大到整个党组织。政党领袖的意图是在策略上使党组织支持自己，确保自己成为党组织真正意义上的代表

米歇尔斯还认为，政党成立时往往把不断取得、实现民主作为最终的奋斗目标，但追求目标的过程中政党却建立起了金字塔式的权威统治，尽管这种权威统治有助于政党进行高效的管理，但也会使政党陷入进退两难的困境。民主作为向外输出的商品，政党的集权化程度越高就越难为其所用，在这一背景下，政党会表现出对公民投票的敌视，对其他所有能够保障实现真正意义的民主的举措显现出敌意。

2. 政党集权化的必要性

米歇尔斯认为，组织是阶级获取经济、政治利益不可或缺的工具，是阶级成员凝聚集体意志的途径，而经济实力较弱的阶级只有联合起来才能与经济实力强大的阶级相抗衡，这一过程也体现了组织和民众的不同职责。民众为了实现他们的共同利益组建组织，并通过大众集会处理组织中的公共事务，民众在集会中各抒己见，最终结果遵循多数人的意志。可以看出，大众集会是以民主形式处理组织事务的方式。但随着组织规模的不断扩大，经常性聚会带来的弊端逐渐显现出来，这使得大众集会所做出的决断缺乏严密性和可行性，也削弱了解决实际问题的效率。

米歇尔斯认为，组织内部有明显的贵族化倾向，容易形成寡头统治。随着组织的发展和壮大，不仅维护了自身的稳定，也促使组织内的分工越发明确。首先，政党分化成由少数领导者和多数被领导者组成的组织；其次，政党中的工作分工更加细化，出现专职人员；最后，随着政权职能的持续分化，权力与职责分明、层级分明的官僚体系也随之出现。事实上，政党组织的运作离不开官僚体系，中央集权始终是政治党派迅速作出决策的重要先决条件。在紧急关头，党派必须作出及时、果断的选择，而大众的广泛参与则会拖延

党组织的议事日程，甚至错失最好的解决机会。总体而言，米歇尔斯认为，从理论和实际两方面来看，政党组织的集权化是必然，任何政党即便是奉行民主主义的社会党，也不能幸免。

3. 关于政党领袖

米歇尔斯认为，政党中职业领袖的出现与组织规模的扩大、人数的增多等因素密切相关。与民众相比，政党领袖有以下几点特性：

第一，领袖具有较高的文化水平。组织内部的专业化分工意味着政党需要知识水平高、有管理能力的人来处理工作。此外，政党为了吸引具有较高知识水平的人加入政党，设立了大量高薪职位。

第二，领袖具有较高的声望。在民众眼中，在某一领域具有声望的人拥有较高的文化水平和工作能力，他们愿意将自己的事务委托给这些人。也正是因此，具有声望的人更容易得到民众的青睐而成功跻身于领袖的行列。

第三，领袖具有较强的演讲才能。领袖之所以能够成为领袖的前提是要赢得民众的信服，而通过演讲使民众顺从自己是有效的方法之一。拥有广博知识的他们通过激发民众的想象力，获取民众的尊敬，在释放自己的好意和中立唤醒民众心中的认同感，进而成为领袖。

米歇尔斯认为，领袖能够通过自己的政治手段将反对势力收入麾下。作为内部人员，领袖和代表们深知议题背后的底细。他们运用谋划、交谈等方式避免争论问题、表达想法，进而影响公众、打动公众。甚至当政党领袖与反对派发生冲突时，他们也会使用相似的手段向大众展示其不可替代的重要性。

（三）罗伯特·米歇尔斯政党理论的评价

米歇尔斯考察了一战前的德国社会民主政党，认为这个政党适用"寡头统治铁律"。而后他进行了细致地观察和分析，并将这条结论推广到所有组织。

1. 罗伯特·米歇尔斯政党理论的积极作用

首先，米歇尔斯重视组织的改革功能，并将其视为强有力的、能够驱动社会变化的工具。米歇尔斯认为，组织是团结人们的方式，但它也会打击人们的积极性，从而使组织变得更加保守。但他并未表明，在一定条件下，具有保守倾向的组织不可能改变社会。

其次，米歇尔斯认为，寡头统治铁律的适用性有助于研究精英主义理论。根除寡头主义的最好办法是求助于精英制度。这一论断具有双重意义：细化精英主义理论的研究以及引导学者从微观视角研究政党、协会等组织。

2. 罗伯特·米歇尔斯政党理论的局限性

首先，米歇尔斯的政党学说缺乏对社会因素和经济因素的考量，并非全部类型的社会都存在寡头政治。社会主义社会的领导人往往只负责行政管理却缺乏经济权力，但经济基础是决定社会的重要因素。因此，社会主义社会中出现寡头政治的前提条件并不充分。

其次，米歇尔斯的政党学说忽视了公民教育的重要意义。加强公民教育具有重要意义，不仅能够持续提升人民群众的知识水平和能力，而且能够缩短人民群众与领导人在智力和能力上的差距，使人民群众更好地抵抗寡头统治。大众化教育能够打破阶级对教育的独占，消除体力劳动和脑力劳动的差别对民众造成的影响，进而动摇统治集团的统治。这些积极影响也表明"寡头统治铁律"会重现的可能性较小。

最后，米歇尔斯的政党学说忽视了民众对组织的积极作用。民众对领导者有监督作用，调动民众的积极性有助于促进政治对话来抵制寡头政治。虽然权力大多数时候掌握在少数人手中，但民众的意志影响着权力的获取方式、使用范围等。这也表明，民众的存在是对寡头政治的否定。米歇尔斯认为民众在参与式民主下可以平等地参与政治决策，但这一民主模式存在耗时、效率低下等缺点。因此，大众掌握着国家的权力，管理原则依照大众意志制定，而被选出来的领袖应服从于大众的意志。这样，政治对话的开展无疑是十分必要的，大众积极地参与其中，组织中的很多问题会被高效解决，民主问题也没有被搁浅。

七、谢茨施耐德的政党学说

（一） 谢茨施耐德的个人基本情况

谢茨施耐德（E. E. Schattschneider，1892—1971），美国政治学家，先后任教于哈佛大学 d、耶鲁大学、哥伦比亚大学、密歇根大学等学府，代表作品有《政治压力和关税》《政党政府》《争取政党政府》《半主权的人民》等。[①] 谢茨施耐德的政党学说产生于二十世纪四十年代，发展于二十世纪五六十年代。谢茨施耐德为世人留下了宝贵的遗产，不仅体现在他在民主、压力集团等方面的贡献，还有他对构建责任政党政府的研究和探索。[②]

作为一名民主哲学家，谢茨施耐德最初致力于研究民主思想，在政治上具有明显的党派性。作为一名政治学家，他主要研究责任政党政府理论，并于 1956—1957 年担任美国政治学会主席。此外，他还致力于研究民众控制政府的方法，他的研究和教学都服务于这些目标。

谢茨施耐德的学术研究和政治活动具有强烈的人道主义色彩。他认为年轻人参与政治生活有助于增加对政党的了解，而他作为全国政治教育中心的核心成员也在积极推广这种观念。谢茨施耐德一生著述颇丰，著作包括《政治压力和关税》《政党政府》《争取政党政府斗争》《走向更负责任的两党

---

① 姚尚建：《政党政府的批判与重建——基于谢茨施耐德〈政党政府〉文本的分析》，载《湖州师范学院学报》，2007 年第 4 期。

② 孙琳：《E. E. 谢茨施耐德生平及其政党思想产生背景》，载《法制与社会》，2010 年第 6 期。

制》《半主权的人民：一个现实主义者眼中的美国民主》《两亿美国人寻求的政府》《美国政治的平衡与变化》；文章包括《压力集团与政党》《政党与公共利益》《政党政治与行政机构》等。他的一系列著作在学术界产生了重要的影响，其中《政党政府》《走向更负责任的两党制》和《半主权的人民》成为美国各个高等院校政治学专业必修课的专用教材。

（二）谢茨施耐德的主要政党思想

1. 关于政党的特征与功能

（1）关于政党的特征

政党具有公共性、私密性和分散性等，这些特性不仅促进了政党的发展，也导致政党出现缺陷。

第一，政党在政府中发挥着举足轻重的作用。谢茨施耐德认为，政党地位的提高是现代政府的一个重要特征，是衡量国家民主制度的重要指标。他认为，美国大党是值得称赞的政党，参与多届选举的民主党和共和党的统治能力远超大多数其他国家的政府。政党改变了美国宪法，改变了复杂的政府体系，是民主的捍卫者，也是现代民主的创造者。但关于民主的文章却将政党放在它的对立面，这表明人们看待政党与民主的关系比较片面，未能重视政党对民主的积极影响。

第二，政党同时具有公共性与私有性。美国政府必须建立能够权衡政党公有性和私有性的负责任的政党政府。"公有性"是指政党承担公共职责，能够在公共领域发挥创造性，为民众创造公共利益。相较而言，地方政党组织仅局限于本政党竞选方面的活动。"私有性"是指职业政治家为谋求政治权利，利用各种途径攫取政治权力。谢茨施耐德指出，在美国，政党不能履行其应有的职责，既是政党的公共性面临危机的表现，也是美国政党政府中出现责任危机的体现。政党的私有性造成了政党公共责任的缺失，候选者为赢得选举依靠选民对地方党魁负责的同时，也要为地方党魁获得政治恩赐而努力。谢茨施耐德认为，政党公有性和私有性相分离的现象要通过强化党员和政党的责任与义务来改变，要在包括选举制度、政党组织结构、地方党魁等层面上全面整顿政党公共与私人两个层面的关系，使政党的公共性和私有性都得到充分发挥。

第三，政党具有松散性。谢茨施耐德指出，政党本身的缺陷随着其自身的发展越发明显。各国政党都面临着困境，传统政党成为民众批判的对象，民众对政党的信任度也大大降低。国家和社会的分裂是政党松散的重要原因，也使得政党无法很好地履行自身的职责，阻碍了人民对政府的控制和民主化进程。因此，谢茨施耐德提出要构建责任政党政府的理论。谢茨施耐德以美国政党为例，分析政党过于松散带来的弊端。美国政党由散乱的党员构成，党员享有高度自由，无需为政党交纳党费或偿还债务，甚至无需为自己政党的候选人投票。当党员要脱离政党，无需请假或向政党报告。这也意味着松散政党的党员缺乏责任感。

当松散的政党管理政府时，它们往往注重自己的利益而忽略民众的利益。这催化了政党与民众之间的分歧，甚至可能造成分裂。谢茨施耐德针对美国政党这一现状，思考了如何建立责任政党政府的问题。他认为，美国政党的松散性体现在两个方面。一是美国政党的权力高度下沉。相较于中央政党，州党和地方党魁掌握着真正的权力；二是政党的提名过程表现出松散性。谢茨施耐德认为，自 1820 年议会预选会议出现后，总统候选人的提名权逐渐转移到地方手中。因此，地方党魁成为决定总统候选人的重要因素，政党代表不可避免地依附于地方组织和地方党魁。

谢茨施耐德认为，预选会议有助于帮助政党获得更多人的支持，但也加剧了政党的松散性。一方面，预选会议既能够统一少数人的思想，又能够动员会议外的民众为其所在的政党投出支持票；另一方面，预选会议将政党的竞争范围扩大到全国，加深了政党的松散程度。随着党代表会成员的成分逐渐复杂，地方党魁与利益集团的抗衡削弱了中央政党的权力，导致中央政党难以有效地制定和执行政策。此外，政党的松散性导致政党成员对自身角色的认识模糊，缺乏足够的担当，政党没有制定党员需要遵循的制度和规范，导致党员对自己的权利和义务知之甚少，缺乏对组织的认同感。

（2）政党的功能

首先，政党需要赢得选举。谢茨施耐德将政党定义为试图赢得选举来控制政府权力的组织。政党往往通过提名候选人参加选举来达到控制政府的目的，在这一过程中，政党有着不可取代的作用。政党党派认为选举是其生存之本，只有赢得选举才能取得统治权，才能控制行政机关。大众的支持对赢得选举十分重要，因此，党派需要积极动员民众来争取更多的民众支持。候选党派把大众利益、大众问题纳入政策中，制定温和、涵盖面广的公共政策并加以宣传。事实上，政党试图赢得选举的目标决定了政党选举所用的技巧及其本质。谢茨施耐德指出，政党的宣传机制不成熟，及其在组织、动员方面的表现不理想是导致效率低下的两个原因。预选会议作为政党的核心，是区分政党和其他组织的标志，谢茨施耐德认为，预选会议不仅有利于政党的组织活动，还有助于对抗反对派。预选会议还将竞选规模扩大化，进而利用民众的参与来控制党派。

其次，政党拥有清晰的政治纲领、明确的政治目标和完善的组织体系。谢茨施耐德以美国政党为研究对象，在多部著作中分析了美国的政党政治，也分析了利益集团、地方党魁和小党的特点。他指出，政党和利益集团是联系紧密的矛盾体，相较于利益团体，政党具有赢得选举、统治国家和实现公共责任的作用。第一，政党拥有条理分明的政治纲领，是区别于利益集团的重要标志。政治纲领体现了它所代表阶级的利益，体现了政党的性质；第二，政党拥有明确的政治目标。政党希望能够赢得选举来为它所代表的阶级服务，相较之下，利益集团则希望通过干预政治来捍卫自身利益。因此，利益集团的目标具有不确定性和阶段性的特征；第三，政党拥有较为完善的组织体系和领导机构。全国性政党在联邦或中央设立包括党代表大会、中央委员会等领导机构，在地方或基层设置政党基层组织。相对而言，利益集团大多代表少数人的利益，也没有明确的组织架构。

谢茨施耐德将政党与利益集团在选举中的作用做了对比，认为政党具有利益集团不具备的功能性和优越性。他认为，虽然利益集团比政党更具影响力，但它自身所缺乏的大众责任感和政治目标等使它无法在政府机构中发挥比政党更大的作用。因此，谢茨施耐德认为，应该使政党担负起执政和公共管理的责任。此外，他在批判古典民主的同时分析了政党在民主过程中的功能。他批判了迷信法律制度、法律条文以及古典民主思想的理论，指出美国出现民主危机是因为思想层面的谬误。

2. 责任政党政府理论

(1) 政党政府存在的弊端

谢茨施耐德指出，政党的分散性、私有性等是造成政党政府出现弊端的原因。为了削弱这些弊端，应该积极改革现在的政党政府来建立两党制衡的政治体制，政党组织应当超越和领导利益集团和地方党魁，加强建设政党的责任体系。

第一，地方党魁是政客与公众抗衡的结果。谢茨施耐德提出，地方组织为政党提供帮助，但政党如何控制地方组织却是复杂的难题。一方面，地方党魁享有权力却不用履行任务。在政党组织的设置中，对地方党魁的监督存在缺失且地方党魁无需向任何人负责。在地方自治的庇护下，地方党魁公然对中央的政策纲领视而不见，也无需对大众负责；另一方面，地方党魁从国家、州和基层中谋取利益。地方政党通过与中央、州一级的政党组织的联系来谋取自身利益，达到最终目的。在美国，政府是地方党魁的权力来源，除此之外它们还依靠州、地方的资源和支持来应对生存危机。为解决这一难题，谢氏主张建立责任政党政府。此外，地方党魁不仅掌控着地方政府的大权，还在政党中身兼要职。因此，地方党魁通过权力运作，从多种渠道中谋取利益。谢茨施耐德认为，地方党魁获取两大党支持的同时，也剥夺了两大党的被选举权。这导致了民主的倒退，也使地方政党沦为私人工具。

第二，利益集团产生了消极影响。首先，获得利益后的利益集团不愿承担其应有的责任。政党和利益集团的目标有所不同，政党意在通过赢得选举来统治政府，而利益集团则为了满足小部分人的利益而不断对政党施压。谢茨施耐德以美国为例，指出虽然美国政党有多个缺点，但仍比利益集团更具优越性。因此，谢氏提出要建立强大的政党来消除利益集团所带来的消极影响；其次，利益集团利用政党的松散性谋取政治权力。中央政党的权力被削弱、地方党魁借政治恩赐获取个人利益等因素造成了政党的松散性，也使得利益集团得以形成和发展；再次，利益集团的存在可能会导致政党的分裂。谢茨施耐德认为，利益集团能够分裂政党是由于政党自身的缺陷，即政党无法支持和保障议员的政治生命，也无法约束议员的行为。

因此，利益集团利用政党的弱势和缺陷来谋求自身利益，进而征服甚至分裂政党。谢茨施耐德强调，政治现状要求美国建立纪律严明的政党来摆脱利益集团的控制，进而控制利益集团。

（2）责任政党政府的构成要素

第一，要建立强大的政治体制来实现两党制衡。谢氏认为，民主党和共和党在全国各地建立政党组织，以求赢得选举，这意味着政党组织对提名和选举有着极大的控制权，但政党的松散性削弱了它们在筹措资金、拉选票等方面的优势。为了改变这一局面，谢茨施耐德提出以下几点建议：

首先，要建立强大的政党来削弱地方的政治势力。谢茨施耐德认为，政党的松散性使其受制于地方党魁或利益集团，而无法承担应有的公共职责。政党可以通过严密的政党制度、政党纪律将权力集中在中央，进而遏制地方党魁或利益集团的分裂行为。同时，政党还可以通过完善政治纲领来预防政治分裂；其次，要建立强大的次大党来防止一党垄断。两党制度的形成有赖于大党和次大党的相互制衡，单一制的选举制度使部分选票集中于次大党，强大的次大党能够有效地集中反对的声音，进而制衡执政党。这种制衡，不仅能够促进执政党加强执政能力，为大众提供谋求更多的利益，而且可以防止执政党发展成法西斯垄断政党。此外，谢氏还为美国的两党制辩护，认为在美国成立第三大党的时机并不成熟。他认为，大多数的美国人只认同共和党或民主党，即便第三党赢得选举，如果没有持续的话题作为支撑，也会因为缺乏持续的吸引力而最终销声匿迹。

第二，要加强建设政党的责任体系来征服地方党魁和利益集团。谢茨施耐德认为，地方党魁和利益集团所带来的消极影响不利于政党建设，而彻底消除这种消极影响的方式是征服它们。强大的、负责任的政党能够促进政治稳定、国家强盛，但美国现存的政党由于缺乏合理的政治体制而难以把控内政和外交。谢茨施耐德认为，要积极改革政治体制，制定严密的政党纪律来加强政党的能力，进而消除地方党魁和利益集团的不利影响，最终达到构建政党责任政府的目的。

（三）谢茨施耐德政党理论的评价

1. 谢茨施耐德政党理论的积极作用

首先，谢茨施耐德的理论为当时的政治学说开辟了一条新道路。谢茨施耐德在理性分析现存政党的基础上，批判了现存政党所存在的弊端，经考察和论证后提出了责任政党政府理论。谢氏以美国为例进行研究，结论在西方具有一定的普适性。他的学说肯定了政党对民主的作用，以及民主状况对政治合法性和国家稳定的作用。谢茨施耐德提出政党具有"公有"与"私有"之分，这使得政党在这两个层次上的权利和义务更为明确。此外，他还指出现存政党在公共职责上的缺位，以及政党政府存在的缺陷。

其次，谢茨施耐德强调，政党的松散性以及地方党魁和利益集团带来的挑战阻碍了责任政党政府的建立进程。他认为，改革政党政府、完善政党组织机构是克服这些缺陷的根本途径。

谢茨施耐德针对政党政府存在的缺陷，深入挖掘其产生的根源，并给出对策。他的政治主张曾一度在社会上掀起轩然大波，并引发了一场大讨论。

2. 谢茨施耐德政党理论的局限性

首先，这一政党学说遏制了民主的形成和发展。谢茨施耐德认为，古典民主是有缺陷的，实现现代民主十分必要，而现代民主的产生需要建立责任政党和政府，但这个理论使人们对公民权利的理解又一次变得空洞且抽象。可以说，谢茨施耐德的政党思想比较接近精英主义，他不相信民众的力量，主张将决策和管理权交给政党。谢氏主张，必须强化党纪来保证成员的纪律与忠诚度，强迫他们履行应尽的职责与义务，这在一定程度上限制了他们的选举权。但是，如果一味强调政党的作用，各个政党可能会为获得更多的话语权而打破原有政治框架来争夺权力，这也意味着，政党的权力可能会延伸到议会之外的组织，这将会损害民主精神。

其次，谢氏低估了现存党派的实力。他主张的变革使得政党的弊病更加严重。谢茨施耐德多次批评党派松散性、缺乏纪律性等问题，但从美国的政治实践看，政党在危急关头仍能够保持一定的凝聚力，无论是民主党还是共和党，在竞选中基本上都能够让大多数选民清楚地辨认党团的主张。这意味着，谢茨施耐德低估了政党的能力，美国存在的松散性无法对政党的选举构成威胁。

最后，谢氏所提出的责任政党政府理论与联邦主义、分权主义相互矛盾。联邦主义和分权主义是政党松散性产生的根源，因而无法根除松散性。同时，联邦制和政党的松散性也是民主的表现形式，联邦制度和政党制度有其内在的发展逻辑，其中联邦制度是民主制度不可缺少的组成部分，这是由美国国家政权的资产阶级性质所决定的。此外，美国的预选会议成员是经过严格选拔的。当地政党人员选出较高级别的行政区人员，各行政区的代表再选举出在州的中央委员会成员，再由州代表选举出该党的全国委员会成员。根据美国的宪法，美国总统选举实行选举人团制度。因此，美国的总统、政党与地方党魁、地方政党组织无法割舍。由此可见，党代表对地方党魁的依赖和服从是由其政治生活的根源和过程决定的。为此，谢茨施耐德提出了责任政党政府思想，主张建设一个强有力的、有责任感的政党。他强调要提高政党的纪律性，提高政党的凝聚力。但要做到这一点就必须修订党内的预选制度，而预选制度会与美国的联邦主义、分权主义等政治体制发生冲突。这是责任政党政府理论症结所在，也是责任政党政府理论无法为许多学者、政客所接受的一个主要原因。

八、莫里斯·迪韦尔热的政党学说

（一）莫里斯·迪韦尔热的个人基本情况

莫里斯·迪韦尔热（Maurice Duverger，1917—2014）是法国著名的法学家、社会学家和政治学家，出生于法国夏朗德省昂古莱姆，是第二次世界大战"进步分子"中的代表人物。自 20 岁起，莫里斯·迪韦尔热就是雅克·多里奥的法西斯主义党派中法国民粹党的一员。1942 年，他毕业于波尔多大学法学系，在普瓦捷有过短暂的法学讲师经历。1943 年，他回到波尔多大学任教，主讲法学和政治学。1948 年，他在当地成立了波尔多政治学院，担任首任院长。与此同时，他还是索邦大学的终身教授和巴黎政治学院的院士。1955 年至 1985 年，他在巴黎大学的法律和经济科学学院任教，在 1981 年被选为塞尔维亚科学与艺术学院院士。此外，他还活跃于政界，从 1989 年到 1994 年，他是意大利共产党的一员，而后加入欧洲议会中的左翼民主党。他于 2014 年 12 月 16 日去世，享年 97 岁。

迪韦尔热主要依靠观察，而非哲学探讨来研究不同国家的政治制度的演变和体制的运行。他积极倡导各学科之间的跨领域合作，较早地建立了一门交叉学科——政治社会学。这一学科以社会学的互动理论为主干，运用社会学独特的研究方法，从社会的宏观层面去观察、比较、分析各种政治现象，从社会组织、社会结构、社会文化及社会制度等方面来分析国家权力的性质及运作规律，并比较和评论当时流行且具有代表性的学术观点和研究方法。迪韦尔热在他的第一本出版物《法国宪法》中指出 1940 年的法国宪法创建了一个"事实上的政府"，在《解放》中分析了法国新政治党派政府的合法性，并致力于社会科学理论。1946 年，他研究了选举制度和政党制度之间的关系，并于 1951 年出版《政党》一书，使得政党政治理论取得重要突破，提出了著名的"迪韦尔热定律"。而后，他在政治制度的比较研究中提出新的政治制度类型——"半总统制"，这是当代政治学中的又一个经典概念。

（二）莫里斯·迪韦尔热的主要政党思想

1. 政党的形成和发展

迪韦尔热分析了政党的形成，认为公民投票权的普及和议会权力的扩大是促进政党形成和发展的重要原因。随着议会独立性逐渐增强，议会成员意识到成立议员团的必要性；随着投票权的普及，议会成员意识到选民的重要性，因此成立选举委员会来引导选民投票。

迪韦尔热认为促使政党形成的因素有两个：选举委员会和议会集团；外力组织。第一，议员团和选举委员会产生后，只要二者联系密切，政党就应运而生了。而后，各议员的相互协作和选举委员会的间接联合促使政党正式完成；第二，选举委员会和议会集团之外的组织，如工会、思潮团体、教会、工商业团体等催生了政党的出现。其中，法国的人民共和党、意大利的基督民主党和苏联的共产党是由地下组织发展来的政党。

迪韦尔热依据政党形成因素的差异，将内生型政党概括为精英型政党，将外生型政党概括为大众型政党，这两种政党模式的界限并不严格，它只显示一般性的倾向而并非截然割开。从组织形态来看，大众型政党的组织化程度较精英型政党更为成熟，这一现象的重要标志是制度化的议会外全国性政党组织的建立，包括政党的全国代表大会、政党的中央组织等。随着政党的发展，组织化程度较低的精英型政党逐渐被大众型政党所取代，因为大众型政党能够包容更多的政治元素，能够代表更为广泛的大众群体，更能满足逐渐多元化的时代需要。因此，在现代政党中，大众型政党更有竞争力。

2. 政党的结构和基本组成部分

(1) 政党结构

迪韦尔热基于对政党起源的分析论证，梳理了西方政党内部政党结构的两次根本变革。第一次变革发生在 1890 年到 1900 年间，旧政党和相对独立的政党结构逐渐被取代，社会主义政党和群众性、开放性、高度协调的政党结构逐渐登上历史舞台。第二次变革发生在 1925 年到 1930 年，共产主义政党形成了以小组为基础的政党结构，各小组之间因"民主集中制"的程序紧密联系，又因垂直联系的方法被分割。迪韦尔热指出，这两次虽然是西方政党的内部结构发生了根本性变革，但并不意味着所有西方国家都参与了这两次变革，美国政党就保存着传统的旧政党结构。

由此，迪韦尔热将政党分为直接结构政党和间接结构政党。直接结构政党中，党员填写入党表格后要按时缴纳党费，定期出席会议，这一类型的政党比较典型的是法国社会党。间接结构政党分为社会民主政党、天主教政党和农民政党，这一类型的政党以 1900 年的英国工党为代表。迪韦尔热论述了间接结构政党的三个形成因素：特殊的政治情况；政党所信奉的主义；国民的性格特点。通过分析论证，迪韦尔热提出了社会学模式。社会学模式是指，当工会出现的时间早于政党，政党会在工会的基础上以间接参与的方式建立起来；当政党出现的时间晚于工会，政党则会采取直接参与的方式建立起来。

(2) 政党的成员结构

迪韦尔热在界定党员概念的基础上，依据组织成员的类型和数量，以其结构作为参考点，将政党区分为精英型政党与群众型政党。他认为党员这一概念有两层含义：第一，党员的概念产生于干部党向群众党转型的过程中，只有群众政党有关于招募的制度，包括每年固定的党费缴纳等。而精英型政党用非正式的准入代替正式的招募，用不固定的捐赠代替年度的党费，这表明精英型政党对党员没有严格的标准，其追随者在党内的活动决定了政党内部的参与程度。

第二，党员的概念要以组织成员与政党组织的亲疏关系来界定。从政党成员与党的亲疏关系来看，政党成员划分为由内到外的四种类型：激进分子、党员、支持者和投票者。有激进分子的核心小组会议式的政党可称为"干部党"（或精英政党），拥有大量普通党员的政党可称为"群众党"（大众政党）。以精英为基础的政党更注重成员的质量而非数量，其成员多是在地方或国家范围内具有重大影响力的人。这类政党的结构灵活但杂乱无章，纪律薄弱，缺乏成熟的务实内容，是典型的议员制政党，主要是靠声望和帮助人的支持，政党资金一般由赞助商提供。大众政党是不同类型的政党中与社会民众的关系最为密切的政党。

（3）政党的基本组成部分

迪韦尔热认为，政党是由散布在全国各地的多个群体组成的联合组织，包含分部、核心小组、地方联会等等在内的群体被各协调性制度维系起来，最终形成政党。政党的基本组成部分有不同于其他政党的独特形式和结构，他认为，现代政党的组织机构有三种形式：核心小组（the caucus）、分部（the branch）和支部（the cell）。此外，民兵组织（the militia）的形式，主要是两次世界大战之间出现的法西斯政党所使用的组织形式。

核心小组型政党。核心小组型政党的结构以政治精英为基础，这些精英既是政党的核心党员，也是政党的普通党员，他们承担着自己辖区的党务工作和本党在地方联络人的角色。民主发展之初，精英之间进行联络与协作的唯一场所是国家立法机关，随着选举权的普及，在全国范围内获取民众的选票成为政党的首要和重要任务，政党建立自己的全国性组织成为必要。迪韦尔热认为，美国民主党和共和党是这种核心小组型政党的典型。

分部型政党。迪韦尔热认为分部是社会党的特殊产物，分部结构与核心小组结构的政党主要存在两方面的差别。第一，分部结构的政党试图把招募党员作为增加它们可利用资源的一种手段，且分部不是地方政治精英组成的集团；第二，在分部型群众政党中，不同分部之间存在联系；在核心小组型政党中，相对于全国性政党组织而言，每个核心小组通常保持高度自治，分部的党组织则受到中央较为严密的管制。

迪韦尔热认为，分部是社会党特有的组成部分，支部则是共产党的发明。支部与分部存在着共同点：支部同分部一样，一直在民众中寻求扩大成员的基地，通过定期会议和广泛的接触来积极寻求新的成员。同时，支部和分部也存在差异，首先，共产党更注重招募党员的质量而非整体数量，这类似于核心小组党而非分部党，且支部的规模比分部小很多；其次，相较于核心小组党，共产党吸收党员的指导性原则是由中央制定而非取决于地方政治环境；最后，共产党重要的组织机构并不是按照地区分布（如与选举单位或边界有关），而是按照工作场所分布。在迪韦尔热看来，共产党按照工作场所设立组织分部的设想与其性质和动员方式有着紧密联系。相较于在社区内发展政治组织，在工厂发展政治组织更能达到动员无产阶级的目的，这也反映了选举活动只是共产党推翻资本主义的一种手段。另外，这种分布更适合工厂的组织特点，不仅使得基层组织异常稳固，还促使成员在心理上更忠诚于组织。

民兵组织是两次世界大战之间法西斯政党和其他极右翼政党所采取的组织形式。对于法西斯政党和极右翼政党而言，民兵组织是为了完成传统选举政治活动之外的任务。迪韦尔热认为，民兵按照军事方式招募，是非官方军队。其军事性质表现在组成上和结构上，民兵的结构是建立在以金字塔的形式组织起来的小组的基础之上，形成规模庞大的单位。

区分这四类政党的组成部分后，迪韦尔热对它们进行了更深入的比较。他提出，政党的核心会议无法体现民主，"这种以半指定的知名人士为代表组成的封建性小集团具有明显的寡头政治性质。"① 而分部的领导人由成员选举产生，能使所有人都在党的内部事务中发挥更为重要的作用，更能体现政治民主。迪韦尔热还区分了核心会议、分部和支部。他认为，核心会议以赢得选举为目标，其政治目的具有即时性和短期性，分部意在与民众结成稳定的联盟，来达到长期赢得选举的政治目标，支部除赢得选举的政治目标外，还承担着推翻现存制度的任务。此外，他认为群众型政党建立分部或支部等复杂的结构，其目的是吸引大量缴纳党费的成员参加。

---

① 张冬冬：《分层的党员结构与邀请制——新加坡人民行动党党员制度及其借鉴意义》，载《云南行政学院学报》，2014 年第 3 期。

通过论证，迪韦尔热揭示了不同政党的结构特征，试图将直接结构和间接结构区别开来。他认为，细致考察这些机构的结构和活动，能够进一步理解政党的性质和作用。

(4) 总体协调

迪韦尔热强调，政党组织倾向于以国家的行政结构为依据来协调工作。他以法国的社会激进党和比利时的基督教社会党为例，比较二者的组织结构，进而论证强协调党和弱协调党的结构。迪韦尔热强调，不能混淆强协调党的结构和民主结构。此外，迪韦尔热还界定了权力集中与权力分散这两个概念，这些概念涉及各个级别领导机构之间的权力分配情况。他指出，权力集中和权力分散的表现形式多种多样，权力分散包含四种类型，即地方型、思想意识型、社会型、一级联邦制型。迪韦尔热继而对权力分散的四种类型进行深度分析，指出很多权力分散型政党实质上是权力集中型政党。

3. 政党体制与选举制度的关系

迪韦尔热将政党体制划分为三种形式，即两党制、多党制和一党制。迪韦尔热又以空间分布为依据，将两党制划分为英国两党制、美国两党制和拉丁美洲两党制；以时间分布为依据，将两党制划分为资产阶级两党制、议会两党制、意大利共产党以及西方对立式的两党制。此外，迪韦尔热还根据参与角逐的政党数目将政党体制的划分扩充为三党制、四党制和众多政党制。

迪韦尔热对英国工党进行了深入的考察，发现英国工党的强势崛起对处于弱势的自由党影响颇大。在英国工党的影响下，自由党只有两个选择，或融入保守党阵营，或继续独立参选。如果自由党在简单多数制下选择继续独立参选，那么随着选票份额的慢慢流失，自由党在从选票转化到议席的过程中会处于不利地位。与此同时，当议会席位的数量不断减少，自由党的选民会选择将自己手中的选票集中投给保守党，以此来避免工党获得更多的席位。因此，当作为第三政党的自由党慢慢退出政治舞台，英国将再次回到两党制的状态。

基于以上的分析，迪韦尔热作出了经典假设，即有关选举制度与政党数量之间关系的假设。他认为，简单多数决定制的选举制度容易形成两党制，两轮投票制和比例代表制的选举制度更容易形成多党制；混合选举制因单选区和比例选区的议席构成不同而形成不同的政党体制类型，如德国的多党制，日本的准两党体制。这一解释路径意味着，一国（或地区）政党体制的形成与演变，往往与制度，特别与选举制度有关。

简单多数决定制的基本做法是将全国划分为数量很多的选区，每个选区仅设置一个议席，由得票最多的候选人当选。例如，英国、美国的国际议员选举常常选择简单多数决定制。比例代表制的基本做法是把全国划分为数量较少的选区，每个选区设置数量较多的议席，选民对政党名单投票后，政党根据所得选票的比例分配议员的议席。因此，与其说比例代表制是新政党出现的催化剂，不如说是为了维持新政党确立时期的政党竞争格局。迪韦尔热的这一假设被后来的学者总结为"迪韦尔热定律"，它揭示了选举制度与政党体制之间的某种规律。

尽管如此，迪韦尔热并不认为两党制与简单多党制、多党制和比例代表制之间存在必然的因果联系，在他看来，虽然选举制度对政党分化起到加速或遏制的作用，但它并不是政党制度变化的根本驱动力。如果国家政治已经出现形成两党制的趋势时，机械因素和心理因素会促使国家最终形成两党制。迪韦尔热由此分析得出结论，即意识形态、社会经济结构等因素在促使政党分化这一问题上起到了决定性的作用。

迪韦尔热分析了政党的发展与政治体制结构之间的关系，提出政党的发展改变了政治体制的结构。第一，政党的发展对竞选有所影响。一方面，政党能够根据剩余票数在全国范围内分配席位，挑选当选人，这表明政党在政治体制中的影响力达到了顶点；另一方面，在正式选举中，政党通过直接或间接的方法来支持候选人参与竞选，发挥着至关重要的作用。第二，政党的发展影响它们对民意的理解。迪韦尔热认为，政党制度能够影响民意，既能够理解民意，也能够曲解民意。第三，政党能够影响政府的结构。迪韦尔热将这种影响归结为三个方面，一是政党会削弱权力分散带来的消极影响。迪韦尔热认为两党制能够使权力分散，而一党制下的政党是唯一真正行使权力的组织，其内部结构很大程度上能够决定权力的分散程度和集中程度；二是政党能够影响政府的权威。迪韦尔热认为，两党制对政府权威的加强作用不如一党制。除此之外，政党的结构、政党所能运用的力量、政党联盟等因素都会影响到政府的权威；三是政党能够影响反对派的功能。迪韦尔热提出，反对派是"西方式"民主的主要特色，是"东方式"民主所不具备的。随着现代民主的发展，政党不但能够改变权力的传统划分方式，也改变了反对派的功能。但多党制中的执政党和反对派之间的区别由于缺少明确的界限而被抹杀，因此这一政党制度内没有真正的组织能够承担起反对派的功能。

（三）莫里斯·迪韦尔热政党理论的评价

1. 莫里斯·迪韦尔热的政党理论的积极作用

首先，迪韦尔热分析了多数选举制促成两党制的可能性。具体而言，国家采取的选举制度与最终形成的政党制度间存在共通性，即两党制的国家是多数选举制的国家，多数选举制的国家是两党制。他的假设为研究不同类型的选举制度导致的政治后果奠定了基础。

其次，迪韦尔热发现人们忽视了选举制度所产生的影响。他认为，两党制是两个独立政党争夺政府权力后轮流掌权的政治制度，但人们很少关注选举制度对政党的影响。迪韦尔热在研究中发现，多数代表制促成两党制需要较长时间，而不同选区由于地方性政党的存在会出现不同的两党。除了存在强大的地方性政党这一特殊情况外，多数选举制总是与两党竞争相联系，只有在少数党相对较弱的地区其他选举制度才与两党竞争相联系。他认为，在大党始终处于优势地位时，其他林立的小党没有动力和能力结成与之分庭抗礼的另一个大党。但加拿大和印度被认为是这一定律的异数，加拿大不以国家为整体，也不以省为整体，而是以区为整体，它被认为是"2.5 个政党"或"多党"，而不是迪韦尔热所设想的两党。印度虽然采用多数选举制，但政党林立，在 1952 年第一次大选时，全国大小政党就有 192 个。但总体上看，印度多党制度并非背离了"迪韦尔热定律"，反而是它的间接证明。

最后，迪韦尔热立足于社会政治学，探讨了政党结构的发展脉络，进而论述了政党结构对政党的功能产生了何种影响。他通过分析"内生党"和"外生党"之间的区别和联系，论述了政党的形成方式对它的最终结构有何影响，即政党形成与政党结构之间的相互联系、相互影响、相互制约的关系。

迪韦尔热对政党形成和发展的分析，尤其是从独特的视角对政党制度的深入研究，对于我们认识政党发展规律，进一步研究新形势下中国共产党自身建设具有一定的参考价值。①

2. 莫里斯·迪韦尔热政党理论的局限性

首先，在"迪韦尔热定律"中，选举制度被迪韦尔热当作影响政党数量的决定性因素，选民和政治精英的策略性行为被他视为证实这一定律的重要机制。不可否认，"迪韦尔热定律"在实践中被证实多次，但仍存在偏离事实的情况。研究发现，简单多数制的选举制度无法实现将多党竞争缩减到两党竞争的目标。以英国为例，简单多数制的选举制度下，两党制的形成和发展是一个动态平衡的过程，在这一过程中，选民和政党的策略性行为是否产生、有多大可能产生是关键因素。除此之外，迪韦尔热对简单多数制与两党制、比例代表制与多党制之间所存在的必然因果联系提出质疑。他认为，选举制度虽然能够削弱和加快政党分化的速度，但无法被视为政党制度的根本驱动力。他强调，当国家已经出现形成两党制的趋势的时候，机械因素和心理因素会起到催化两党制最终形成的作用。因此，他认为意识形态、社会经济结构等因素是政党分化的决定性因素。

其次，"迪韦尔热定律"忽略了相关性和因果性之间的差异，受到学界的质疑。也正因如此，"迪韦尔热定律"在实践过程中，出现了很多不符合其结论的实例，这些例外的存在导致"迪韦尔热定律"的影响被削弱。

最后，"迪韦尔热定律"忽略了社会性因素。迪韦尔热的政党理论对政

---

① 杨天雄：《浅析莫里斯·迪韦尔热政党理论的基本思想》，载《社科纵横》，2014 年第 12 期。

党的选举制度进行了深入的研究，为后人的研究奠定了深厚的基础，但"迪韦尔热定律"并没有将社会性因素纳入研究范围，即缺乏有关社会结构对选举和政党发展是否有影响、产生多大程度的影响的论述。

九、约瑟夫·拉帕隆巴拉和 迈伦·韦纳的政党学说

(一) 约瑟夫·拉帕隆巴拉和迈伦·韦纳的个人 基本情况

约瑟夫·拉帕隆巴拉 (Joseph LaPalombara, 1925—2019),又译为"莱帕洛姆巴拉""拉帕劳姆巴拉",著名的美国政治学家,耶鲁大学名誉教授,比较研究中心高级研究学者。他的研究领域广阔,涉及政治学与管理学,早期的研究重点在比较政治学、政党制度、政治组织学方面,后期转向公共政策、跨国公司、外资流向等领域。

他于 1925 年 5 月 18 日出生在美国纽约的小意大利区,在俄勒冈州立大学任教后在普林斯顿大学担任一年助教,1952 年又辗转密歇根州立大学执教11 年。1964 年后在耶鲁大学工作,两次担任耶鲁大学政治学系主任,2001年正式退休。他曾在哥伦比亚大学、加州大学伯克利分校、罗马自由大学以及意大利佛罗伦萨大学、贝尔加马大学和卡塔尼亚大学担任客座教授。1980—1981 年间,他担任美国驻罗马大使馆一等秘书。此外,他还是多家期刊的主编、编辑以及多家公司的高级顾问。约瑟夫·拉帕隆巴拉于 2019 年逝世,享年 94 岁。他一生著述颇丰,在《政党与政党发展》一书中从政治发展角度深入探讨了政党,并结合政党体制重新划分政党类型,这对于完善西方政党制度作出了重要贡献。此外,他的出版著作还包括:《国家内部的政

治》《政治发展研究》《意大利式民主》等。

迈伦·韦纳（Myron Weiner，1931—1999），又译为"维纳""温纳""魏纳"等，美国著名政治学者，他不仅是北美印第安人政治研究领域的专家，也是印度政治、种族冲突、教育、农业和产业政策方面的专家，主要研究方向有政治建设、政治人口学以及移民、种族冲突和童工问题等。他于1931年3月11日出生于美国纽约市，早年求学于纽约市立学院，1951年获得学士学位，1951—1955年间在普林斯顿大学求学并获得政治学博士学位。他1956年开始在普林斯顿大学担任讲师，1961年转到麻省理工学院，并在1974—1977年间担任政治学系主任，1987—1992年间担任麻省理工学院国际研究中心主任。1999年6月3日，他因脑癌症逝世于美国佛蒙特州的家中，享年68岁。他先后在哈佛大学、牛津大学、希伯来大学、德里大学和巴黎大学担任过访问学者。迈伦·韦纳是一位实证研究专家，精通对官员和普通公民的采访艺术，曾担任美国国务院、国家安全委员会、国际开发署和世界银行的顾问，并从1996年起担任联合国难民事务高级委员会咨询委员会主席。他出版的专著或合著书籍约20余本，在政治学界产生了重要影响。

（二）约瑟夫·拉帕隆巴拉和迈伦·韦纳的主要政党思想

第一次世界大战后以及第二次世界大战结束初期，西方代议制政府普遍出现危机，这主要是由当时政党竞争存在的弊病，例如党派攻讦、贿赂选票、掮客现象所导致。继迪韦尔热之后，拉帕隆巴拉和韦纳对政党的起源与发展问题进行了深入的研究，阐释了政党对制度的影响，并对政党的潜在作用进行了新的思考。二人的政党学说主要体现在他们的论文著作《政党与政治发展》中，立足于政治发展的视角探讨政党制度。此外，该书集中了当时部分重要政党研究者的观点，如萨托利（Giovanni Sartori）、伦纳德·宾德（Leonard Binder）、罗伯特 E. 斯科特（Robert E. Scott）等。这不仅拓宽了政党研究的视野，将发展中国家（包括欧美国家的最初发展阶段）纳入政党研究领域，还在一定程度上摆脱了欧美国家政党研究的狭小眼界。总体而言，拉帕隆巴拉和韦纳的政党学说重点探究政党起源、政党发展和政党分类，并结合案例呈现了政党和政治发展以及政党和政府绩效之间的关系。

1. 重申政党起源与政党发展

约瑟夫·拉帕隆巴拉和迈伦·韦纳认为，可以从制度理论、历史状况理论和发展理论三个方面探讨政党起源。制度理论主要强调政党产生时该国的议会制度情况，历史状况主要强调政党产生时该国面临的历史问题和危机，发展理论主要强调政党产生时该国所处的社会发展阶段。① 他们认为现代政党应当满足以下几个特点：（1）组织的延续性，即组织的预期寿命不取决于现任领导人的寿命；（2）在明显且具有长期性的地方组织和全国性组织之间存在定期沟通和其他联系；（3）国家和地方各级领导者能自由地决定单独或与他人联合获得和保持决策权，而不仅仅是对行使权力施加影响；（4）关注组织在寻求选举的支持者或以某种方式争取大众支持等方面的作用。② 他们对派别和政党作了详细的区分，提出即便 17—18 世纪的英法等国的政治党派不承认权贵党是真正的政党，但已经表现出夺取或控制政治权力的目的。他们还强调，近代政党的产生、形成和最终成熟经历了漫长的过程，17—18 世纪的欧美已经出现了近代政党的雏形，如英国的托利党和辉格党。但直至 19 世纪，"严格意义的政党"才在欧美国家出现。

早期西方政党学家认为，政党起源于代议制度和选举制度。拉帕隆巴拉和韦纳接受了迪韦尔热"内生党"和"外生党"的概念，承认选举制度在政党体制中的重要作用。但他们也强调迪韦尔热的政党定义是不全面的，它没有将第三世界中产生政党但没有形成选举制度的国家纳入考察范围。他们认为，政党是政治体制出现危机的产物，与现代化的进程密切相关。其中，危

---

① 焦佩：《变迁中的韩国左翼政党研究环境、理念、结构及功能》，济南：山东大学出版社 2015 年版，第 22 页。

② J. LaPaLombara and M. Weiner（eds.），*Political Parties and Political Development Princeton*，Princeton University Press, 1966, p. 6.

机产生于"政治系统在从传统形式发展到更发达形式的历史过渡"中①，而政治精英应对这些危机的方式（在某些情况下阻止他们承担严重的后果）决定了政党制度的类型。这种历史危机不仅是政党最初出现的背景，也是决定政党后期采取什么演变模式的关键因素。政党的政治功能是解决政治发展过程中面临的危机，这既是世界范围内政党发展的普遍经验，也是政党现代化的实践产物。

政治危机是指握有绝对权力的统治者或统治集团，面对要夺取或分散它们权力的新组织的出现所表现出的无能为力。拉帕隆巴拉和韦纳认为，各国内部政治危机中有三种类型对政党的形成具有突出影响，即合法性危机、参与危机和整合危机。政党内部出现"合法性危机"意味着，随着人们对民主理念了解的增多，现有政权的合理性和代表性无法满足人们的需要，人们对权力提出了更进一步的要求。此时，如果统治者不能合理应对这些要求，就会出现动摇统治者统治地位的对立和冲突，从而产生"合法性危机"，而现代政党的特性和优势恰好能够有效地解决这一类型的危机。政党内部出现"参与危机"意味着，相对无权的政治力量成长后开始要求获得更多的权力，但当权者并没有满足它们的诉求，没有给予它们参与政治的机会。因此，要求获得权力的政治力量将当权者的行为诉诸公众，甚至诉诸暴力，以求达到自己的目的，最终造成社会对抗，产生"参与危机"。拉帕隆巴拉和韦纳认为，现代政党的出现在一定程度上解决了"参与危机"。政党内部出现"整合危机"意味着，当民族处于分裂状态，或处于尚未完全独立的状态，社会内部或国家与社会之间的政治力量在统一或分裂等问题上出现矛盾。帕隆巴拉和韦纳认为，作为发展中国家公民团结的必要方法和手段的现代政党，它的出现能够有效地解决这些分歧。

上述三种危机催化了政党的产生。具体而言，合法性危机和参与危机通常相伴而生，当合法性危机不能得到恰当的处理时参与危机必然出现，在民

---

① J. LaPaLombara and M. Weiner（eds.），*Political Parties and Political Development Princeton*，Princeton University Press，1966，p. 14.

族统一和民族独立还没有完成的地方，三种危机常常同时并存。① 这三种危机，既是政党政治发展到一定历史阶段的产物，也是政党自身所处的历史环境造成的。拉帕隆巴拉和韦纳认为，危机的出现只是潜在生成因素，现代化的到来才是政党危机发生的先决条件。现代化为人类社会带来了重要变化，不仅加深了世俗化的程度，促使民间社团发生变化，还引发了系统规模的政治危机出现，进而促成现代政党的产生。

2. 政党体制的划分：竞争体制和非竞争体制

最初，西方政党的研究者按照政党的数目对政党体制进行分类，分成一党制、两党制和多党制，而拉帕隆巴拉和韦纳从另一个角度分析政党类型，他们将政党体制分成竞争体制和非竞争体制，并在这两种体制内对各种类型的政党进行研究。在此框架下，他们结合政党的执政状态和意识形态的特性，将具有竞争性的政党体制分为四类：霸权—意识形态型、霸权—实用主义型、轮流—意识形态型以及轮流—实用型政党。执政状态中的霸权与轮流有着不同的含义，"霸权"强调在很长一段时间内，同一政党或由同一政党主导的联盟拥有政府权力。"轮流"则强调即使在可能存在霸权的时期，执政的政党或执政联盟的政党也会相对频繁地变化。意识形态特征包括两个维度，即强意识形态和实用主义，可以根据其在意识形态谱系中的位置来判断这两种类型。拉帕隆巴拉和韦纳认为最好的政党体制类型是轮流—实用型政党，而最差的是轮流—意识形态型政党。他们强调，虽然政党所表现出的执政状态是霸权或轮流与意识形态或实用主义的特殊组合，这些特殊组合展现了政党与社会、经济和政治的关系，但这些维度之间不存在必然的因果关系。意识形态强的竞争党的执政状态可能表现为霸权，也可能表现为轮流交替。

拉帕隆巴拉和韦纳将非竞争体系的政党，即一党制政党的执政状态，定义为霸权。他们认为非竞争体系中有三种政党体制类型，即一党专政、一党多元化和一党独裁。一党专政是指由具有单一意识形态导向但非极权主义的

① 王长江：《时代的声音——"三个代表"与党的建设》，青岛：青岛出版社 2002 年版，第397 页。

政党主导，这种模式的典型特点是，反对派成员被定义为革命或民族主义事业的叛徒，并对执政安全形成威胁。通常情况下，政党和国家都由一个主导人物领导。一党独裁是指国家本身是统一党的工具，其意识形态目标是利用权力全面改组社会经济和社会制度。拉帕隆巴拉和韦纳强调，政治控制的工具包括温和地说服、有组织的恐怖主义等，最典型的例子可以在希特勒统治下的德国，和墨索里尼统治下的意大利找到。一党多元化是一种准威权制度，是由单一政党主导的政党制度，其组织是多元化的、实用主义的而不是严格的意识形态占主导的，是吸收而不是破坏与其他团体的关系。它与一党独裁的区别在于，它的意识形态倾向实用主义。拉帕隆巴拉和韦纳认为，坚定的意识形态会导致威权主义或极权主义的一党制国家形式。

3. 国家整合、政治参与、合法性与冲突管理

从研究的重点看，拉帕隆巴拉和韦纳将注意力从政治危机与政党制度的起源，转向政党制度对处理政治危机的影响。它们对各类政党制度进行归纳研究，认为政治发展绕不开四个问题，即国家整合、政治参与、合法性和冲突的管理。

国家整合，是指将不同的社会、经济、宗教、种族和地理因素合并成单一的民族国家。虽然一党制不能作为民族统一的保证，但在大多数情况下，一党制是民族国家实现这一使命的最优方案。作为整合力量的一党制政党体制也存在缺点，如在一党制中，政府和政党往往变得难以区分。总体来看，在政党体制下，国家整合可以通过复杂的谈判来实现，政党可以作为缓解宗教差异、种族分裂、传统群体和现代化群体之间的敌意、城市和农村之间的冲突的最适合的一种政治安排。

政治参与，是指公民以直接或间接的方式影响政府的决定、影响与政府活动相关的公共政治生活，这种行为称作政治参与。政党政府对团体政治参与有四种反应模式：镇压、动员、有限准入和完全自由竞争。拉帕隆巴拉和韦纳认为，"镇压"倾向可能与三个因素相关：第一，镇压与政党出现时，占主导地位的精英所持有的价值体系相一致；第二，维持性代表性制度，能

够保证其在等级价值制度中地位的共识程度；第三，政治资源的稀缺性，导致政党制度运作下的新精英很难与新的加入者分享他们从先前存在的制度中夺取的政治权力。总而言之，镇压的可能性，与政党制度的建立和参与需求的增加之间的张力密切相关。他们认为，动员是受到一党专制的国家欢迎，甚至鼓励的政治参与模式。当然，政党对这种参与采取有限准入的形式。有限准入则强调各国政府允许社会团体组织自己的政党，但拒绝他们分享国家权力，并限制他们参与政治活动。这种模式是几个欧洲国家的典型模式。另外一种形式是完全自由竞争，是指占主导地位的精英可以通过加入现有政党或新成立的政党，给予要求政治参与的个人和团体充分参与的权利。拉帕隆巴拉和韦纳认为，在成熟的民主国家中，完全自由竞争的政治参与方式才是对新政党出现的典型回应模式。

合法性问题。拉帕隆巴拉和韦纳认为，政党在其早期发展阶段大多会面临权力合法性的问题。他们在考察欧洲国家政党后提出，一党制在建立合法性方面比多党制更持久。虽然多党制度经历了大量的改革，但其出现是缺乏共识的表现。拉帕隆巴拉和韦纳提出，政党在成立初期会为赢得合法性在内部达成表面共识，随着政党的发展，共识性问题的内在分歧会不断放大，这在一定程度上降低了政党的合法性权威，但相较于军队和官僚机构，灵活的政党仍是建立国家权威和合法性的有效工具。此外，政党的规范性建设更有利于权力的温和转移，而由官僚和军人组成的执政军政府很难和平地选举领导人或让渡领导权。

冲突管理。尽管政党常被视为影响政治参与、合法性和国家整合的独立因素，但拉帕隆巴拉和韦纳认为，政治的本质是管理冲突，即对政治体系提出能够有效管理各种程度变化（或冲突）的能力要求。因此，冲突管理是判断政治制度有效性的普遍标准。在考察政党政治过程中，可以根据这一标准审视政党在保证国家和社会平稳运行中的作用。拉帕隆巴拉和韦纳认为，政党领导能力是管理冲突的重要因素。因此，评估政党影响政治系统对冲突的管理时，要了解政党的领导风格、宽容程度和信任程度。同时，政党和政党制度对冲突管理的作用也会受到它们与政府结构关系的影响。此外，政党与行政官僚机构和军事机构等政治精英的分离，使得后者几乎可以按照其选择的方式运作而不受各方意愿或要求的约束，同时也能够加强政党处理冲突的能力。总之，政党制度对国家整合、扩大参与的模式、政治框架的合法性和政治冲突的管理有重要影响，这实际上表明了政党是政治社会化的工具。

（三）约瑟夫·拉帕隆巴拉和迈伦·韦纳政党理论的评价

1. 拉帕隆巴拉和韦纳政党理论的积极作用

拉帕隆巴拉和韦纳的政党学说，首次将政党学说的研究视角转向发展中国家，为后发国家与先发国家的政党研究提供了共同对话的平台，为世界政党学说的发展作出了贡献。总体而言，拉帕隆巴拉和韦纳的政党学说在两方面影响深远，一是对政党起源的阐释，二是对政党体制的类型学划分。

拉帕隆巴拉和韦纳从政治发展的角度对政党制度做了专门的探讨。在探讨中，他们极力想要摆脱过去学界只局限于欧美政党的狭小眼界，将研究对象的范围扩大到发展中国家，也包括处于最初发展阶段的欧美国家。也正因为这种转变，他们得出的结论有别于单纯的欧美政党的研究结论。例如，他们研究了政党产生的根源、现代化与政党的关系、竞争体制和非竞争体制的划分界限，提出了在衡量政党竞争状态时应该运用"轮流—霸权""意识形态—实用主义"等标准，探讨政党制度与政治发展间的复杂关系，等等。这些结论和认识的出现，不仅补充了迪韦尔热政党学说，还进一步丰富了政党研究的理论成果，为后期政党学说的发展奠定了坚实的理论基础。拉帕隆巴拉和韦纳强调，发展中国家的社会变革模式与西方的制度演变模式有所差别，历史制度的差异性导致非西方国家与西方国家的政党体制特征有所不同，间接导致了这些国家的大部分民众倾向于认同一党制的政党制度。

拉帕隆巴拉和韦纳从历史发生学的视角着重考察了政党产生的主要前提和独特的历史性力量，这使得他们的政党学说对政党起源的阐释鞭辟入里。拉帕隆巴拉和韦纳的分析参考了政党起源的独特历史、自然、人文和地理环境因素，规避了就政党论政党的线性思维，弥补了西方政党起源学说的不足。此外，他们还立足于政党起源的历史视角，提出政党是政治体制出现危机的产物，但又能够反作用于政治危机，即解决国家政治危机难题，关键还要靠政党。在这一论证过程中，他们对于政党危机和政治发展的关键因素的把握，为研究西方政治的发展和民主提供了分析框架和理论基础。

值得关注的是，拉帕隆巴拉和韦纳的政党学说提出了现代政党体制划分的新的类型学标准，这一分类模式进一步细化了政党体制类型的传统的数量分类观，他们不仅区分了竞争与非竞争型政党体制，还将执政方式与意识形态引入政党划分的维度，归纳出了霸权—意识形态型、霸权—实用主义型、轮流—意识形态型、轮流—实用型、一党专政、一党多元化以及一党独裁八种政党体制类型。相较于迪韦尔热的研究，这一政党体制的类型学划分更加精细化，直接影响了后世政治学家们关于政党体制的研究，如萨托利在其理论的基础上，进一步提出了更为全面的政党类型学。

2. 拉帕隆巴拉和韦纳政党理论的局限性

拉帕隆巴拉和韦纳的政党学说虽然将视野拓宽到发展中国家，但其研究仅仅是将非西方国家的政党制度置于西方政治学范式下研究。不可否认，这已经是西方政党理论研究的重大进步。然而，西方中心主义的视角和西方政治学研究的行为主义方法，并不能很好地解释绝大部分发展中国家的政党制度，其研究的恰适力与说服力受到了挑战。

比如，拉帕隆巴拉和韦纳的政党分类理论，依据执政方式将一党制与多党制划分为竞争与非竞争两大体系。其中，竞争性政党系统多实行于西方发达国家，其系统内部在同一维度划分出四类政党类型；非竞争性政党系统主要出现在发展中国家，该系统又在另一维度进行类型划分。实际上，这不符合类型划分的科学性，只是简单地将西式政党制度与非西式政党制度作了区分，并未真正将世界各国的政党体制纳入同一分析范畴。此外，拉帕隆巴拉和韦纳的政党分类理论还存在明显不足，主要表现在：其分类方法和分类模式略显粗糙，没有完全摆脱传统上按数量划分政党类型的总框架；加入执政方式和意识形态两个维度，简单利用非此即彼的二元对立模式将政党体制划分为几大类型，这在一定程度上模糊了中间党的存在空间，所提供的佐证案例也不具有广泛的代表性，实践佐证力度不强。继拉帕隆巴拉和韦纳之后的政党分类理论或多或少都受到了他们的影响，在政党类型化上也出现了类似情况。

事实上，拉帕隆巴拉和韦纳的政党学说存在以上问题，归根结底是由于西方资产阶级政党学说继续沿用西方政治学研究的行为主义方法，把注意力放在"客观"的描述性研究上，回避回答政党本质特征的问题，在"隐藏"资产阶级政党阶级性的基础上回避西方资产阶级政党矛盾，重在强调资产阶级政党与政党体制存在的"合理性"。同时，它在操作性研究方面对政党的活动做了比较系统深入的分析，在维护西方政党利益的基础上提出了一些改进政党活动的方法和措施，一定程度上也推动了西方政党政治的发展。此外，拉帕隆巴拉和韦纳政党学说中还存在意识形态的偏颇，它将中国等社会主义国家的执政党划分为一党独裁的政党类型，认为此类国家政党与政府界限模糊，意识形态强化而限制多元政党的发展，不仅忽视了客观存在，还否定了社会主义国家民主和自由的独特形态。

十、西摩·马丁·李普塞特和 施泰因·罗坎的政党学说

（一）西摩·马丁·李普塞特和施泰因·罗坎的个人基本情况

西摩·马丁·李普塞特（Seymour Martin Lipset，1922—2006），又被译为"里普塞特""利普塞特"。他是美国社会学家和政治学家，西方政治社会学的创始人之一，也是新保守主义的重要代表人物之一。其主要研究方向为政治社会学、比较政治学、社会分层理论、公共舆论以及知识分子社会学。李普塞特于1922年3月18日出生在美国纽约，早年求学于纽约市立大学，1943年毕业获理学士学位，1949年毕业于哥伦比亚大学并获社会学博士学位。他先后任教于多所世界著名学府，1946—1948年在多伦多大学担任讲师，1948—1950年在加州大学伯克利分校担任助理教授，1950—1956年在哥伦比亚大学任助理教授、副教授，1956—1965年在伯克利加州大学任社会教授，1966—1975年在哈佛大学胡佛研究所任政治学和社会学教授，1975年以后到斯坦福大学任教授。他曾在1954—1956年兼任哥伦比亚大学应用社会学研究所副所长，1962—1966年兼任加州大学国际研究所所长，1959—1970年担任美国政治学和社会学协会主席。此外，他还兼任反诽谤联盟顾问、公共高等教育委员会顾问、美国犹太人委员会顾问、大学动乱委员会顾问等职，并入选美国国家科学院以及美国人文与科学学院院士。李普塞特在政治学领

域有深厚的造诣，在学界享有较高的评价和声誉，被推选为 1981—1982 年度美国政治学会会长。2006 年 12 月 31 日，李普赛特逝世于弗吉尼亚州阿灵顿市。他一生著述颇丰，著有《政党体制与选民结盟》《非理性的政治》《政治家》等书。其中，《政治人：政治的社会基础》一书是他的成名作，出版后引起学术界的巨大轰动，从而奠定了李普塞特在美国乃至世界理论界的学术地位，该书不仅获得了美国社会学协会的麦克伊弗奖，还被评为美国普利策奖。

施泰因·罗坎（Stein Rokkan，1921—1979），挪威著名的社会学家、政治学家，比较政治学学科的主要创始人。罗坎生于 1921 年 7 月 4 日，早年求学时主要从事语言学和政治哲学研究，后成为比较政治研究专家。1966 年 7 月 1 日，他成为卑尔根大学的第一位社会学教授，执教期间他创立了"比较政治学"学科，推动了挪威政治学研究的发展。自 20 世纪 50 年代开始，他致力于国际、国内社会科学数据资源和数据服务的建设，推动了社会科学基础设施发展，促进了比较实证研究的建设，并在 20 世纪 60 年代成为世界上最突出的政治社会学家之一。他是国际社会科学理事会（ISCC）和欧洲政治研究联盟（ECPR）的创始人之一，在 1966—1970 年间担任国际社会学协会副主席，1970—1973 年间担任国际政治学协会主席，1973—1977 年间担任国际社会科学理事会主席，1970—1976 年间担任欧洲政治研究联合会主席，1975—1976 年担任北欧政治科学协会主席。此外，他还是挪威社会科学数据服务（现为"挪威研究数据中心"）的第一任主任（1975 年至 1979 年）。施泰因·罗坎逝世于 1979 年 7 月 22 日。他著述颇丰，出版了一系列关于政治动员、政党和选举制度以及国家和国家建设的里程碑式的著作，如《紧张世界中的民主》《政治参与研究方法》《比较国家》《经济、领土、身份：欧洲周边的政治》等。

（二）西摩·马丁·李普塞特和施泰因·罗坎的主要政党思想

现代政党始于欧洲，因此学界对西欧政党及其政治制度的研究关注较多，但学者们大多运用社会学学科的分析方法进行研究，强调社会结构能够对政党制度起到塑造作用。运用社会学的分析方法的学者中最具代表性的是西摩·马丁·李普塞特和施泰因·罗坎，他们所著的《政治体制与选民联盟》一书于 1976 年出版，该书集中论述了他们的政党学说。此书利用比较政治和社会学的研究方法，详细探究了分裂结构、政党制度和选民结盟之间的关系。此书问世后，学者们开始通过理解和分析社会结构来分析政党政治。

李普塞特和罗坎的政党学说主要包括政党起源、政党制度和政党选举，他们先后回答了国家政治共同体产生分裂的类型，并结合西方政党体制的实际情况，分析选民联盟迥异情况下政党制度的差异。李普塞特和罗坎在分析政党与社会关系时运用了社会学的相关原理，但该路径中的具体社会因素随着 20 世纪 60 年代西方社会的变化而变化，致使这条理解路径的适用性越来越受到后来学者们的质疑与批判。但是即便如此，20 世纪 90 年代初，意大利学者斯蒂芬诺·巴托里尼（Stefano Bartolini）和彼得·梅尔（Peter Mair）在考察西欧选举制度后，再次肯定了李普塞特和罗坎的社会学理解路径。①

1. 政党：冲突的力量和整合的工具

李普塞特和罗坎详细阐述了派生于塔尔科特·帕森斯的理论框架，旨在为分析 19 世纪西方世界不同的政党制度提供概念秩序。政党在西方政治发展的过程中占据重要地位，最初它的出现意味着政治实体中出现冲突、对立甚至是分裂。李普塞特和罗坎将政党重新定义为"冲突的力量和整合的工具"②，他们强调无论政体结构如何，政党很大程度上有助于社会动员和国家整合，甚至能够令政治系统中的冲突发挥整合作用。据此，他们结合政党比较社会学研究的核心问题，即冲突—整合的辩证法，进一步研究冲突及其向政党制度的转化。李普塞特和罗坎立足于"社会分歧"的角度观察社会，认为政党出现的背后暗含着社会分歧、衍生利益的冲突等问题，进而提出社会

---

① 叶麒麟：《定位、测量与形态：政党与社会的关系研究》，载《武汉大学学报（哲学社会科学版）》，2017 年第 4 期。

② 〔美〕李普塞特：《共识与冲突》，上海：上海人民出版社 2011 年版，第 125 页。

分歧理论。

李普塞特和罗坎并非忽视整合，而是研究在冲突的最初阶段双方妥协的可能性，即更加关注政策冲突中的联盟政策，以及在更大的政治实体中的价值承诺。他们认为冲突和争端来自社会结构中的不同关系，但能导致特定制度下政治两极化的冲突和争端却很少，因为每一制度内部都存在自下而上的分裂等级，这些等级秩序受各种因素的影响，其政治分裂随时间变化也会发生差异和变化。为进一步探究分裂的等级变化和联盟的可能条件，李普塞特和罗坎借助塔尔科特·帕森斯的社会更替范式阐释了国家建设过程的三阶段模式，并针对大众民主中政党的形成和政党群体可能存在的差异，提出了"外围—中心"关系维度。这揭示了分裂的两个层面，构建了地区—文化分裂和功能分裂的分析模型，以此来系统地解释这种可能存在的差异。同时，他们也认识到历史上出现的分裂极少情况下完全是地域性或功能性的，故提出在模型探究时需要把政治结构上的实证变动和当前社会学理论的概念化相联系起来。

2. 社会分歧理论

李普塞特和罗坎考察了欧洲政党政治的发展过程，提出社会分歧理论。他们认为，选举权的普及和扩大除了使选民能够享有更多的政治权利之外，还会造成"社会分歧"及其衍生的利益冲突。因此，政党为了自己的稳定与发展，需要寻找新的政治出路。基于此，李普塞特和罗坎提出，中心与边缘、国家与教会、有产者与无产者、传统农业和工业之间的分野决定了欧洲政党的出现及不同政党间纲领的差异性。李普塞特和罗坎的"社会分歧"理论认为政党是社会的产物，政党政治则是社会分裂结构的反映。这一理论强调，如果认为政党只要在某个特定问题上倾向于选民就能够轻易赢得他们的选票，这一政党可能不会获得它预想中的胜利，因为选民更倾向于选择能够满足他们政治意愿、代表他们社会地位的政党。

当然，李普塞特和罗坎提出的"社会分歧"理论是比较复杂的概念，不能以一言蔽之。他们认为，只有选民在政治态度、政治观点、政治行为等方面存在的差异足够大的时候，这种差异才会演变成"社会分歧"。李普塞特和罗坎分析得出社会分歧的内涵，主要有以下三点：第一，社会分歧实质上是社会分割，意味着可以凭借某种社会特质来对人群进行分割，例如职业、社会地位、宗教和种族等要素；第二，依照以上要素分割而成的组群，能够在意识上产生集体认同；第三，社会分歧需要通过某种组织形态呈现出来，包括常规的工会、教会、政党等组织，也包括可以为组织成员提供制度化利益表达途径的组织。

3. 政党制度"固化"假设

有学者认为，政党的意识形态根源通常被认为存在于有序的社会分裂中。由此，李普塞特和罗坎提出了最早且最具影响力的政党类型学。在他们看来，发端于 19 世纪的民族革命和工业革命催生了社会分裂或政治分裂，并进一步区分了团体和政党围绕其进行动员的四种分裂模式：中心—边缘分化、国家—宗教分化、工业—农业以及业主—工人分化。需要注意的是，以上四个维度的分裂产生于国家充分动员时。这是声名显赫的国家精英人物及其文化标准的抗议，也是更加广泛的解放运动和动员活动的缩影。

可见，李普塞特和罗坎认为政党的形成是当时社会分化结构状况的反映，并且保留了固化的分裂结构。同时，李普塞特和罗坎还提出了政党制度"固化"假设，他们认为，民众参与民主政治能够改变政党派系的政治倾向，转而稳定地发展成选民联盟，进而结成稳定的政党制度。在政党制度"固化"假设下，社会分裂基于政党派系实现冲突，又通过固化的政党制度得以整合。

此外，李普塞特和罗坎在研究中发现，欧洲政党制度的四条分裂线是考察选民投票和结盟的重要依据。虽然在解释任何一个国家的政党制度时，前三条分裂线比第四条分裂线更为重要。但在统计学考察中，第四条分裂线更能揭示成年人投票分布的不同。二人遵循前三条分裂的演化逻辑，发现它们并不能清晰地预言政党制度的未来发展路径后，提出了第四条分裂即工人阶级运动的力量，并认为这一分裂造成了新的选民结盟和投票的结构差异。

4. 政党制度与选民结盟

李普塞特和罗坎通过观察指出欧洲社会的四条分裂线，他们认为代表中央的多数群体和代表边缘地区的少数特殊性群体之间的对立，代表世俗力量的国家和宗教势力之间的对立，二者的诱因都是民族革命，而农村与城市之间的对立，雇主与工人之间的对立，二者的诱因则是工业革命。各国的选民在行使选举权的时候，会根据自己的社会立场支持能够代表他们利益的政党，并与其结盟，进而形成稳定的政党—选民关系。

李普塞特和罗坎认为，在分裂结构向政党制度转化的过程中，任何提出新要求的运动都存在门槛。他们依据门槛的不同提出了政党制度的不同阶段。这些门槛分别是合法性、一体化、代表制度和多数权力（即一个体制内部具备的反对多数统治的制衡机制），根据四个门槛的水平高低可以把政党制度的发展条件大体分为四种变化类型。根据合法性、一体化、代表制度、多数权力四项依次排列，分别为低低高高——高门槛多数代表制和分权制；低低高中——高门槛多数统治的议会制度；低低中中——中门槛比例代表议会代表制；低低低低——低门槛比例代表制和平民多数统治。他们认为要对政党竞争形势和战略的变化作出系统的分析，就必须从分析不同的发展阶段出发进行考察。

李普塞特和罗坎认为早期的选举制度对新兴政党不利，工人运动难以表达自己的利益，但当体制面临新阶层的压力时，就会出现新的变化，这一新变化形成了分裂结构转向政党制度的关键点：合并、联盟、结合的代价和利益。他们指出，高水平的代表制门槛和中央决策的规则可能会影响联合行动的最终结果，或使之受益，或使之受损。但是，分裂双方的夙愿有多深以及能否直接进行公开交往决定了合并和联盟是否切实可行，这就需要领导人之间培养和建立一定程度的信任。

（三） 西摩·马丁·李普塞特和施泰因·罗坎政党理论的评价

1. 西摩·马丁·李普塞特和施泰因·罗坎政党理论的积极作用

李普塞特和罗坎的政党学说旨在系统化地比较欧洲各国政党的对立情况，他们重新定义了政党的概念，强调冲突—整合这一辩证概念对理解政党的重要意义，开拓了政党研究的思维视域。"社会分歧"理论使学者们在研究选举与政党、政党体系时，能以全新的视角进行分析和论述。在分析政党的兴衰、政党体系的稳定与变迁时，如果单单从党纲、选举策略、政党候选人等角度进行分析，其结论往往与现实相悖。即便如此，"社会分歧"理论仍然很好地阐释了社会表象背后所具有的有一定延续性和稳定性的社会文化因素。

该理论对社会分歧类型的划分较为精炼，他们不仅考察了选民基于"分歧"而形成的选举联盟，还尝试运用阶级和文化分析的方法，强调社会结构和文化因素对个人和群体行为的影响，并探讨了这些因素如何导致社会分化和不平等，这在一定程度上触及了西欧政党政治中选民选举基础的根基。他们将复杂的政党选举和选民结盟纳入社会分歧理论，其选民结盟理论深入探讨了选民结盟的形成机制、影响因素和后果，为政党选举的行为和策略提供了学理化的阐释和参考，对理解选举结果产生的影响以及政治竞选战略的制定具有重要启示意义。

李普塞特和罗坎还将比较政治社会学的研究方法应用于政党研究，不仅突破了国界限制，将不同国家、地区的政党进行横向比较，找到其共性和差异；揭示了政党的组织结构、参与机制、利益诉求等结构因素对政党行为的影响；通过比较研究，深入了解不同政治文化和历史背景下政党的演变和特点。最重要的是，李普塞特和罗坎借用社会学研究方法丰富了政治学的相关研究。这一方法还提供了历时分析和共时分析相结合的研究策略，在方法论上为此后政党制度研究奠定了比较政治社会学的基础。李普塞特和罗坎的政党学说在理论上丰富了西方政党研究的制度起源和选举结盟问题。

2. 西摩·马丁·李普塞特和施泰因·罗坎政党理论的局限性

李普塞特和罗坎对政党与社会关系的社会学路径的解释，在人类社会不断发展变化的过程中受到了学者的质疑和批判，最初体现在对社会结构因素的质疑上。有学者认为，李普塞特和罗坎的政党学说中所提到的社会因素已经逐渐不符合人类社会发展的进程，而被后物质主义和物质主义的分裂所取代。美国学者罗纳德·因格哈特（Ronald Inglehart）就认为公民行使选举权的目的已经不再与物质利益、社会地位、生活质量密切相关。除此之外，还有学者指出用社会分裂理论解释投票行为的效力在不断下降，进而质疑社会分裂结构对于政党制度的适用性①。可见，他们关于西方政党制度差异的分类方法非常抽象，且过于繁琐呆板，缺乏历史的直接性。

实际上，李普塞特和罗坎的社会学理解路径只能够解释处于第一次民主化浪潮中的国家的政党政治过程，他们学说的不足之处在于他们对社会重塑政党的强调，即政党的社会根源性（即社会本位）逻辑。归根结底，他们并未察觉到政党本身具有的阶级性。他们同众多资产阶级学者一样，抛开了阶级性，抽象地、孤立地研究政党，只从政党的组织结构和活动方式着手。这不仅不能揭示政党的本质特征，也难以探索政党制度变化发展的基本规律。然而，当我们开始注重政党的阶级属性，揭示政党是阶级斗争的工具这一本质内容时，对于第四分裂的理解就可以更进一步，甚至能够轻松地预测社会分歧理论难以触及的深层政党制度变迁和选民结盟变化。

---

① 叶麒麟：《定位、测量与形态：政党与社会的关系研究》，载《武汉大学学报（哲学社会科学版）》，2017 年第 4 期。

十一、乔万尼·萨托利的政党学说

（一）乔万尼·萨托利的个人基本情况

乔万尼·萨托利（Giovanni Sartori，1924—2017），又译为"萨托里"，意大利人，后加入美国籍，世界著名政治思想家，研究领域广及民主理论、政党制度、宪政制度、治学方法等方面。乔万尼·萨托利于 1924 年出生在意大利佛罗伦萨，早年求学于佛罗伦萨大学，主修政治和社会科学专业，于 1946 年取得哲学博士学位，毕业后即留校任教。1954—1955 年，他先后取得现代哲学史和国家理论大学教师资格，于 1950—1963 年间在佛罗伦萨大学先后任现代哲学史和政治学助理教授。他在 1963 年成为佛罗伦萨大学社会学教授，1966 年任佛罗伦萨大学政治学教授和政治学研究所所长。在长达十三年的任教时间里，他还兼任过哈佛大学客座教授、耶鲁大学政治学客座教授、欧洲大学研究所教授。他在 1969—1971 年担任佛罗伦萨大学政治学院院长，1970—1979 年担任国际政治学协会（IPSA）、国际社会学协会（ISA）和国际社会科学理事会（ISSC）概念和术语分析委员会主席，1976—1979 年任斯坦福大学专职教授，1980—1985 年任哥伦比亚大学意大利研究中心主任，1979—1994 年任哥伦比亚大学阿尔伯特—史维泽人文科学讲座教授。

作为意大利政治科学杂志的创始人，他在 1971—2003 年间一直担任期刊编辑。1994 年，萨托利在退休后被聘为哥伦比亚大学、佛罗伦萨大学等学府的名誉教授。除学者身份外，他还曾是意大利《晚邮报》的专栏作家。2017

年 4 月 4 日，他逝世于佛罗伦萨。作为当代最著名的政治思想家之一，乔万尼·萨托利曾入选美国艺术与科学院院士，先后获得众多荣誉和奖项，如意大利共和国总统文化和教育功绩金质奖章、意大利社会科学部长会议主席奖、欧洲政治研究联合会终身成就奖、阿斯图里亚斯亲王社会科学奖、美国政治科学协会终身成就奖、马泰·多根基金会欧洲政治社会学奖等。1987 年，他出版了代表作《民主新论》，引起了知识界的广泛共鸣，至今仍是民主理论研究的权威著作。作为 20 世纪最有影响力的政治学者之一，他贡献了《政党与政党体制》《民主新论》《比较宪法工程学》等杰出作品。其中，《政党与政党体制》获评美国政治科学学会"杰出著作奖"。尽管萨托利的不少观点充满争议，但他的政党理论、保守主义民主理论和宪法工程学研究给世界政治留下了重要的政治理论遗产。

（二）乔万尼·萨托利的主要政党思想

政党的系统理论观点和体系，一直是西方政治学研究的重要分支。20 世纪 60—70 年代，随着政治学研究的深入，政党研究得到进一步发展。萨托利于 1976 年出版《政党与政治体制》一书，该书系统分析了西方政党制度。他试图建立一种能够包含全部政党政治的一般理论，这是在迪韦尔热之后的又一次重要尝试。这部著作出版后产生了较大影响，尤其是政党和政党政治方面的相关研究。西方学者评价道："将来对政党和政党政治的任何研究都将从萨托利的分析开始。"[1]

1. 为政党正名

萨托利认为"部分"和"整体"的抽象化是对政党问题研究的一个关键节点，对从宗派到政党问题的深刻剖析和阐释，有助于厘清派别活动的全部问题。他区分了党和宗派，提出政党作为整体的一部分，是为整体的目标而服务的组织，但宗派是为一部分人服务的组织。他通过梳理西方近代政党思

---

① 朱昔群：《政党发展研究——一种比较的视角》，载《马克思主义与现实》，2006 年第 3 期。

想史，特别是博林布鲁克、休谟、伯克、孔多塞、杰弗逊、托克维尔等人的政党观，将政党从污名化中解放出来，为政党政治的必要性提供理论辩护，阐明了现代政党与多元主义、合法性之间的关系，使得政党自身由贵族化走向平民化。萨托利细致地探讨了政党的确切含义，在理论上解释了政党如何及为何出现、其目的以及把一个国家托付于政党的风险。他把以往学者关于政党的十几种定义进行了归类和分析，指出了前人研究的缺陷。在此基础上，他把政党定义为："政党是被官方认定在选举中提出候选人、并能够通过选举把候选人安置到公共职位上去的政治集团。"①

萨托利认为，政党概念有三个核心内容：第一，政党不是宗派；第二，政党是整体的部分；第三，政党是利益和观点表达的渠道。② 这就是说，政党是整体的部分，它试图服务于整体。政党不是一个完全意义上的利他组织，在面对群体利益时，它必须采取不偏不倚的立场，一旦有所偏离就会蜕变为只服务于自己利益的宗派组织。萨托利并未只把政党看作客观上的代表机构，而是更加看重它作为表达沟通渠道的功能。总体而言，政党是拥有表达功能的组织，但这并不意味着代表功能一定要依靠政党来完成，其他委员会或机构组织也能够完成这一工作。虽然政党能够主导、重塑、控制舆论甚至操纵民意，但萨托利认为这种作用在多元化政党体制内会得到制约。政党多元化主义能够使民众的意见得到充分地表达，而免受政党的操纵。值得一提的是，这里所说的"表达"并非字面意义上的发出声音，更多是强调民众对重大事件所能够起到的建设性、实质性的作用。

2. 政党的功能：参与、竞选和表达

萨托利认为政党是功能团体，因为它们执行了一整套与系统相关的功能。故而，他提出可以根据功能标准区分政党，即便政党所执行的功能都与系统相关，但功能的具体内容也并不相同。他全面分析了政党参与、竞选、整合、化解冲突、吸纳、决策和表达功能的范围、特点与作用，并以稳定性和不可

① Giovanni Sartori, *Parties and party Systems*, NewYork: VailBallou Press, 1976.
② 赵丽江：《政治学》（第二版），武汉：武汉大学出版社 2012 年版，第 88 页。

替代性为标准进行比较筛选。最终，他认为政党发挥着不同的功能，但最接近政党的定义、本质的功能是参与功能、竞选功能和表达功能。这三种功能又以表达功能的重要程度最深，因为于政党而言，选举和参与只是手段和途径，它们的出现只是为了使政党成为表达机构。

萨托利认为，表达功能的前提假设是将政党视为联结政府与社会的桥梁。表达功能往往被视为政治沟通功能的组成部分，但实际上二者存在一定的区别。表达更倾向于信息向上流动的过程，但沟通更注重信息的双向流动。第一，表达功能被视为利益代表功能的组成部分，这一功能往往是由政党所有的而非特殊的利益集团所有的。表面来看，表达功能与竞选、参与关联甚深，但实际上，表达功能与化解冲突的功能相似，其外延功能远比构成要素含义丰富。表达是一种持续的流动过程，其时间比选举的间隔时间要长，其覆盖范围也包括了积极参与的公众和消极参与的公众。竞选功能是指，政党在提出议题后转变角色成为"观点制造者"，通过激发选民的积极性、倾向性进而组织选民效忠和支持自己。总体而言，在选举过程中，政党所扮演的角色是选民的参考团体，政党所具备的功能是推荐候选人。在某种程度上，竞选与选举、参与等功能存在重合，可以简单理解为个人的投票行为。第二，竞选与选举、参与有所不同，前者强调自上而下的影响，后者强调自发性和自愿性。换言之，竞选更加强调政党是政治生活的影响者，而选举和参与则将政党视为受选民影响的客体。

3. 政党体制

政党体制是指政党内部、政党间、政党与国家之间错综复杂的政治关系。萨托利提出，政党间相互作用并以此为特征的政治体制可以称为政党体制。他对划分政党体制的标准进行了深层次的研究，贡献了新的政党体制类型学。

萨托利认为，如果只将政党体制划分为一党制、两党制和多党制过于简单化。萨托利改变了过去政党体制的简单化分类，除了以政党数量为参数外，还提出"相关政党"的概念。他认为，以数量作为政党的划分标准是有意义的，政党数目是可见的元素，为政党分类提供了很好的切入点。但即便如此，在萨托利看来，以政党数目为划分标准还需要确立计数规则才能够发挥效用，因为有些政党在政治运作中不起作用，如果只用政党的数量来划分政党体制难保准确，应该引入"相关政党"的概念来衡量政党体制。

政党的相关性所指的不仅是权力相对分配的函数，而且是位置价值即左右向度上的位置函数。其中，权力相对分配指的是政党实力的大小，而政党实力是由选举实力和占有政府席位实力决定的，在多党制下，每一个政党的联盟潜力并非以其政党实力作为唯一标准。在萨托利看来，这主要是位置价值在起作用，所谓位置价值，一方面是指意识形态之间的距离，也就是说任何一个既定政体的意识形态光谱的总体分布；另一方面是指意识形态烈度，也就是一个既定意识形态环境的热度与影响。① 更准确地说，政党联盟只存在于那些意识形态一致或者相容的政党之间。

基于此，萨托利认为在多党的情形下，决定政党何时应该或不应该被计数应当遵循以下两个规则：第一，对于较小的政党来说，只要它在一段时间里是多余的，那么它在任何可能的联盟中多数不会再被需要，就可以将它视为不相关的政党。换言之，一个较小的政党，不论它有多么小，如果它在一段时间或在某些时刻处在至少可能的政府席位多数之一的位置上，则不能被忽略不计。② 第二，一个政党，无论何时，只要它的存在或出现影响到政党竞争的策略，特别是当它能够改变竞争的走向时——决定着有执政意图的政党从向心的竞争转向离心的竞争，它就具有相关政党的特征。③ 总而言之，如果一个政党既不具备联盟的潜力，也不具备讨价还价的潜力，那么它可以不被计算在相关政党的范畴之内。相对而言，如果一个政党或是形成联盟和统治关联的政党，抑或在反对党舞台上有竞争关联的政党，都属于相关政党的范畴之内。

"相关政党"这一概念的提出使政党体制得以细分。关于政党体制分类，萨托利认为分类是一种以相互排斥的类别为基础的秩序性安排，这种类别也

① 赵雪：《政党体制计数标准浅析——兼评 G. 萨托利〈政党与政党体制〉》，载《人民论坛》，2010 年第 35 期。

② 〔美〕乔万尼·萨托利：《政党与政党体制》，北京：商务印书馆 2006 年版，第 173 页。

③ 〔美〕乔万尼·萨托利：《政党与政党体制》，北京：商务印书馆 2006 年版，第 174 页。

是根据一定的原则或标准设立的。基于此，他归纳出七种政党类型，即一党制：独一无二的政党；霸权党制：一个霸权党和若干附庸党；主导党制：一个优势党和若干小党；两党制：轮流执政的两党；有限多党制：三至五个党；极端多党制：六至十个党；粉碎多党制：不需要进行确切的计数。超过"十个"这一门槛，不论是十个、二十个或者更多，都没有多大的差别。[①]

萨托利认为，相较于传统的三个类别的划分方式，他的划分方式有两处创新。第一，他以政党的实力作为衡量标准，将一党制分成三个类别。他将过去以政党数量划分时被误以为是一党制的政党体制，重新划分为霸权政党制和主导党制。这两种政党体制的共同点是，在一定时期内这一政党独自占有的席位是全部席位中的绝大多数。一般而言，第一大党在占有席位的数量上要超过第二大党许多，二者之间的差距十分明显。而这两种政党体制的区别在于，霸权党相较于主导党拥有更绝对的实力和权威。主导党在政党体制中处于绝对优势地位，同时它也承认其他政党的存在，允许其他政党与主导党竞争。霸权党虽然提倡强调要推行竞争型政治，但实际上它不允许存在正式的、事实上的权力竞争，在霸权党制下，其他政党只能作为第二等级的、特许的政党存在。

第二，萨托利将传统"多党制"细分为有限多党制、极端多党制与粉碎多党制，并进一步总结和分析了温和多党制和极端多党制的差异。在他看来，不能简单地根据政党的数目对政党制度进行分类，政党竞争的程度和方式也很重要。换言之，计数不能揭示根本性问题，反而会掩盖政党体制的多样性和差异性，这就需要将计数规则与意识形态标准相结合，从政党体制的分类过渡到分型。因此，他提出区分有限多党制与极端多党制的关键在于使分裂的政体接受意识形态的检验，进而划分出"温和多党制"和"极端的或极化的多党制"这两种竞争性政党竞争模式。如果它们是碎片化的，但并未极化，那么它们属于（意识形态的）温和的多党制；如果它们是碎片化的且极化的，那么它们显然属于（意识形态的）极化多党制。萨托利概括了温和多

---

① 〔美〕乔万尼·萨托利：《政党与政党体制》，北京：商务印书馆 2006 年版，第 178 页。

党制的三个特点：（1）相关性政党之间意识形态距离相当小；（2）相关政党容易结成两极联盟的格局；（3）政党空间竞争呈现出向心竞争的特点。这种体制下，政党处于政治光谱的中间地带而变得温和，以便吸引大多数选民。在适度多元主义下，通常有五个或者少于五个的政党，它们以追求中心或向心的方式进行竞争，即其政纲和承诺以吸引处于中间位置的投票者为目标。于是，政治生活趋于平静而稳定，强调意识形态的语调也不高。

极端多党制，即一个国家存在极端多个政党存在的政党体系。萨托利总结了极端多党制的主要特征，提出这一政党体制于民主稳定十分不利：（1）反体制政党的出现；（2）双边反对党的存在；（3）中间位置存在一个或一组政党，这导致由于中心被有形占据而阻碍向心性的竞争；（4）政治的极化体制；（5）离心型驱动力对向心型驱动力可能的超越；（6）存在固有的意识形态形式；（7）不负责任的反对党的出现；（8）抬价政治或过度承诺的政治。①换言之，政党会以远离中心或离心的方式进行竞争。它们在意识形态上逐渐走向极端，一些政党甚至提出越来越激进的方案，致使坚持中间路线的政党受到左右两方夹击。极端多党制的这些特征导致它无法形成有效的、强大的执政力量，这不仅削弱了民主政体的稳定性和有效性，更甚者会导致民主体系的崩溃。当政党数目超过五个或六个时，就会有出现极端多元主义的危险，甚至可能引发国内战争，如 20 世纪 30 年代的西班牙和 1973 年的智利。此外，民主政体运行过程中会出现向心性竞争和离心性竞争，萨托利对这两种竞争形式的差异进行了深入分析。他指出，在极端多党制的体制内，政治竞争的离心性力量会逐渐超越向心性力量，进而构成民主政体走向不稳定的重要机制。

关于政党体制的分型，萨托利认为分型是根据多重属性进行的排序，也就是对一个以上的标准进行排序。从分类到分型，综合分类中的计数标准、竞争标准、意识形态标准为一个整体标准。其中，竞争标准可划分为竞争性和非竞争性两个维度，意识形态标准又分为意识形态烈度和意识形态距离两

---

① 包刚升：《从保守主义民主理论到宪法工程学——乔万尼·萨托利的主要著述及其学术贡献》，载《政治学研究》，2017 年第 3 期。

个维度。在政党体制分类中，萨托利在形式上是以数量为划分标准，但系统探究后可以窥见其分类的主线是基于"竞争"。因此，从分类到分型，萨托利根据执政方式和党际关系把政党体制分为竞争性和非竞争性两大类型。

竞争性的政党体制是指，一国的政党通过竞争选票和议席的方式上台执政的政党体制。结合一国政党的数量、竞争性程度和意识形态三个分型标准可以发现，竞争性与意识形态、多元政党体制有关，因而竞争的政党体制可以细分为粉碎型多党制、极化多党制、温和多党制、两党制和优势党制五种；非竞争性则与意识形态烈度和一元政党体制有关，故非竞争的党国体制包括霸权党制和一党制，其中一党制又被进一步划分为极权主义一党制、独裁主义一党制、实用主义一党制。在萨托利看来，决定（度量）一党制国家的榨取性—压迫性能力的唯一因素是意识形态因素。更确切地说，极权和威权政体被认为是反映了不同的意识形态烈度，而实用主义一党制代表的是这一范围中意识形态精神让位于实用主义精神的那一端。

总而言之，从分类到分型，萨托利划分出 10 种政党政体的类型：极权主义一党制、独裁主义一党制、实用主义一党制、意识形态霸权党制、实用主义霸权党制、优势党制、两党制、温和多党制、极化多党制、粉碎型多党制。[1]

4. 政党组织与类型

萨托利认为，政党的组织网络是与政党分类相关的中心概念。这一概念既是指政党本身，也是指这一政党在政治生活中所能占据的空间大小。萨托利认为，组织网络分为政党扩张和政党增殖[2]两种类型，政党的组织网络的重点不在于行使权力，而是试图在全国范围内拓展系统来不断稳固和扩大政党在基层的权力覆盖面。政党扩张型的组织网络是政党占据社会关键职位的途径，政党通过提名的方式，推荐其成员占据包括经济、大众传媒、公共机

---

① 〔美〕乔万尼·萨托利：《政党与政党体制》，北京：商务印书馆 2006 年版，第 388 页。

② 〔美〕乔万尼·萨托利：《政党的类型、组织与功能》，胡小君、朱昔群译，载《马克思主义与现实》，2006 年第 3 期。

构、军队组织等领域中的关键职位。政党通过这种方式能够促使组织分化为两面的组织网络，既能显示出公开的政党面孔，也能显示出被掩饰的劳工面孔。政党增殖型的组织网络是政党创造团体的途径，政党创造出众多以非政治的外表出现的辅助的、间接的团体。这类组织网络通过渗透到包括体育俱乐部、娱乐中心、文化团体等商业和文化机构来扩大自己的影响力。萨托利认为，政党增殖不是简单的扩展，如果依靠个人的回报，组织增殖的容量可能非常有限。因此，政党需要通过意识形态的教化来获取更多人的能量和热情。但实际上，如果能够使政党扩张和政党增殖这两种方法在政党的覆盖范围内达到动态平衡，那么政党将获得最适宜生存发展的组织密度。

萨托利对政党组织和组织发展的历史类型与顺序的探讨，主要是基于群众党这一中心概念展开的。他总结了群众党的四个特征：（1）建立在政治业绩基础上的开放性；（2）抽象的能力使政党成为具有稳定特征的实体；（3）相对广泛的追随者；（4）广泛但并不一定坚固的组织结构。[①] 萨托利根据以上总结的群众党的特征将政党划分为三种历史类型，即议会—选举型政党或精英—间歇型政党、选举型群众党、组织型群众党或组织型政党。

第一种是议会—选举型政党或精英—间歇型政党，它是在议会内产生的内造型政党。选举型政党又因在两次选举之间处于休眠状态，也被定义具有间歇性但没有持久组织的议会取向型选举机构，这一类政党的独特之处在于它的关注点集中在获取选票上，其辨别标志和诉求来自一般的信仰体系、普遍的价值取向，因此它是观念的政党。第二种是选举型政党，它既可以由内造型政党发展而来，也可以由外造型政党转型，但它既不是精英党，也不是严格意义上的职业政治家的党，这类政党出现在选民规模大幅度扩张后，其组成成员大多是"半职业化"的。区别于第一种观念的政党，选举型群众党是所谓的"国家党"，它是以治理倾向为辨别特征的程序或平台的党。第三种是组织型群众党或组织型政党，其成员大多数是职业化的政治家。这类政党不只是选举取向的政党，更是成员资格取向的政党，注重对民众的持续性

---

① 〔美〕乔万尼·萨托利：《政党的类型、组织与功能》，胡小君、朱昔群译，载《马克思主义与现实》，2006 年第 3 期。

动员。但无论是组织型政党还是具有扩张取向的政党，它们不断扩展"政党空间"是为了实现自身的利益，即便这种扩展大多情况下发生在非政治领域。政党成员们积极参与选举并非只是将其作为获取议会席位的有效途径，更多是为了通过获得关键职位来扩展党在各个领域的影响力。

基于以上分析，萨托利从类型学的角度划分了政党的五个发展阶段，即议会—选举型政党（包括单纯的议会政党），半群众政党，或前群众政党；选举型群众党（组织结构为框架类）；半组织型政党；组织型群众党（组织结构为科层制）。

（三）乔万尼·萨托利政党理论的评价

1. 乔万尼·萨托利政党理论的积极作用

萨托利作为政党研究的集大成者，他为在西方政治学谱系下进行的政党体制类型学研究提供了更为完整的研究成果，他所运用的类型学划分政治体制的方式，与 20 世纪 50 年代的类型学研究相比更加详实，与政治学家艾伦·韦尔（Alan Ware）等人的政党体制类型学相比更为简约。萨托利对政党体制类型学恰到好处的研究，更好地对政党政治结构中的不同类型进行了区分。正因如此，至今仍有政治学研究者以萨托利 20 世纪 70 年代提出的政党体制类型学作为划分不同国家政党体制的标准。

在政党体制的系统研究上，萨托利受到结构功能主义理论范式的影响，不仅注重分析政党本身的结构与功能，还注重分析政党体制和政党间的相互关系。基于以上分析，他提出了一套与政党类型、政党组织和政党功能相关的系统理论，这套理论剖析了政党和政党体制的结构和功能，提出了政党概念的新定义。他认为政党是部分的代表，其主要功能是利益表达；政党体制则是通过政党之间的有序竞争，达到利益表达和综合的均衡，维持政治体系的稳定。萨托利的政党学说不仅为分析政党与政党体制提供了新框架，还在新的政党体制类型学和极端多党制分析中贡献了自己富有创见的理论阐述，弥补了当时政治研究领域的短板。他的这种分析打破了政党研究的欧美中心主义的思维模式，使得对亚非拉国家的政党和政党体制进行理性的学术分析成为可能。

萨托利的政党学说还发展了唐斯模型（Downsian model），提出了政党竞争方向和政党竞争的空间模型。萨托利对唐斯模型所强调的政党竞争以向心为主，离心只是向心的简单反复等说法提出质疑，他认为向心和离心都是政党竞争的方向，两党、三党、四党体制为向心竞争，五党以上为离心竞争。两党体制处于势均力敌的状态，以执政为目标进行向心竞争；三党体制以中间政党为中心，其余两党不断向中间移动，所构成的依旧是两极格局和向心竞争；四党体制是三个政党与一个政党之间的向心竞争，或是两两政党的向心博弈格局，可以说四党体制也是一个两极格局。当存在五个或更多的政党，意识形态距离增大，此时的政体是多级的，两边的政党不再致力于寻求与中央政党的趋同，而中央政党作为执政中心致力于向两边扩展，试图吸纳其他政党，形成外推的离心竞争。他对民主体制下政党竞争的向心性特征与离心性特征的分析和应用，开创了研究民主稳定性的新视角，也为后期的相关研究打下基础。

此外，萨托利的政党学说还提出了政党空间模型。他假设政党体制处于一个意识形态空间模型中，该空间是线性的且具有空间弹性，不同的政党体制有不同的空间位置，随着政党数量增多，竞争空间也增大。这一政党竞争的空间模型的提出，为其他研究者进一步研究政党间的关系提供了可参考的理论范式。

2. 乔万尼·萨托利的政党理论的局限性

萨托利政党学说对政党内部竞争民主的否定，体现了政党研究中欧美中心主义的思维误区。他认为政党内部的竞争不一定能够促进民主，因为在某种情况下，政党内部的竞争可能导致党内冲突，破坏团结，从而削弱政党在民主体系中的作用，但这一论点并未获得足够的证据支撑。也就是说，萨托利即使同意一党制下存在党内民主，也不认同党内民主可以推动政治民主。他认为党内民主较之政党间的民主是一种次等级的民主，还特别批评了法国政治理论家迪韦尔热的一党多元主义理论，认为这种将竞争、选举作为民主与否的划分标准是非常狭隘的民主观点。

从他对政党的定义与政党功能的探究中也可以窥见，他认为表达才是政党的根本功能，重视政党作为利益表达机构的角色，但忽视了表达的根本目的，不免存在将手段错置为目的的缺陷。而这种以形式民主替代实质民主的西式民主，一方面忽视了民主的实质即人民当家做主，如果一个政党致力于实现人民当家做主，那该政党的行动和政策就是民主的产物，也就不能否认该政体的民主属性；另一方面，萨托利所认可的民主是竞争民主或选举民主，为民主加上限定词，使其民主观具有一定意识形态色彩。用被限定的民主去解释其他政体是否实现了民主是不充分的，更何况萨托利认为非竞争政党是党国体制，缺乏竞争性的多党的党内派系分化和党外新政党的建立是被严格禁止的，除党之外的社会政治组织缺乏自主性是党国体制的鲜明特点之一。在这里，他先验地以二元对立的思维，将竞争与自主（或自由）当作一组对立关系，认为不论非竞争与自由是否互斥，竞争本身就不带来自由。但即便竞争民主是被普遍认可的民主观，萨托利这种将竞争限制在党与党之间，狭隘地排除了党内竞争的思维也有一定的偏颇。

此外，萨托利在划分政党体制时，在传统的数量划分标准的基础上增加了意识形态标准和竞争标准，在一党制、两党制和多党制的格局下进行细分。事实上，他划分类型的标准仍旧被束缚在数量分类的框架中，意识形态标准只是数量分类的子标准，两个维度是包含而不是平行关系。因此，他的划分标准只是对原有政党体制分类的补充，并未真正克服数量划分标准的缺陷，即忽视了政党体制制度化水平及其在民主政治中的功能所带来的重大区别。

同时，他对政党体制类型划分的考量对象是西方国家，尤其是发达国家，而缺少对发展中国家的考量，更缺少对社会主义国家政党的内部考量。虽然萨托利本人在其著作中也提到，西方中心主义的缺陷在逻辑上等同于显然的无知，是一种没有理由的外推，但遗憾的是其本人也未能幸免。

十二、利昂·爱泼斯坦的政党学说

(一) 利昂·爱泼斯坦的个人基本情况

利昂·大卫·爱泼斯坦（LeonDavid Epstein），美国著名的政治学家，1919 年 5 月 29 日出生于美国。他于 1936 年进入威斯康星大学麦迪逊分校学习经济学，于 1940 年和 1941 年分别获得学士和硕士学位。在军队服役期间，爱泼斯坦驻扎在英国并在牛津大学上课。1948 年，他在芝加哥大学获得博士学位。1947 年，爱泼斯坦开始在俄勒冈大学任教，1949 年回到母校威斯康星大学麦迪逊分校任教。两年后，爱泼斯坦晋升为副教授，1958 年晋升为正教授。他于 1960 年至 1963 年担任政治学系主任，1965 年至 1969 年担任文理学院院长。1972 年，爱泼斯坦领导中西部政治科学协会，并于 1977 年至 1978 年担任美国政治科学协会主席，1979 年获得古根海姆奖学金。爱泼斯坦于 1988 年从教学岗位退休，成为希尔斯代尔学院政治学名誉教授。2006 年 8 月 1 日，他因跌倒受伤在麦迪逊的家中去世。

爱泼斯坦对美国政党进行了深入研究，其中《美国模式的政党》（*Political Parties in the American Mold*）一书全面介绍和阐释了美国政党。该书在 1986 年首次出版就被誉为 20 年内关于美国政党的最重要的研究成果之一。其实，爱泼斯坦的学术影响主要来自他早年在比较政党研究中取得的非凡成就，他的代表作《西方民主国家的政党》（*Political Parties in Western Democracies*）于 1967 年初次出版后立即引起了巨大反响，1980 年和 1993 年又两次再版。

（二）利昂·爱泼斯坦的主要政党思想

1. 政党的定义及判断标准

爱泼斯坦指出，法国学者莫里斯·迪韦尔热在其著作《政党概论》中将欧洲政党当作现代世界政党的样板。这种观点在美国责任政党学派之中备受推崇，"过去整整一代或两代从事政党研究的政治学家，不论是美国的还是其他国家的，都倾向于将西欧政党，特别是英国那种党员众多、有凝聚力和政见鲜明的政党当做现代政党的最高境界，因为它代表的是一种高度发达的政治生活形式"。①

爱泼斯坦认为，虽然迪韦尔热的研究囊括了美国，但是按照欧洲的标准来看，美国政党是不发达的。他认为，随着政党生存条件的日益相似，美欧的政党可能在互相模仿，双方变得愈加趋同。因此，他的研究重点是换一个标准重新讨论美国政党。爱泼斯坦关于政党的定义是比较宽泛的，他认为任何群体，无论它的组织多么松散，只要它在一个特定的标签下参加竞选政府公职，就可以被称作政党。② 爱泼斯坦主张判断政党的标准只有一个，即它是否为一个或多个贴上标签的候选人追逐选票。因此，他认可小党派也是政党；多数利益集团不是政党，除非它使用自己的标签而非某个它支持的政党的标签；社会运动则可能成为一个政党或利用一个政党作为它的工具。

2. 美欧不同的发展环境导致政党的发展方向不同

爱泼斯坦的重要观点之一是，政党在某种程度上受到它发展环境的影响。例如，美国发展环境导致美国政党的发展方向同欧洲政党是不同的。

---

① 〔美〕利昂·D. 爱泼斯坦：《西方民主国家的政党》，何文辉译，北京：商务印书馆 2014 年版，第 12 页。

② 〔美〕利昂·D. 爱泼斯坦：《西方民主国家的政党》，何文辉译，北京：商务印书馆 2014 年版，第 15 页。

首先，美国政党与西欧政党发展路径在起点上的不同。现代政党是公民选举权扩大的产物，而选举权扩大的时机不同是造成欧美政党差异的重要原因之一。[①] 以美国和英国为例，美国在 1800 年就已拥有大量的合法选民，其公民选举权的扩大远比欧洲要早，在十九世纪二三十年代美国基本上还是一个农业社会时，美国现代政党就已经存在了。而 19 世纪晚期的英国发生同样的情形时，英国已经实现了相当程度的城市化和工业化。19 世纪末，许多伴随着大众选举权建立起来的欧洲政党建立了群众组织，最典型也最为人知的是社会主义工人党，它拥有大量的正式党员、严密的党组织、鲜明的政治纲领以及有凝聚力的领导集体。[②] 由此可见，相比于西欧国家，美国的选举权扩大发生较早。

其次，不同的社会结构会塑造和影响不同的政党意识形态光谱和政党发展路径。社会结构的内容广泛，包括阶级、宗教、人种、民族、语言、教育水平、行为规范等，国家因此产生分化而出现不同的阶层、阶级。在分析社会结构问题时，阶级问题是最被广泛探讨的。爱泼斯坦认为，与美国相比较，欧洲的阶级问题比美国的阶级问题更突出，欧洲工人阶级与中产阶级之间的界限更加明确，比美国工人阶级更贫穷，因此拥有更加强烈的阶级意识；而美国地域广阔，不同阶级成员之间的流动更加容易和频繁，不同地区的政党组织具有差异性，复杂的种族、民族、宗教和语言等非阶级因素致使美国的阶级斗争比西欧国家更为和缓。此外，爱泼斯坦认为，教育、生活方式会对阶级差别造成影响。美国的教育普及率比同时期的欧洲要高，加之美国人共同的生活方式缩短了阶级之间的距离，使得社会成员得以向上流动。以上种种因素的共同作用，使美国并未出现组织规模大、群众性强的社会主义政党。

再次，美国独特的政治体制对其政党体制的形成产生了重要的作用。联邦制不仅维持了社会已有的联邦现象，也为政党提供了重要的发展环境。政党更多的是为了地区竞选，全国性政党只是地区政党的简单联盟。而美国体

---

① 陈崎：《为美国政党正名——利昂·爱泼斯坦的政党学说述评》，载《当代世界与社会主义》，2014 年第 4 期。

② 何文辉：《为美国政党辩护——列昂·爱泼斯坦〈西方民主国家的政党〉评介》，载《开放时代》，2004 年第 4 期。

制中的三权分立、彼此制衡使得政党在全国政治舞台中只需要争夺部分，其行政权力的维持不需要立法分支中多数党的支持，也不要求存在西方议会那样的强制性力量。美国总统产生于多数选举制，这一方式对两党制的形成有促进作用。两大政党出于有效整合各种社会群体和社会利益以及防范第三党威胁的目的，必须将自己发展成为集松散性、环境适应性和包容巨大分歧于一体的政党。虽然作为政治标签的它们组织并不十分严密、政策取向也不十分清晰，但仍具有重大意义。①

3. 欧洲群众党的产生是特殊时期和区域性的产物

迪韦尔热提出，欧洲群众党于左翼社会主义政党发展而来，后引起右翼政党的模仿，是"自左向右的蔓延"的过程。他继而断言，这种群众政党将是现代政党形式的统一发展方向。但爱泼斯坦认为，欧洲群众党的产生与兴起是特殊环境导致的，随着历史条件的改变，它的一些特征不再普遍。欧洲的社会主义工人党是欧洲工业化过程中的产物，其形成离不开欧洲特定的工业革命背景，缺乏这种背景的美国没有出现大的群众党。不仅如此，随着社会经济不断发展，产业工人阶级队伍的缩小及其阶级意识的淡化，特别是中产阶级生活方式的扩散，使支撑欧洲社会主义政党的阶级基础遭到严重侵蚀。② 由于工人阶级规模的削弱和阶级色彩的淡化，社会主义政党在欧洲多数地区已经持续衰落。爱泼斯坦预言，随着这一趋势的发展，旧的社会主义工人党将更接近中产阶级政党，而这个政党在资本主义社会中的异己势力已经不复存在。

其次，从组织结构上看，非社会主义党没有全面地向群众党转变。爱泼斯坦以充足的事实证明，左翼社会主义政党的组织方式不具有感染力，这个党派更倾向于走向衰败，而非对其他党派产生影响力。由于社会党逐渐向其他民主党派靠拢，停止了对现有体制的冲击，因此不需要有足够的成员。但

---

① 陈崎：《为美国政党正名——利昂·爱泼斯坦的政党学说述评》，载《当代世界与社会主义》，2014 年第 4 期。

② 何文辉：《为美国政党辩护——列昂·爱泼斯坦〈西方民主国家的政党〉评介》，载《开放时代》，2004 年第 4 期。

在选举中，人数多反而会阻碍投票的正常进行，建立小型干部团体或简单利用特殊团体来进行选举更能够让党派的选举工作变得复杂。特别是在进入大众媒体时代之后，新兴传媒技术为政党提供了崭新的活动方式，这意味着政党在政治交流或筹措资金方面能起到的作用在变小。尽管他们可以出于惰性或其他理由而继续存在，但是丧失功能的机构必然会逐渐衰退。从 1950 年开始，欧洲国家人民党出现党员数量锐减的现象，这就证明了当代党派中存在很强的"非组织化"趋势。简而言之，西方政党的发展方向绝不是群众党模式，尤其是率先使用新媒体参与竞选的美国，更是不会朝着群众党的模式发展。

4. 美国政党具有独特的政党组织特点

第一，美国选民对政党的认同受阶级的影响较小。爱泼斯坦认为，无论欧美，选民的阶级认同很大程度上会反映在政党认同上，并直接反映在投票上。迪韦尔热提出，美国选民在这一认同转化上的热情远不如西欧国家的选民。虽然美国选民中具有政治认同的人数占比不低，但他们普遍情感淡漠以致对政党的认同度不高。美国选民在行使投票权时，除了关注政党的标签，还注重考量候选人的个人形象等因素，这导致他们有时会将选票投给其他政党的候选人。爱泼斯坦认为，造成这种情况的原因与美国选民阶级分化不明显有关。美国选民的阶级认同与西欧国家的选民相比较低，这导致选民的政党认同也因此被削弱。

第二，美国政党组织以赢得选票为目标。美国政党的建立大多出于物质动机和功利性动机，从党的领袖到候选人都希望通过选举获得政治恩赐。即便政治恩赐不再是推动美国政党发展的主要目标，但仍是主要影响因素，也是美国政党没有发展为群众性政党的原因。因此，政党的主要目标是获取选票，而不是建立大规模的政党组织。西欧国家的政党大多以有引领性的意识形态为基础，建立了庞大的政党和完善的组织结构。不过，随着政党的发展壮大，政党领袖及政党成员的直接目标逐渐产生分歧，政党领袖希望能够通过政党组织获得稳定的职务，而政党成员更加强调政党的团结和意识形态。

第三，美国政党的核心领导层较少干涉政党候选人的选拔。西欧政党普遍将选择政党候选人视为党内事务，具有鲜明的阶级意识。因此，全国性政党组织在选拔领导层时，会对地方领导层施加影响来使其候选人尽可能符合政党的整体安排。美国政党对于党员概念的理解较宽泛，美国人民对党员身份的认同较低，因此在选拔党内领导层时也允许党外选民参与到党内候选人的选拔中。此外，美国一直保有的分权传统让党的核心领导层不会干预国会和各州公职候选人的选拔。

第四，美国政党具有"非纲领性"特征，意识形态较宽泛。支持将美国政党发展为责任型政党的学者认为，每个政党都应当有区别于其他政党的鲜明纲领，并以此纲领为核心吸引相关党员，决策党内事务，规划党的发展路径等。他们批评美国政党的非纲领性，认为美国政党在制定政策时，更多的是国会议员、政策专家、利益集团和政府官员在发挥作用。美国政党为获得更多的选票，从选民的利益出发，而非政党的意识形态。爱泼斯坦还指出，从 20 世纪 50 年代起，西欧纲领性政党的意识形态色彩逐渐泛化，各个政党的意识形态目标不断扩大且逐渐趋同，来获得选民的支持，保持政党利益。

5. 民主政党理论与政党模式的对应

爱泼斯坦试图秉持一种态度，即"在一个有效的民主体制中，任何现存的政党都与它所处的政治制度相吻合，因为它们确实在其中运作良好"①。他分析了三种民主政党理论，它们从其特定价值角度对应特定的政党模式，分别是多数原则理论、多元主义理论、个人主义理论。

爱泼斯坦提出，在西欧，多数民主理论会影响西欧国家群众性政党的组织模式。而责任政党学说与多数民主理论相似，强调"政党能够而且应当代表多数人的明确意见，能够而且应当为将这些意见付诸法律而高度组织起来"。当大多数社会成员被动员去支持或执行政策时，他们需要获得相应的权力来制定相关政策。这意味着，具有高度组织性的政党需要为大多数社会

---

① 〔美〕利昂·D. 爱泼斯坦：《西方民主国家的政党》，何文辉译，北京：商务印书馆 2014 年版，第 23 页。

成员提供制定政策的手段。责任政党学说的观点，为西欧各国政党的发展提供了理论指导，也因此获得了广泛支持。在这些国家中，工人阶级建立的左翼政党是最早的群众党，这一政党由在人口中占比较大的工人阶级组成。此外，工人阶级建立的左翼政党还拥有比较完整的组织结构以及较强的组织纪律性。此后，左翼政党所展现的强大组织能力通过"自左至右的蔓延"过程，使得其他类型的政党争相效仿其组织模式，逐渐成为西欧政党的主流组织模式。①

相较之下，美国政党主张多元主义，否认"多数人意见"的存在，但代表多数人的利益正是责任政党学说的理论基础。多元主义理论强调，无论何种类型、多大规模的社会群体都有权利表达自己的意见，选民无法在现代国家存在的所有复杂问题上达成一致，这就意味着西方政党很难达成它们所宣扬的代表多数选民利益的目标。因此，支持多元民主理论的政党可以只代表少数群体的利益，而无需代表多数人的利益。这一理论不仅适用于多党制，当两党制下的大党愿意突破既定的纲领和政策，乐于制定具有包容性的政策措施来满足少数群体的利益和要求，这个政党就能获得选民的支持。正因如此，相较于责任政党学说，多元主义理论更能够接受较为松散的政党组织模式。②

个人主义理论所推崇的政党模式是偏执的，以至于它只是抽象的模型而没有现成的范例。它假设在民主的政治秩序中，个体自身是唯一有效的代表单位，任何介于选举人和任公职者之间的组织都是强加的、错误的，即不要任何组织机构，只间或地组建选举人团体。最早将这一思想运用于政党问题的是奥斯特罗果尔斯基，虽无范例，爱泼斯坦仍将其列为一种政党理论。他认为这是有用的、与其他模式截然不同的观点，在某种程度上美国地方性超

---

① 陈崎：《为美国政党正名——利昂·爱泼斯坦的政党学说述评》，载《当代世界与社会主义》2014 年第 4 期。

② 陈崎：《为美国政党正名——利昂·爱泼斯坦的政党学说述评》，载《当代世界与社会主义》2014 年第 4 期。

党派现象的存在是这种个人主义政党模式的尝试。①

　　爱泼斯坦讨论这三种政党理论的目的不是比较孰优孰劣，而是说明推崇多数主义的西欧政党和推崇多元主义的美国政党都是不同社会环境的产物，这驳斥了责任政党学派偏向多数主义民主的理论。他认为，现代政党不会朝着多数主义者所主张的模式发展，也不会朝着群众性大党的方向发展，但多元民主思想将在未来的政党发展过程中起到非常重要的作用。

（三）　利昂·爱泼斯坦政党理论的评价

1. 利昂·爱泼斯坦政党理论的积极作用

　　首先，在研究方法上，爱泼斯坦采用了比较政党研究方法。他在西方政党研究的整体框架中加入了美国政党这一主体，广泛比较了美欧政党的异同点。② 爱泼斯坦在《西方民主国家的政党》中较为细致地比较研究了西方发达国家的政党制度，全景式地描绘了西欧和美国的政党体制，如竞争机制、投票选举模式、政党组织形式、政党纲领决策的运作等问题。该书以美国政党的大量素材为参照背景来研究欧洲政党，还将欧洲政党和美国政党置于同一框架内进行分析研究，其研究方法和成果值得政党研究者借鉴。③

　　其次，在结论上，爱泼斯坦政党学说强调了美国政党存在和发展的合理性。在这一政党学说中，爱泼斯坦反复强调并未有将美国作为西方政党样板的含义，也并未表明西欧政党的发展前景是美国政党模式。但从他多次话语表述中不难看出，他认为美国的共和党和民主党是引领西方政党模式发展的先锋。这是与欧洲中心论背道而驰的观点。

　　最后，在内容上，爱泼斯坦主张特定环境与政党的组织结构之间存在一

---

　　① 〔美〕利昂·D. 爱泼斯坦：《西方民主国家的政党》，何文辉译，北京：商务印书馆2014年版，第26页。

　　② 陈崎：《为美国政党正名——利昂·爱泼斯坦的政党学说述评》，载《当代世界与社会主义》，2014年第4期。

　　③ 中央社会主义学院政党制度研究中心：《中国政党制度年鉴》，北京：中央编译出版社2014年版，第974页。

定关系，这一命题得到了学术界的广泛认可。他论述了政党组织与特定社会政治环境之间的对应关系，指出社会政治条件不同是政党有不同类型和不同风格的原因。

因此，每个国家应当根据国情，选择适宜的政党模式。爱泼斯坦能够大胆地探索政党研究方法，较早地发现西方政党的变化，并且敏锐地指出欧洲政党与西方政党之间的异同，使得他的相关理论目前仍在西方学术界具有持久的解释力。

2. 利昂·爱泼斯坦政党理论的局限性

爱泼斯坦的政党学说无法摆脱时代的局限。从研究视野来看，他是从西欧政党和美国政党的研究中得出的政党结论，这表明他的比较研究视野仍然比较局限，需要结合政党的多样性政党来进行深入的研究和拓展；从研究结论来看，爱泼斯坦有关西欧政党美国化的结论过于简单化。美国政党固然有其发展优势，但也并非优于其他政党类型。

十三、克劳斯·冯·贝梅的政党学说

（一）克劳斯·冯·贝梅的个人基本情况

克劳斯·古斯塔夫·海因里希·冯·贝梅（Klaus Gustav Heinrich von Beyme，1934 年 7 月 3 日—2021 年 12 月 6 日），德国政治学家，曾任海德堡大学经济与社会科学学院政治学名誉教授。贝梅于 1934 年 7 月 3 日出生在德国萨劳，2021 年 12 月 6 日去世，享年 87 岁。1954 年，贝梅获得德国高中毕业证书后，开始了他作为出版商的职业生涯。1956 年到 1961 年，他先后在海德堡、波恩、慕尼黑、巴黎和莫斯科的几所大学学习政治学、历史学、艺术史和社会学。基于自己的兴趣和个人经历，贝梅将莫斯科作为学习地点。他在成人教育课程中学习俄语，成功申请在莫斯科的学生交流计划范围内学习。1961 年到 1962 年，贝梅在哈佛大学俄罗斯研究中心担任研究员，同时担任二战后世界著名政治学家之一的卡尔·约阿希姆·弗里德里希（Carl Joachim Friedrich）的助理。他在担任学术助理期间完成了博士毕业论文，1963 年在海德堡获得博士学位。1967 年至 1973 年，贝梅成为图宾根埃伯哈德卡尔大学的正教授，并于 1971 年短暂担任该大学校长。贝梅的履历颇丰，1973 年至 1975 年，他任德国政治学会主席；1974 年到 1999 年，他任海德堡大学的全职教授和政治学系主任；1979 年，他任斯坦福大学（加利福尼亚州）的客座教授；1982 年至 1985 年，他担任国际政治科学协会主席；1985 年他任巴黎政治科学学院的客座教授；1989 年，他任墨尔本大学客座教授；

1983 年至 1990 年，任佛罗伦萨欧洲大学研究所研究委员会成员；1990 年到 1993 年，他成为新联邦州社会和政治变革研究委员会的成员。

贝梅认为，1945 年以来出现了三波极右翼浪潮：一是怀旧浪潮，发生在德国和意大利。这些政党与前任极右翼政府有直接联系，这一现象出现在社会和经济动荡时期，但存在时间不长。二是反税浪潮，主要发生在二十世纪五六十年代的法国。三是 1980 年代出现的泛欧趋势，是三个浪潮中最重要的一个，至今仍在继续。

冯·贝梅主要以德国政党为研究对象，也包含对西欧政党的比较研究。他在 1982 年出版的《西方民主国家的政党》（*Political Parties in Western De-mocracies*）一书中对现代西方政党的产生和发展、政党体制的形成进行了全面的探讨，分析并考察了政党的意识形态、组织结构及其与选民、政府之间的关系。他还考察了政党功能的二十个指标，提出了划分政党和政党体制的方法。除此之外，他创造性地根据政党的起源、名称和意识形态将政党划分为 9 个"精神家族"，这一分类框架对当代西方政党研究产生了极为深远的影响。[①]

（二） 克劳斯·冯·贝梅的主要政党思想

1. 从历史学和社会学的视角展开政党研究

冯·贝梅认为，早期政党研究还存在些许不足，缺少对政党的综合性分析。第一，他认为早期研究者的研究范围大多局限于政治学领域，他们的关注点聚焦于对政党组织结构、政党与政治制度等其他组成部分之间相互关系的考察，对政党的社会属性关注度较低。第二，在冯·贝梅看来，早期研究者选取的研究对象的覆盖范围比较窄，仅有的少量著作也存在着以偏概全的现象。这体现在，这些著作常以对西方国家的政党的研究取代对世界各国的政党的研究，但忽视了发展中国家的政党也是世界政党的一部分；以对欧洲

---

① 陈崎：《冯·贝梅的政党思想述评》，载《北京行政学院学报》，2014 年第 1 期。

国家的政党的研究取代对西方国家的政党的研究，但忽视了美国、加拿大等国家的政党也属于西方政党的一部分；以对法国、英国的政党的研究取代对欧洲国家的政党的研究，但忽视了其他欧洲国家的政党也具有自身的特点。

冯·贝梅提出了改进政党的研究方法，他认为应当从历史学和社会学的视角分析政党意识形态的发展变迁，分析党员和选民的构成。他回顾了西方政党形成和发展的历程，依次研究政党的产生、政党的意识形态、政党的组织、政党体制、政党的选民、政党与政治权力等，进而全面分析政党的组织层面。就整体的研究范围而言，冯·贝梅批评了其他学者的研究未能全面覆盖，但他也承认，自己只是在西欧国家之外加上了美国、加拿大、澳大利亚和新西兰，仍未跳出西方民主国家的范畴。①

2. 政党的意识形态与九种政党类型

在对政党进行比较研究前，对政党进行分类显得格外重要。在早期的政党研究中，学者们更倾向于将同一国家在各个历史时期的政党形态归于更大的政党家族中。利普塞特和罗坎认为，现代社会的分裂是由于民族革命与工业革命。就民族革命而言，它的存在造成了中央集权的统一民族国家与承袭特权的教会之间产生冲突，甚至出现民族国家的分裂；就工业革命而言，它的存在造成了地主阶级、资产阶级和雇佣劳动者之间产生冲突，甚至出现阶级的分化。这些冲突和分裂甚至改变着社会结构，随后新的社会结构在政党政治中体现，对应的政党类型和政党体制也随之产生。②

冯·贝梅基于利普塞特和罗坎的研究成果考察政党"精神家族"，将他们提出的四种社会分裂结构细化，归纳出九种政党类型，即自由党和激进党、保守党、社会党和社会民主党、基督教民主党、共产党、农民党、地区性和种族性政党、右翼极端主义政党、生态运动政党。在划分过程中，冯·贝梅创造性地将政党家族的起源、社会属性与政党意识形态相结合，认为政党的意识形态是政党保持独特性的关键。首先，冯·贝梅对这九种政党家族意识

---

① 陈崎：《冯·贝梅的政党思想述评》，载《北京行政学院学报》，2014 年第 1 期。
② 陈崎：《冯·贝梅的政党思想述评》，载《北京行政学院学报》，2014 年第 1 期。

形态的思想渊源、历史背景及其具体内容做了深入研究。他介绍了这九种类型的政党在时代发展和环境变化的背景下，其最初的意识形态和政策主张发生了何种变化。其次，冯·贝梅基于上述研究，阐述了政党家族的意识形态与其他政党体制内家族的意识形态之间的相互影响和相互作用。最后，冯·贝梅明确地介绍了西方国家中大多数政党家族的归属问题。

冯·贝梅评价道，截至 20 世纪 80 年代初，九大政党"精神家族"中的自由党和激进党、保守党、社会党和社会民主党、基督教民主党、共产党是赢家，其余政党家族则是竞争中的失败者。他还认为，地区性和种族性政党、极右翼政党以及生态政党的选票份额在 20 世纪 90 年代有上升的可能性。

冯·贝梅注意到，随着社会的发展变化和大众传媒的发展，政党的意识形态功能有所削弱，部分西方政党甚至降低了它的政治教育和政治社会化功能。不过，他否认热度较高的"意识形态终结论"，甚至认为一些西欧政党走上了重塑意识形态的道路。相较之下，政党的意识形态更具有竞争力，意识形态与政党的政策或行动之间的联系和影响也更为直接。除此之外，西欧政党出现的重新意识形态化不仅对政党的意识形态功能有所影响，也对政党内部决策机制产生了极大影响。这种影响具体表现在以下三个方面：第一，政党全国大会的作用得到强化；第二，议会党团的日常工作与实现党的目标之间的关联得到凸显，也更强调议会党团对议会外的政党组织负责；第三，"议会代表权"的概念发生变化，从强调选区全体选民授权变为突出选区政党组织决议的效力，进而造就了更加负责任的政党和议员。[①]

3. 意识形态影响下的政党组织结构

冯·贝梅认为政党意识形态与政党组织结构之间存在深刻又复杂的关系。冯·贝梅提出，政党的组织结构并非自然发展的产物，而是人力所致。群众性政党会在新政治运动兴起且向政治秩序发起挑战时，通过完善其政党组织

---

① 陈崎：《冯·贝梅的政党思想述评》，载《北京行政学院学报》，2014 年第 1 期。

来壮大自身，以求对抗精英分子的强大力量。冯·贝梅在深入考察各个政党的组织结构特点后得出结论：政党的组织结构深受意识形态的影响，各个政党的组织结构特征各异。

他分析研究了五个"精神家族"，即自由党、保守党、基督教政党、社会民主党和共产党的意识形态和政党组织结构。虽然自由党和保守党是最早建立的现代群众性政党，但因为它们一直宣称自己并非政党，而是观点相近志同道合的人们的集合体，没有明确的意识形态，其发展只是为了强调集体利益和保护国家利益，所以这两类"精神家族"较晚进入到现代政党的发展阶段。相较于自由党和保守党，虽然社会民主党和基督教政党的建立时间较晚，但他们明确表明政党所代表的是特定成员的利益。这种明确的意识形态能够帮助政党吸收认同且支持它的成员，快速壮大政党力量，同时系统化、完备化的组织结构也有利于政党的内部稳定和功能运转，成为强有力的政治团体。共产党的意识形态与组织结构则更为鲜明和统一，冯·贝梅指出，列宁领导下的共产党人有着对共产主义纲领和无产阶级专政的坚定信仰，在民主集中制原则和严格的组织纪律的共同作用下，意识形态的效用更进一步。

4. 反对政党组织衰退论

西方国家中出现了一系列政党组织被削弱的现象，冯·贝梅注意到这一现象，并对其展开研究。西方政党的权力中心没有建立起来，政党的影响力被削弱，公民投票制的制度缺陷，新媒体的发展使得政党领袖能够直接同民众联系，公民入党意愿降低，党员在选民中所占比重的减少等都在说明西方政党正在经历一个较为重要的变革时期。冯·贝梅分析了政党中出现的党员问题，提出在众多影响党员的因素中，政党的意识形态仍然占据重要位置。马克斯·韦伯曾根据人们参与政党的动机不同来区分意识形态政党和政治恩赐型政党，意识形态只是政治参与的因素之一。但冯·贝梅调查人们参与政党的动机后指出，相比于政治恩赐、组织结构、物质因素和经济发展等因素，意识形态对于人们入党的促进作用虽然不如曾经那么明显，但仍是众多因素中作用最大的一个。同时经济危机不一定会导致左翼政党党员数量增长，给予党员物质刺激或社会地位的政治恩赐已经无法导致大规模的政党认同，经济形势的影响力也不明显。相比之下，意识形态因素更能解释党员人数的波动，与主张实用主义和组织松散的党派相比，具有较强的意识形态色彩和较强组织性的党派拥有较多的成员。

除了成员资格问题，冯·贝梅还讨论了西方国家党派间的党派行为，将西方党派划分为意识形态派别和实用主义派别。党派的出现是因为西方党派不受原来的党派阶层限制而逐渐成为全面的党派，党派之间的差异增大，导致党派内部的矛盾与冲突日益增多，党派之争逐渐成为党派生活中的主要内容。他们在党内不断发展和扩大，具有自己的独立性，可以自己召集会议，自己决定领导人，自己决定政府的代表，也有自己的经济来源。

尽管公民入党的原因多种多样，且入党的意愿下降，党员政治参与程度低下，党派间的发展和争斗不断，但冯·贝梅并未认同"政党的组织衰退"这一观点，他相信政党在经历衰退之后将迎来复苏。目前，政党问题纷繁，既是对传统党派的挑战，又是巨大的发展机会。在这一过程中，党派通过吸纳大量非正统的政治行动，达到党派动员的目的。他还指出，政党中存在着缺少民主的问题，尤其是党代会的决策性逐渐降低，党内官员任期过长且当选次数过多，公共和私人的财政补助没有发挥积极作用反而造成混乱，还存在着精英团体的集体与群众分离等。尽管如此，冯·贝梅还是坚定对党派未来发展的信念，他根据目前党内实际发展状况，认为学术界所预言的最差情形并未发生，党派的组织结构不会继续衰落下去，党派的复苏终将来临。

5. 政党体制划分标准

在政党体制划分标准这一问题上，冯·贝梅对萨托利的相关观点表示认同。他考虑到不同政党的意识形态决定了它们是否能够组成执政联盟，他认为评价政党重要性时，既要考虑它们在本国选举中所获得的选票数量，也要考虑它们的意识形态差别。因此，冯·贝梅致力于研究西方政党理论，尤其是长期存在的二元主义传统和左右意识形态分野问题。在他看来，二元主义作为划分政党体制的原则之一，最早出现在法国大革命时期，逐渐发展后深植于大多数西方国家的政治文化中，导致西方国家政党的左右二元主义分野情况较为明显，左翼政党更倾向于追求公平、公正和平等，倡导变革、追求未来；右翼政党更加保守，倾向于维持现状。

除此之外，冯·贝梅强调社会发展使左右分野产生了新的变化。一方面，变化后的左右分野对原有的社会秩序产生冲击。但左右分野具有较大的弹性，能够将变化后的分野纳入其中，进而拓宽了左右分野所包含的意识形态的范畴。在实践中，这种变化更多地表现为新的政党联盟的形成；另一方面，变化后的左右分野对政党的意识形态产生影响，一些政党的意识形态呈现出从左右向中间集中的趋势。

冯·贝梅还对西方国家的政党体制进行了划分。他以政党的意识形态和其在大选中获得2%以上的选票这双重因素为评判标准，来判断各国政治生活中具有重要影响力的政党数量。冯·贝梅将西方国家的政党体制划分为四种类型，即：两党制、温和多党制、极化多党制和一党独大制。第一个是两党制，其主要表现形式为两个主要政党轮流执政，代表国家是美国和新西兰。第二个是温和多党制，这一政党体制包含三个亚种，以英国、加拿大和1983年之前的奥地利为代表，这些国家有执政党轮替，但又无法形成执政联盟。以澳大利亚和联邦德国为代表，这些国家中各政党组成执政联盟来轮流执政。以比利时、荷兰、卢森堡等低地国家以及除芬兰、瑞士以外的斯堪的纳维亚国家为代表，这些国家以两个主要的中间大党为核心组成了大联合政府，偶尔会出现少数政府。第三个是极化多党制，这一政党体制包括两个亚种。以魏玛共和国和西班牙第二共和国为代表，这些国家的左右翼政党之间存在尖锐的对峙，以至于中间政党无法参与执政。以法国、芬兰、西班牙和以色列为代表，这些国家的左右翼政党之间虽然存在着尖锐的对峙，但中间政党拥有执政能力。第四个是一党独大制，这一政党体制主要表现为只有反对党中的大多数或全部政党团结起来组成联盟才有取代执政的主导政党的可能。这种政党体制的代表国家是中国，欧洲国家中只有法国的戴高乐曾尝试过，但他逝世后，法国就不再实行这一政党模式。

总而言之，冯·贝梅对西方国家政党制度的划分方式与萨托利基本相似，只是在对英国等少数国家的政党体制所属类别的划分上作了简单改变。

（三）克劳斯·冯·贝梅政党理论的评价

1. 克劳斯·冯·贝梅政党理论的积极作用

首先，冯·贝梅基于政党起源和意识形态提出九大政党"精神家族"的分类框架，一直是学术界研究比较政党的有效工具之一，使学术界对政党家族的概念更加重视。其次，冯·贝梅通过分析政党危机论者提出的论据，判断出"政党完全被替代的情形不可能发生"。这一总体判断在30多年来西方政党的政治实践中被反复印证，其内涵也随着时代变化不断丰富，时至今日仍然是西方学术界关于政党研究的主流观点之一。再次，冯·贝梅对生态运动、地区性和种族性政党、右翼极端主义政党的影响力进行预测。他认为，这三类政党的影响力会在20世纪90年代得到增强。此外，他还对主流政党意识形态中间化和政策趋同倾向进行了初步探讨，体现了他的创造性和前瞻性。最后，冯·贝梅对学术界有关西方政党的综合性比较研究成果进行总结概括，即便成果寥寥无几，但仍然加深了后世学者对西方重要政党理论的了解。此外，冯·贝梅在西方政党研究中起到了承前启后的关键作用，这一点在他的《西方民主国家的政党》一书中有颇多体现。

2. 克劳斯·冯·贝梅政党理论的局限性

首先，冯·贝梅梳理了西方政党的起源、历史发展脉络和政党现状，也对各个时代的学者提出的相关理论进行了考察。他在《西方民主国家的政党》用来支撑自己观点的时政材料大多来自其他政党研究者的研究材料。也正是因此，不少学者提出，冯·贝梅的研究只是对以往材料的梳理，从未构建全新的政党研究理论框架，也从未提出新论断。

其次，冯·贝梅虽然提出了新的政党分类方法，但是这一分类方法的适用范围和时效性都存在缺陷，如果这一方法的适用范围仅仅局限于西欧国家，那么九大"精神家族"将无法反映当代西方政党出现的新变化，更加无法容纳新出现的政党类型。

十四、安格鲁·帕尼比昂科的政党学说

（一）安格鲁·帕尼比昂科的个人基本情况

安格鲁·帕尼比昂科（Angelo Panebianco），曾在哈佛大学、加州大学伯克利分校、伦敦政治经济学院从事学术研究。现为博洛尼亚大学政治学、国际关系教授，（米兰）圣拉斐1尔生命健康大学政治学理论教授，意大利人文科学所政治科学研究院指导委员会成员，担任包括《意大利政治科学期刊》在内的几本期刊的编辑。他的研究方向为国际关系理论、政治学理论、比较政治学，已发表和出版大量有关政党的论文和著作。

（二）安格鲁·帕尼比昂科的主要政党思想

1. 提出"选举—专业型政党"

萨托利在20世纪70年代研究了政党体制，帕尼比昂科对政党结构这一难题发起挑战。自迪韦尔热以来，社会学家和政治科学家们从研究政党组织转向了研究政党与选民关系。帕尼比昂科认为，这一取向存在问题，他在《政党：组织与权力》中遵循米歇尔斯和迪韦尔热的理论，并开拓了新的研究领域：一是政党形成阶段对政党结构的影响很深，该书探讨了组织"形成史"与制度化之间的相互关系；二是重大的社会、经济或政治变化影响政党的组织结构。

帕尼比昂科敏锐地意识到，（当时）社会结构的变化和政治沟通方法的改变，会导致政党去制度化与日渐专业化。爱泼斯坦预见了"大众型政党的衰落"，帕尼比昂科则提出欧洲政党组织发展的最新类型：选举—专业型政党（有时也称专业—选举型政党）。

2. 西欧政党组织变迁规律

安格鲁·帕尼比昂科总结和分析组织社会学的假设、理论和模型，并与传统政治学作比较，进而分析政党组织的基本概念。他用政党的制度化理论解释组织的起源特征和制度化的程度之间的关系类型，论述特定的组织问题及组织变迁和政党转型问题，探讨组织变迁模式的有效性，检验西欧政党的特定变化，以及它们对于更一般的政治进程的间接影响和意义。[①]

在安格鲁·帕尼比昂科看来，号召选举的权力不仅可被内阁用于建议国王解散议会，也构成了政党纪律的基础。他指出，"作为一种政治控制的手段，对选举危险的操纵是一种具有无比价值和无比重要性的组织力量""给予议会领袖巨大的权力控制议会政党以及议会以外的政党"。[②] 从这个意义上看，英国政党体制是集权的，美国宪法条款彻底废除了政党号召选举的重大民主权利。由于重大的组织权力的缺位，美国政党体制是分权的。

（三）安格鲁·帕尼比昂科政党理论的评价

安格鲁·帕尼比昂科分析了影响政党制度化水平和体系化程度的因素，不同的主导联盟采取不同环境战略的依据，以及政党中创新的来源。首先，不同政党的起源模式影响着政党的制度化水平和体系化程度，政党在其所处环境中的自主程度越高其制度化水平越高，而是否存在具有权威的亚团体则影响着政党的体系化程度；同时，党内团结、党员参与动员、官僚化等因素

---

① 江甜：《人民民主党与尼日利亚民主化研究》，中国社会科学院博士学位论文，2020 年。

② 张建伟：《西方政党组织纪律性的差异及其根源》，载《中国社会科学报》，2022 年 8 月 24 日，第 8 版。

也影响着政党制度化的水平。其次，环境特征与组织的制度化特征决定了不同主导联盟所采取的环境战略。最后，帕尼比昂科认为政党中的创新不会产生于组织内部，而是由外部带来的。

十五、彼得·梅尔的政党学说

（一）彼得·梅尔的个人基本情况

彼得·梅尔（Peter Mair），1951 年 3 月 3 日出生的爱尔兰知名政治学者。他的求学经历对他后续的研究方向影响颇大，他于 1972 年开始就读于都柏林大学，获得了历史学与政治学学士学位和政治学硕士学位。1987 年，他获得了荷兰莱顿大学的政治学博士学位。完成学业后，他开始了教师生涯。1990—2005 年，他在莱顿大学执教；2005 年后，他就职于欧洲大学研究院的政治学与社会学系。

梅尔的学术研究主要是围绕比较政治，其中以对政党进行比较研究为主。他的一生著述颇丰，1987 年，他出版了《变化中的爱尔兰政党体制：组织、意识形态和选举中的竞争》，并借此崭露头角。1990 年，他出版了《认同、竞争和选举的有效性：1885—1985 年欧洲选民的稳定性研究》，该书不仅获得了国际社会科学理事会（ISSC）颁发的斯坦因·罗坎比较社会科学奖，也确立了梅尔在比较政治领域的学术地位。

梅尔和约翰霍普金斯大学政治学教授理查德·卡茨（Richard S. Katz）于 20 世纪 80 年代末共同对政党政治开展了研究，二人围绕着卡特尔政党理论建立学术合作关系。二人的合作一直持续，梅尔和卡茨从 20 世纪 80 年代末开始联名发表文章，共同编撰学术专著。1992 年，他们撰写了《变化中的政党组织模式：卡特尔政党的出现》一文，首次提出一种全新的政党组织模式，即卡特尔政党模式。卡特尔政党理论一经问世，引发了西方学术界的热烈争论。梅尔和卡茨共同编著了多本著述，发表了多篇论文来阐释自己的理论。著作包括，《政党组织：1960—1990 年西方民主国家政党组织数据手册》《政党如何组织：西方民主国家政党组织的调整与变化》等；论文包括，《欧洲政党组织的演变：政党组织的三副面孔》《变化中的政党组织模式与政党民主模式：卡特尔政党的出现》《公共部门中政党的优势地位：20 世纪民主国家的政党组织变化》《卡特尔政党理论的重新审视》等。他们二人的合作研究因梅尔在 2011 年 8 月 15 日的猝然去世而被迫中止，即便如此二人之前的研究也已经为卡特尔政党理论奠定了基石。20 多年来，卡特尔政党理论经受住了时间的检验，在西方学术界获得了越来越多的认同。[1]

（二）彼得·梅尔的主要政党思想

卡特尔政党理论是梅尔的政党学说的重要内容，是梅尔和卡茨从社会、国家、政党之间关系的变化入手研究政党成果，体现了他们在政党研究方法上的突破。通过分析政党研究的既有成果，可以从中看出西方学者在长期研究中形成的传统。西方学者在研究中更倾向于从政党与社会关系的角度切入，但梅尔和卡茨强调，如果片面遵循这一传统将会造成两个误区：第一，这一传统容易使西方学者陷入群众型政党是唯一政党模式的误区。第二，这一传统容易使西方学者对政党同国家之间的关系产生误判，即低估了它们之间的关系在政党发展过程中的重要性。

在梅尔和卡茨之前，有学者采取不同的方式对西方政党的历史沿革进行划分。其中影响力最大的是依据政党与社会的关系将组织模式划分为三种类型，即干部型政党、群众型政党和全方位政党。从社会、政党和国家三者之间的关系的角度可以看出，西方政党的发展轨迹是向着较为明确的方向。换言之，当政党与国家之间的关系拉近，它与社会的关系就会逐渐生疏。而当政党渐渐发展成为国家机器的组成部分时，梅尔和卡茨所提出的卡特尔政党

---

① 陈崎：《理查德·卡茨和彼得·梅尔的卡特尔政党理论述评》，载《教学与研究》，2013 年第 8 期。

就应运而生了。

1. 卡特尔政党的第一层涵义是政党与国家之间的密切关系

在群众型政党模式下，政党主要依靠党员缴纳的党费或捐赠维持日常所需。群众型政党拥有数量庞大的党员队伍，这意味着这一政党拥有着稳定的经济来源和不计报酬的人力资源来维持其日常运作和竞选的开销。梅尔和卡茨认为，当群众型政党向全方位政党转型时，政党和社会之间的关系由亲密转向生疏。这一转变导致政党从社会中获得的资源逐渐变少，这意味着党员的党费和选民的小额捐款已经无法支付政党日渐高涨的竞选开支。

即便梅尔和卡茨已经能够预料到政党转型后可能出现的困境，但他们对于西方政党会因此走向衰落这一论断仍然持否定态度。他们认为，在新形势下，这些政党已经具备寻求生存和发展之道的能力。他们能够通过进一步调整自身在国家与社会之间的定位，逐渐向国家倾斜并最终成为国家机构的组成部分。

除此之外，梅尔和卡茨还对国家发放的公共财政补贴进行探究。他们认为这类补贴是"政党的运作环境中最重要的变化之一"，其实质是政党利用所掌握的国家权力实现自身利益。这是因为，即便这一补贴被政党视为自己需要适应的外部因素，但其具体数额却是由全体政党或大多数政党来决定。

2. 卡特尔政党的第二层涵义是主流政党组成卡特尔联盟共享国家资源

立足于政党体制层面，更能理解卡特尔政党的涵义。梅尔和卡茨认为，在西方国家三权分立和执政党轮替的背景下，政党无法凭借一己之力调动国家资源来实现自身利益。这意味着，与其说国家对政党的资助是政党自己的决定，毋宁说这是由大多数政党共同制定的决策。

因此，群众型政党和卡特尔政党建立合作关系的理由十分充分。对于扎根于社会中的群众型政党而言，只要拥有稳定的党员群体就能保证其人力、物力和财力资源处于相对稳定的状态。这意味着即便它们在选举中遭遇失败，于政党本身的生存和发展也并无大碍。反观缺乏稳定社会基础的卡特尔政党，只有赢得选举才能够从国家获得足够的资源来维持自身生存和竞选活动的开展。这意味着，卡特尔政党如果无法保证即便在选举中落败，也能获得足够的国家资源来抵抗生存危机，那么政党成为"准国家机构"的企图则无法实现。

结合群众型政党和卡特尔政党的特点，不难理解二者合作并商议将彼此之间的竞争限制在一定范围之内的意图。由各国主流政党结成的政治卡特尔中不仅有执政党，还有在未来选举中有望加入全国联合政府的政党，抑或未来有望在次国家一级的政府中占据显著地位的政党。它们商议将限制彼此之间的竞争使主要执政党和在野党都能分得国家资源，这样不但能够使主要执政党得以抵御政党的生存危机，又能够达到垄断政权、排挤新兴政党和其他政治组织的目标。但对于已经处于优势地位的政党来说，其领导者更倾向于谋求长期且稳定的职业，而不再在意识形态上有所追求。因此，他们更愿意将竞争对手视为和自己旗鼓相当的专门人才，双方能够出于确保工作稳定的目标来共同促进正当合作。从这一点来看，这种做法与经济领域中的卡特尔企业十分相似，即试图以自己的力量来试图垄断市场。主流政党领导者的做法也与卡特尔企业的拥有者和管理者颇为相似。

3. 卡特尔政党的第三层涵义是拥有不同于其他政党模式的组织结构

梅尔和卡茨指出，民主理念或政党模式在其形成、发展的过程中都无可避免地会在政党组织上留下印记。当卡特尔政党与国家之间的关系愈发亲密，政党之间往往会寻求一种能够互相妥协、达成共谋的平衡点，这使得它们的选民基础、政策目标、组织结构等方面越发相似甚至趋同。

为了能够更好解释政党体制层面的卡特尔对单个政党的影响，梅尔和卡茨借鉴美国学者基（Valdimer Orlando Key）的政党组织三分法进行说明。基依据美国政党的情况将政党组织划分为三个部分，即选民中的政党（party in the electorate）、作为组织的政党（party as an organization）和政府中的政党

（party in the government）。① 这三种组织形式中，选民中的政党指的是一部分选民对某个政党表现出较为稳定的、忠诚的政治支持，他们是政党联系社会的部分。而政府中的政党指的是在大选后进入政府的政党组织和党员，他们是政党渗入国家的部分。这两部分依靠政府之外的政党组织连接起来。梅尔和卡茨对政党的研究主要是以西欧政党为分析对象，他们对基层的政党组织分类法进行调整，进而提出了政党组织的"三副面孔"。这"三副面孔"分别是指公职机构中的政党，即政府和议会中的政党；中央机构中的政党，即政党常设的全国性的官僚机构和执行机构；基层政党，即有组织的党员。这三种类型体现了政党在国家与社会之间定位的变化，也体现了政党与不同组织成分之间的相互关系。当西方政党处于干部型政党的发展阶段时，虽然其党内的党员人数比较少，但是因其党员的社会地位较高、经济实力较强并掌握了大量资源，因此，便与公职机构中的政党产生了密不可分的联系。究其实质，干部型政党是自身拥有资源的独立党员将其中一名成员或代理人送进议会作为代表而产生的。这一类型的政党存在较大缺陷，其中央机构较为弱小甚至缺失，组织机构不健全，政党的领导权也被掌握在公职机构的政治精英手中。因此，那些自身拥有资源而不需要依赖党中央机构提供资源的党员无需服从党中央的权威，他们只是将党组织视为实现自己目的的工具而已。

4. 政治卡特尔的形成原因

政治卡特尔的形成主要有三点原因：第一，政治卡特尔的形成取决于社会的快速发展变化。社会的快速发展使人们的生活生产更加便利、舒适。随着大众传媒的兴起，大众文化和大众教育的发展，人类社会进入大众社会；随着医疗保险、失业保险和养老保险的普及，人类社会进入福利社会时代。这些变化不仅改善了人民的生活水平，也极大地缓解了群众型政党鼎盛年代时尖锐的阶级冲突和亚文化冲突，为政党之间开展合作打下基础。第二，政

---

① V. O. Key Jr. *Politics, Parties, and Pressure Groups*, New York: Crowell, 1964.

治卡特尔的形成还会受到技术条件的影响。随着大众传媒的发展和政党对竞选专家的依赖，政党为赢得选举所付出的经济成本也愈发高昂。这意味着，如果政党仅仅依靠党员、基层组织和选民的党费和个人捐助将无法支撑他们参与选举竞争。因此，开辟能够获取更多资源的新渠道于政党而言格外重要。第三，政治卡特尔的形成与二战后福利国家制度的建立也有关联。二战后福利国家制度的建立和发展使政党竞争的重心不再局限于政策目标上，不仅削弱了主流政党在社会经济政策方面的分歧，也缩小了主流政党选择政策的范围。

为了更好应对以上变化，主流政党转而提出两种解决方法：第一，相较于提升对价值观和政党偏好的看重程度，政党更应当加强对技术问题和管理问题的研究，发掘其中二者的重要意义，提升自己的竞争力。第二，政党应当致力于平衡执政的卡特尔政党和在野的卡特尔政党所获得的国家财政补贴的差距，实现利益的均衡分配。

5. 对学术界关于卡特尔质疑的回应

政治卡特尔理论在提出、发展的过程中，并非没有遭到学术界的质疑。学术界对政党体制层面的卡特尔之说的质疑主要集中在以下两个方面：第一，主流政党是否真的有意愿结成政党卡特尔。学术界产生如此怀疑的原因是基于对西方主流政党实际情况的考察。他们认为，目前西方各国的主流政党之间仍然因为各级政府的掌权问题存在争斗，激烈程度相较之前有增无减。第二，当各国的主流政党确实存在结成政治卡特尔的意愿，但它们是否真的可以通过结成政治卡特尔来排斥竞争者、成功阻止新兴政党的崛起吗？

针对学术界对政治卡特尔理论的两点质疑，梅尔和卡茨做出了合理的解释。对于第一个质疑，首先，梅尔和卡茨认为结成政治卡特尔只是改变政党之间竞争的性质，而非程度，政治卡特尔的组成并未减少政党之间对权力的争夺。他们指出结成政治卡特尔可以减少政党间的竞争这一论断，是指结成政治卡特尔前后执政党的意识形态和政策差别绝不会和之前的一样大，这并非意味着执政党不会产生更迭或更迭的频率变慢。实际上，主流政党在形式上的激烈竞争正是掩盖实质上政治卡特尔的手段。

其次，结成政治卡特尔的政党会吸收外部新兴政党来缓解冲突。对于第二个质疑，即政治卡特尔对阻止新型政党崛起的作用，梅尔和卡茨强调，当政治卡特尔内部的政党面对外部新兴政党的挑战时，除了采用排斥和设置障碍的方式来抵御它们带来的压力之外，还会将它们吸纳进来，使它们按照自己政党制定的规则行事。因此，新兴政党要求的生存只有两条路径，或通过改变自身的定位、特点和策略，向卡特尔政党靠拢并争取加入其中；或冒着被边缘化甚至被排斥在体制之外的风险坚守底线。但是无论新兴政党选择哪一种方式立足，它的存在都不会威胁到主流政党所结成的政治卡特尔。

（三）彼得·梅尔政党理论的评价

1. 彼得·梅尔政党理论的积极作用

彼得·梅尔在当代西方学术界的政党研究学者中有着举足轻重的地位，他将政党研究的主旨重新聚焦到对党组织自身的适应性变革的研究上来，对政党研究的继续有着巨大的贡献。在民主危机时代，随着学者们对政党的质疑日渐增多，他们把政党研究主题从"政党应当在民主制度中履行何种功能"向"如何实现政党角色的转变以及作出何种适应性调整"转变，并解释了政党正在经历的组织结构的转型过程及其动因。[①]

彼得·梅尔所提出的卡特尔政党是西方学术界政党类型学中最具代表性的一种，这一政党模式不断被关于政党的定性分析和经验研究所证实，进而成为当下欧美国家政党组织的主流形态。卡特尔政党模式的提出具有重要意义，从规范意义上或是经验研究意义上分析都是对之前盛极一时的群众型政党范式的质疑和批判。对于许多政党研究者来说，如果政党违反群众性政党的组织和行动，就意味着政党的衰落或失败，其中也包括群众性政党的变形

---

① 岑树海：《民主危机时代政党组织的适应性变革——论卡兹和梅尔的政党理论》，载《国外社会科学》，2016 年第 3 期。

之一——全方位政党。①

但即便如此，梅尔和卡茨并未断言卡特尔政党的出现将会取代之前所有的政党模式。在他们看来，卡特尔政党模式只是政府不断调整自身来适应周遭环境变化的适应性结果。他们认为，政党在国家与社会中的地位既是测量政党变革的关键因素，也是区分政党特征和政党组织目标之间差异的途径。因此，梅尔和卡茨所提出的卡特尔政党模式与之前的政党模式相比较，更倾向于用动态的视角观察政党。相较于静态的观察方式，卡特尔政党模式的变化更具有多样性、更富有弹性，也更加开放。

梅尔和卡茨的这一理论成果有力地证明了，群众型政党并不是政党组织的唯一范式，也并不是唯一正确的组织模式。卡特尔政党模式表明了，政党组织的发展反映了"刺激—回应"式的动态调整机制，这意味着政党组织都是复杂的组成物，它们具有多面性的复杂面向。也正因如此，在政党政治生活中，完全意义上的卡特尔政党或群众型政党或精英型政党并不存在，往往呈现出不同类型的政党组织形态同时并存的局面。不过，从某种角度上可以认为。卡特尔政党模式是对群众型政党模式的超越。

此外，卡特尔政党理论同时包含了国家和政党两个概念，这一理论的提出将政党与国家之间的关系引入政党研究领域。以往的政党研究者在分析政党政治体制时更倾向于聚焦政党与社会之间的关系，他们对群众型政党向全方位政党转型过程中出现的政党逐渐脱离社会这一情况进行分析，从而得出"政党衰落"的悲观论断。而梅尔和卡茨并未选择与之前学者相同的分析视角，他们通过揭示卡特尔政党与国家之间日益亲密的联系，合理地解释了当代西方政党的存在与发展。卡特尔政党理论的提出，体现了政党调节自身来适应新环境的能力，完整地勾勒出西方政党发展的历史脉络，并为当代政党研究奠定了坚实的理论基础。

与此同时，他们并未止步不前，反而总结了早年研究中所存在的不足：第一，早年研究的考察视角不够全面。梅尔和卡茨认为，自己早年的研究过

---

① 岑树海：《民主危机时代政党组织的适应性变革——论卡兹和梅尔的政党理论》，载《国外社会科学》，2016 年第 3 期。

分强调国家对政党的财政补贴的重要性，但忽视了西方政党卡特尔化的其他表现。第二，早年研究过度考察西方国家的国内因素。梅尔和卡茨认为，自己早年的研究在分析卡特尔政党的产生原因时，过于看重西方国家国内因素，反而忽视了包括经济全球化、欧盟诞生、世贸组织成立等外部因素的影响。他们强调，这些外部因素对卡特尔政党的形成有重要意义，不仅有助于淡化西方政党传统的左右意识形态分野，还有利于削弱各国政府及其执政党的控制力。正是因为外部因素的影响，这些国家逐渐出现去政治化的倾向，致使敌对的政党之间更容易形成合作关系，形成"共谋"局面的可能性更大。

为了改进早年研究中的不足，梅尔和卡茨计划继续进行研究来完善自己的理论。他们认为，首先要进一步拓展对卡特尔政党理论本身的时政研究，其次要进一步探索考察卡特尔政党的途径和方法，最后要进一步探讨政党体制卡特尔化后西方民主制度受到的影响。但他们的计划由于梅尔的猝然离世而被迫终止。

2. 彼得·梅尔政党理论的局限性

卡特尔政党理论透过政党、社会与国家之间的关系，分析西方政党组织模式的发展历程，进而概括出西方政党半个世纪以来的发展轨迹：政党与社会之间的关系受到侵蚀，政党与国家之间的关系更为紧密。在卡特尔政党的形成与发展中，国家为它们提供了生存和发展的资源，使其避免遭受迫在眉睫的危机。但这一行为，也为政党的长远发展埋下了隐患。社会是政党进行选举、竞争，乃至保持权力合法性的来源，当政党与社会的关系越发疏离，政党领袖越发脱离社会，政党所拥有的合法性就越弱。梅尔和卡茨意识到卡特尔政党模式中所存在的合法性不足的问题，也意识到这一问题可能会对整个政治制度的稳定造成威胁。但是他们未能找到问题的理论根源，因此也无法提出行之有效的解决方法。

然而，从马克思主义理论的相关知识分析这一问题就不难发现问题的实质。合法性不足的问题是每个政党模式都无法避免的痼疾，这一问题源于西方国家经济、政治制度中的内在矛盾。实质上，卡特尔政党同其他政党模式相同，是西方政党漫长发展过程中的一个阶段、一种模式，它的存在是特定历史条件下的资本主义基本矛盾的体现。

十六、戴维·布劳顿和
马克·多诺万的政党学说

（一） 戴维·布劳顿和马克·多诺万的个人基本情况

戴维·布劳顿（DavidBroughton）是卡迪夫大学欧洲研究学院政治学讲师。他是1991—1996年英国选举和政党年鉴前六卷的共同编辑，曾撰写并出版《英国的民意调查和政治》，该书以1992年英国大选为例，探讨了政治民意调查的作用及其在英国政治中的未来发展，介绍民意调查及其对英国政治生活的影响和意义。该书涵盖的主题包括民意调查的历史、方法、竞选活动中的民意调查，以及政治问题和民意调查。他还撰写并出版了《当代德国政治》，介绍1945年至今的德国政治史中有关社会、经济和福利国家的关键数据，解释政府制度、宪法和法律框架、行政和立法体系以及联邦政治、德国政治文化、政党与选举和政治参与讨论移民和难民、环境和极右翼构成的威胁等重要话题，探索德国对欧盟、美国的外交政策和"反恐战争"。

马克·多诺万（Mark Donovan）是卡迪夫大学欧洲研究学院欧洲政治学讲师。他是达特茅斯比较政府和政治读者系列的意大利（1997）编辑，并撰写了多篇关于意大利政治的文章，也为《国际政治科学评论》关于选举改革的特刊（1995）撰稿。曾撰写并发表《意大利选举改革的政治》，参与撰写《书写民族的历史：1800年以来的西欧》《意大利的政党与民主》等书籍，在西方政党学说研究领域具有一定影响。

（二）戴维·布劳顿和马克·多诺万的主要政党思想

戴维·布劳顿和马克·多诺万的政党学说集中体现在他们共同出版的《变化中的西欧政党制度》（*Changing Party Systems in Western Europe*）一书中。在《变化中的西欧政党制度》一书中，戴维·布劳顿和马克·多诺万的研究范围之所以集中于西欧国家，是因为二十世纪西欧历史的特点是长期稳定的社会经济发展趋势，这种趋势使西欧社会彼此更加接近。这种趋同的过程使得学者更容易对各国间的政党制度进行比较研究，不仅是对各政党制度出现的相似之处的比较，还有助于揭示西欧民族国家政党制度的个别性差异。该书的研究对象包括西欧"四大"国家（即英国、法国、意大利和德国）的政党制度，以及西班牙、葡萄牙、爱尔兰、瑞典、奥地利、比利时和荷兰等七个具有相当重要意义的国家的政党制度。

1. 确定西欧政党制度的三大变化

戴维·布劳顿和马克·多诺万总结了他们在各国政党的具体案例研究中的主要发现，确定了西欧政党制度的三大变化，即：旧"人民政党"的削弱；主要政党制度的消失；地域分化。他们将这些变化视为基本稳定前提下系统内部灵活性、创新性发展的体现，这些变化强调了政治领域的相对自主性和政党精英在维持和改变联盟形成模式方面的作用。

2. 创新了西欧政党制度研究的具体形式

戴维·布劳顿和马克·多诺万制定并完善了《变化中的西欧政党制度》一书的编写和研究的具体形式，每个撰稿人都被要求遵循特定的分析框架以保证课题研究的连贯性。他们提出在进行政党制度的具体研究时，应主要围绕五个主题：

第一，必须总结每个国家政党制度的发展情况，同时对不同的政党制度类型及其在每个国家的应用模式进行简短的介绍性讨论。第二，需要对政党制度发展的历史背景进行详细的讨论，处理政党制度的结构以及从利普塞特和罗根的类型学中衍生出来的主要基础分类。第三，要考虑最重要的背景变量，特别是政党制度运作的"选举环境"，最明显的是现行的选举制度，但也要考虑可能对一些政党有利，而对另一些政党不利的"游戏规则"。第四，必须考虑到自1945年以来（后来在西班牙和葡萄牙）政党制度"解冻"程度的主要问题，并需要讨论稳定、连续性和变化之间的动态平衡。第五，明确了进行政党制度比较研究的主要内容，诸如选举改组和重新调整等重大主题以及政策发展问题、政党战略的变化、党内冲突等。

（三）戴维·布劳顿和马克·多诺万的政党理论的评价

首先，戴维·布劳顿和马克·多诺万的政党制度研究具有一定的科学性和现实意义。他们注重从动态的政党制度演变出发，探讨处在不同历史阶段、不同背景的政党制度的发展过程，较为准确地揭示了西方政党制度的三大变化，为更好认识西方政党制度的演变历史提供一面镜子。

其次，戴维·布劳顿和马克·多诺万的政党制度研究具有一定的局限性，主要体现在忽视了对丹麦和挪威政党制度变化的考量，使得他们的政党制度研究存在一些缺憾。如1973年丹麦发生了"选举地震"，中间民主党、进步党等民粹主义政党开始进入议会。同时，丹麦共产党自1960年以来首次重返议会，后来在瑞典也发生了同样的情况。

十七、让·布隆戴尔和
毛里齐奥·科塔的政党学说

（一）让·布隆戴尔和毛里齐奥·科塔的个人基本情况

让·布隆戴尔（Jean Blondel，1929—2022），法国杰出的政治学家，1929 年 10 月 26 日出生于法国土伦。布隆德尔对政治学的学术兴趣始于 1950 年，当时他在巴黎政治学院（也称为巴黎政治研究所）学习。本科期间，他曾赴巴西东北部的帕拉伊巴州参与学习和调研，不仅获得了为期一年的奖学金，还完成了关于帕拉伊巴州地方政党组织的学位论文。他的巴西之旅让他意识到，在另一个国家生活对学术和个人都是鼓舞人心的。他不断寻找法国以外的学术场所，在访问英国时他发现，英国的大学结构和政治学学位课程远远优于任何其他欧洲国家。因此，1953 年布隆戴尔从巴黎政治学院本科毕业之后，考入了英国牛津大学的圣安东尼学院。从 1954 年到 1957 年，他在英国度过了三年的研究生生涯。在牛津大学圣安东尼学院获得研究生学位后，在曼彻斯特大学进一步学习。按照布隆戴尔的生涯规划，他本计划毕业后回到法国后做一名高校教师，但 1958 年戴高乐主义者接管法国后，他决定不在他的祖国任职而是选择留在英国。

1958 年，29 岁的布隆戴尔在北斯塔福德郡大学学院（现为基尔大学）获得了塞缪尔·菲纳助理讲师的职位。1958 年至 1963 年，他在英国基尔大学任讲师，其间还获得了美国学术协会理事会（ACLS）的奖励，前往耶鲁大学学习实践一年。同时，他还成为新成立的埃塞克斯大学的政府教授。1964年，他成为美国耶鲁大学研究员。随后，他前往英国埃塞克斯大学做研究，并创立了政府学系。1969年，他参与建立了欧洲政治研究联盟（ECPR），并在那里工作了10年。1984年，布隆戴尔从埃塞克斯退休后，受雇为纽约拉塞尔·塞奇基金会的学者。1985年，布隆戴尔受聘为佛罗伦萨欧洲大学研究所的比较政治学教授。1994年，布隆戴尔接受了罗伯特·舒曼高级研究中心的名誉教授职位，同时担任锡耶纳大学的客座教授。

此外，他还在全球多所大学里担任客座教授。布隆戴尔既是比较政治学的先驱，也是该体系的缔造者。2004年，他因对欧洲政治科学专业化的杰出贡献而获得乌普萨拉大学的约翰·斯凯特政治学奖（俗称诺贝尔政治学奖）。布隆戴尔于2022年12月25日在伦敦去世，享年93岁。

布隆戴尔教授一生致力于政治学科的研究，在学术上多有建树，获得了无数的敬意和赞誉。他曾被索尔福德大学、埃塞克斯大学、鲁汶大学、图尔库大学、马切拉塔大学和锡耶纳大学授予荣誉博士学位。他还获得了英国政治研究协会（PSA）和欧洲政治研究联盟（ECPR）颁发的终身成就奖。他还当选为瑞典皇家科学院，美国艺术与科学院和欧洲科学院的成员。

布隆戴尔专门从事比较政治学的研究，因其在政党制度理论、内阁比较研究以及政党和政府之间的关系研究等领域的贡献而闻名于世，其相关的著作主要有：《选民、政党与领袖》《政府组织》《比较立法机构》《政治学》《世界领袖》《当代世界的政府部长》《政党》等。布隆戴尔考察的重点是"政府"与"支持这些政府的政党"之间的关系，目前学者们将其概括为一种"政党政府"的关系。布隆戴尔指出，当前学界对政党政府的研究极为不足，对其内涵、外延、性质、特征等方面依旧没有清晰的了解，需要着重认识和研究政党政府。

毛里齐奥·科塔（Maurizio Cotta，1954— ），意大利著名政治学家和政党学者，锡耶纳大学政治学教授。科塔曾在德克萨斯大学奥斯汀分校、欧洲大学研究所和中欧大学担任客座教授，同时在哈佛大学欧洲研究中心担任客座研究员。科塔是《意大利政治制度》的合著者，也是《党政府的性质》《欧洲议会代表》《民主代表：多样性、变化和融合》和《国家精英对欧洲公民身份的看法：南欧观点》的合著者。科塔的研究领域主要涉及政治学原理和政党研究。他曾出版过多本专著，包括《政治情况评估手册》《比较政治学：欧洲的政治体系》《政治学：基本概念》等。此外，他还负责编辑一些重要的国际学术期刊，如《西欧政治学杂志》和《政治学研究》。科塔教授曾荣获意大利共和国骑士勋章，并且被认为是意大利和欧洲政治学领域最重要的学者之一。

（二）让·布隆戴尔和毛里齐奥·科塔的主要政党思想

让·布隆戴尔和毛里齐奥·科塔的政党学说是关于政党政府的学说[①]，该学说大体上分为三个部分，即政党政府的问题缘起、概念引发的难题以及政党政府学说。

1. 政党政府问题的缘起

布隆戴尔和科塔认为，政党政府是"政党"与"政府"两个概念的结合体，这两个概念在原则基础、追寻目标上各有不同，即便只讨论这两个单独的概念也是极其复杂的。大多数情况下，在学界里将这两个概念结合使用会备受争议，甚至会引起激烈讨论。

布隆戴尔和科塔从历史角度梳理了政党政府概念的形成。政党政府的概念最早用来描述议会制度下的政治生活。一方面，自19世纪以来，政党在政府内部以及政府周围都起到了不容忽视的作用；另一方面，政治生活的观察者缺乏对这一问题的关注，例如这些政党同政府如何产生联系，尽管观察者可能会表现出一定的重视，但研究十分有限。学者们还没有注意到政党政府

---

① 〔法〕让·布隆戴尔、毛里齐奥·科塔：《政党政府的性质：一种比较性的欧洲视角》，曾森、林德山译，北京：北京大学出版社2006年版。

这一概念可能与现实政府生活中的许多情形发生反应。换言之，这种情形造成了理论界的一种有趣反差，即政党不可避免地在政府中起着至关重要的作用，但是在理论界却没有得到系统的分析。

布隆戴尔以这种有趣的反差为基础，提出了一系列关于政党与政府之间关系的思考：政党在社会中有着怎样的一般性作用？政党在政府中又有着什么样的特定作用？政治理论家们对政党政府的"态度"具有什么性质？布隆戴尔立足于历史发展视野对政党政府的概念未能得到重视的原因进行考察和分析，并将其归纳为五个方面：第一，学术界刻板印象的说法，认为存在一种不言而喻的观念，认为这一概念是一目了然、不言而喻的，没有必要再进行深入考察。第二，政党一直以来受到政府的支配。政党之所以受到政府支配，可能是由于在议会制国家，甚至包括美国，政党政府的命令来自政府，政党"依赖"政府而不是政府"依赖"政党。第三，政党进入欧洲政府的活动过程是循序渐进的，甚至在一些特殊国家中极为缓慢。一定程度上使得政府和支持型政党之间的关联性被有意遮掩。第四，如果政党政府以反对党为基础，依赖于这些政党，那将是一场灾难。第五，20 世纪下半期，人们认为政党政府是政党提出并实施的一些政策和纲领，人们普遍关注政党能否成功地落实他们的需求而很少去讨论这种模式是否合理。布隆戴尔分析这些原因后，认为学界并未意识到政党与政府之间的关联会产生问题，甚至支持政党的人们也没有系统地思考过这些难题。因此，这是需要着手讨论的问题。

2. 政党政府概念引发的三方面难题

布隆戴尔和科塔认为，政党政府概念引发了三个问题，即规范性问题、分析性问题和经验性问题。

第一，政党政府概念引发了规范性问题。布隆戴尔和科塔指出，政党和政府是两个独立概念且具有不同目标，即政党的目标是确保代表性和多数统治，政府的目标是为国家的"普遍利益"提供领导，而这两个目标可能无法调和。①

---

① 柴宝勇：《政党概念的再探讨》，载《社会主义研究》，2011 年第 1 期。

因此，政党政府可能只是形成一种理想但极不现实的民主方式。学界从多角度考察了多数统治与普遍利益产生冲突时出现的问题，但这些研究并未得到进一步扩展，需在政党政府的背景下进一步分析政府进行选择时所面临的难题。

主张反对政党的人认为，当牵涉到公共利益时，政党的利益必须被放置在一边，这类观点显然不是解决的办法。此外，根据严格的授权概念，获胜的政党有权实施其政策和纲领，但这同样不是解决办法。授权概念并非如想象中完美，在一定程度上仍有很大缺陷，因为并非每位选民所投出的选票都是建立在对政党纲领深思熟虑的基础之上的。当每位政府成员作出决策时都打着公共利益的名义来实现严格的授权，但他们所要面临的一系列问题又无法依靠严格的授权这一概念获得完美的解答，这意味着这一概念并非完美。那么，政府的部长们必须在这两方面权衡轻重。实际上，当部长们想要公正地对待他们政党和一般的公众时，很难在实践上和道义上作出选择。在这个问题上，规范性理论只能象征性地表示必须将"公共利益"放在首位，而无法提供有效的指导方针，因此也无法展现出一定的用处。

布隆戴尔认为，授权这一严格的概念同时面临实践上和理论上的困难，因此需要提出一种概括性授权概念来解决。换言之，政党与政府之间的不仅是要建立关联，同时还要赋予政府足够的自由空间，这样才能建立令人满意的政党政府关系。但就当今世界的情况来看，不论在西欧或其他地方，各国政府尚未找寻到解决这一问题的方式。

第二，政党政府概念引发了分析性问题。布隆戴尔和科塔分析，由于政党概念与政府概念的复杂性，在联合讨论二者时需要明确这两个概念的具体范围。在相关探讨中，这两个构成部分的本质和功能是有区别的，即区别于它们必须驾驭和调控的社会环境。首先，政党和社会是两个不同的概念，但两者之间的界限极其模糊。成功的政党拥有深厚的社会基础，且有相当比例的人支持这些政党，这使得他们能够在行使投票权时实现其政治意义。① 只

---

① 佘湘：《论国家治理现代化与服务型政党建设的政治逻辑》，载《理论研究》，2015 年第 4 期。

有政党的意义是狭义的，"政党政府"的概念才具有实践意义，即体现其操作性。但是即便把政党视作组织，它们依然是庞大的团体，即决策层从地方、地区延伸到全国。

其次，从具体分析政府性质的角度来看，政府性质所引发的问题同样复杂。例如，政府一方面体现着官僚性或管理性，另一方面自19世纪以来在自由主义国家也具有代表性特征。因此，从政党政府的角度来看，对于"政府是有什么构成的"这个问题有三种解释：一是政府由人数较少的、专门的高层决策者群体组成。政府部分来源于官僚机构且在国家中占据优势，政府相对于支持性政党也占据优势。但如果我们用这种限制性的概念解释政府，并以此为基础将政党政府看作政党与政府这两个部分的桥梁和纽带，那么政党和政府这两个组成部分会出现很大的不平衡。因此，这种解释并不现实。二是政府是官僚制度体系，即政府不只包括身为部长的人，或直接协助部长的人。因此，更现实的做法是将政党和政府的关系看作政党和官僚体系之间的关系，而非政党与政府之间的关系。尽管如此，由于把政府当作高居政党和管理机构之上的仲裁者是不符合事实的，因此它仍没有做出完满的解释。但至少在大多数情况下，狭义的"政府"源于支持政府的一个或多个政党。三是狭义上的政府一般会被看作是官僚结构中的特洛伊木马，它的存在是为了确保官僚机构能够服从命令，不再各行其是。而政府不但能够从支持型政党那里获取权威，由于官僚机构是赋予政府技术能力和管理力量的要素，它能够得到官僚机构的支持来抵制某个或某些政党。因此，政党通过政府渗透到官僚机构中，政府也可以利用官僚机构来削弱政党对公共决策的影响。

第三，政党政府概念产生了经验性问题。布隆戴尔和科塔认为，在以往的西方政治学研究中，政党政府并未得到足够的重视，究其原因有以下两点：一是既有研究受到社群主义的影响，认为利益集团在政策制定的过程中占据支配地位，这使得议会、政党和政府等民主机构受到严重损害。二是西方学者把政府看作是政党的工具。布隆戴尔和科塔指出，这只是西方学者通过理论推演出来的理想中的政党政府模式，并未在实践中得到印证，也缺少经验上的支持。他们高估政党"重要性"的同时，也低估了政府抵制政党的影响，并反过来对政党施加影响。①

3. 政党政府学说的内容

一般而言，政党和政府这两个概念常常被混淆，与之相关的现象也常常被看作是单一的。实际上，同样的用词会展现出不同的意义和不同的经验现象，因此，科塔认为需要拆解这两个概念的意义。政党主要包括三个主要组成部分，即议会党、作为议会外组织的政党，以及"政府中的政党"。这三个组成部分互不相同，它们的行动"逻辑"存在较大差别，例如，它们的兴趣、目的、运作的动机、所受的约束以及所控制的资源各不相同。② 但它们又彼此相通，有着许多共同点，比如相同的名字、相同的象征和相同的传统，以及相同的人事和组织联系。因此，不能将它们三个部分割裂来看，要将它们看作一个整体，且是一个相互作用的体系。

这表明，政党由不同的部分组成且能够从事不同的活动，这也导致了政党与政府关系非常复杂。事实上，这些关系在一定程度上必须被看作是党内关系，即党的一个组成部分，即政府中的该党与另一个或多个其他组成部分，例如议会党、作为议会外组织的党的关系。③ 因此，在一定程度上，政党与政府的关系是党内关系，这些党内关系必不可少。对于政府中的政党来说，政府是独立的资源、责任和约束的来源，因此政府绝不仅仅是政党的一部分。正如有关政党的研究表明，政党和政府的关系很可能受到各种差异的影响，比如在不同时间、不同国家和不同政党群体中，政党的不同组成部分的重要性、独立性和资源可能会有显著的不同。

布隆戴尔和科塔认为政府是一个极其复杂的概念，它将民主政体中民主的或代表的方面以及国家和管理的方面进行集中讨论，认为它是民主政体中的关键机构。但在实践中，政府的地位在这二者之上。在政府中，大众责任

---

① 柴宝勇：《西方政党政府的分析性、经验性、规范性难题及其解答——来自让·布隆代尔的启示》，载《中共天津市委党校学报》，2007 年第 2 期。

② 刘娟、权伟太：《从党政关系看西方国家的政党政治》，载《当代世界与社会主义》，2009 年第 6 期。

③ 马岭：《政党执政后的存在形式》，载《南阳师范学院学报》，2010 年第 9 期。

机制给民主带来了深深的压力，促使政府既要响应民意的变化趋势，又要关注选举过程中所获悉的利益诉求。在管理方面，政府受到来自政府内部和外部承诺的压力，这些承诺是国家机器在数十年甚至数个世纪中积累起来的。因此，每当政府直接或间接地参与到不同的博弈之中时，会受到这些博弈中的不同资源、约束以及风险的影响。

布隆戴尔和科塔认为，上述两种情况的变化会促使政府的性质发生显著改变。这使得政府的管理能力有局限性，可能很强，也可能很弱。此外，政府的代表作用可能是直接的或主导的，也可能是间接的或次要的。内阁在选择奉行的目标或采用的手段时，自主权可能很大，也可能很小。

（三）让·布隆戴尔和毛里齐奥·科塔政党理论的评价

1. 让·布隆戴尔政党理论的积极作用

布隆戴尔的政党学说在理论与实践上有着重要的贡献。首先，他的政党学说含有深邃的理论思想。布隆戴尔的政党学说不仅考察了政党作为政治实体的外部表现，还探究了政党的内部组织架构、成员个体间的政治信仰、认同感等因素对政党的影响。

其次，布隆戴尔的政党学说具有独特的宏观研究视角。相较于其他学者，布隆戴尔更注重从宏观层面分析政党的发展与演变，尤其是从历史深处观察政党的起源、发展与竞争格局，探究政党如何逐渐成为这个时代欧洲政治的主导形式。

最后，布隆戴尔在论述政党学说时注重理论联系实际，尤其着眼于实证数据，而非仅仅是理论概括。他的研究不仅对政治学的学科体系有极大的贡献，同时也极大地指引了政治家应如何运用不同的政党战略，进而塑造不同的政治环境。

2. 让·布隆戴尔政党学说的消极影响

布隆戴尔的政党学说具有极大贡献的同时，还存在一些缺点和局限性：

首先，布隆戴尔的政党学说缺乏对非国家主义政党的研究。布隆戴尔主要考察了传统的国家主义政党，对于其他类型的政党，如绿党、女性主义政党等，没有给予足够的关注和研究。

其次，布隆戴尔的政党学说忽略了政治经济学这一考察维度。布隆戴尔强调政党的意识形态和组织结构对其行为的影响，但没有充分考虑政治经济学因素对政党的影响。政治经济学因素会影响政党的政策制定和执行，从而对政党产生深远影响。

最后，布隆戴尔的政党学说缺乏对政党与公民社会的关系探究。布隆戴尔的政党学说主要探讨了政党在政治体系中的角色，但较少考虑到政党与公民社会、选民等其他社会群体之间的互动关系。政党与公民社会的相互关系对于政治稳定性和民主发展至关重要，值得进一步深入研究。

3. 毛里齐奥·科塔政党学说的积极作用

毛里齐奥·科塔是一位杰出的政治学家和政党理论家，他提出的政党学说有助于启示和指导我们理解政治党派的本质和作用：首先，科塔深入分析了政党的内在结构和组织形式。科塔指出政党不仅仅是外在的组织机构，更是内部结构相对复杂的社会组织。这有助于我们更好地理解政党组织的工作原理。

其次，科塔深入思考了政党在现代民主制度中的角色和作用。科塔认为，政党作为民主政治的核心组织在现代民主制度中是不可或缺的，在政治选举、意识形态等方面有着至关重要的作用，保障了政治体制的稳定和发展。这使我们能够更好地理解政党在民主政治中的重要性和作用。

最后，科塔强调了政党的公民意识和参与精神。科塔认为，政党不仅是组织机构，政党的动态发展离不开民众的支持和参与。因此，政党的根基在于公民精神和参与精神。这种强调公民精神和参与精神的思想符合民主政治的理念，使我们能够更好地理解政党的重要性和作用。

4. 毛里齐奥·科塔的政党理论的局限性

科塔的政党学说深入研究政党的角色和作用的同时，还存在着一些缺点：

第一，科塔的政党学说对政党领袖和政治家的影响力过于弱化。他强调政党作为一个组织的作用，但弱化了政党领袖和政治家的影响力。然而，在现实政治中，政党领袖和政治家通常能够对政党的政策产生较大的影响力，这一点在科塔的理论中没有得到充分的重视。

第二，科塔的政党学说对政治经济学因素的研究不足。科塔的政党学说主要关注政治学因素对政党的影响，但对政党发展和变革有重要影响力的政治经济学因素研究相对较少，还有待进一步研究和探讨。

第三，科塔的政党学说对政党与公民社会之间的关系研究不足。他要关注政党在政治制度中的角色和作用，而对政党与公民社会之间的关系研究比较少。政党与公民社会之间的互动关系对于政治秩序和稳定具有重要的影响力，这一点也需要在科塔的理论中进一步研究和探讨。

就政府和支持型政党之间的关系而言，不论是其本身情况还是对它的解释，其复杂程度都不是简单的模型可以表达的。科塔目前的成果是不完全的，但它们为我们理解这种关系的复杂性提供了一些重要的线索。[1] 政府和政党处在国家和社会、官僚行政机构与民主代表机构的交叉点上。因此，政党政府的两个方面或两种面目之间的关系不可避免地反映了这种政治结合所产生的所有张力和问题。在一个民主国家中，我们不可能期望政党和政府中的一方会完全控制另一方，但在这个范围之内，不同国家之间和同一国家内部出现差异的可能性依然很大。所有欧洲国家在政治动员机制和政党的组织结构方面正在进行重要的转型，作为超国家的一体化和全球化发展的结果，各国政府运作所面临的约束和机会也在发生变化。这表明政府与政党之间的关系将在未来经历进一步的变化。因此，科塔所讨论的主题还远远没有完成。

---

① 陈家刚：《西方政党政府研究的范式变迁》，载《理论与现代化》，2008 年第 2 期。

十八、罗塞尔·达尔顿的政党学说

（一） 罗塞尔·达尔顿的个人基本情况

罗塞尔·达尔顿（Russell J. Dalton，1949— ），美国政治学家，加州大学欧文分校的政治学教授和民主研究中心的主任，曾在科隆大学、曼海姆大学和檀香山东西方中心担任访问学者。达尔顿在 1970 年获加州大学洛杉矶分校政治学学士学位，1972 年获密歇根大学政治学硕士学位，1978 年获密歇根大学政治学博士学位。达尔顿的学术兴趣集中于政治学领域，包括比较政治行为、选举与政党、社会运动和经验主义民主理论等等，他是研究德国舆论和选举的美国著名学者之一。在达尔顿的学术生涯中，他获得过多项荣誉和奖学金，比如佛罗里达州立大学的发展学者奖、UCI 教师指导荣誉奖、富布赖特研究奖学金、德国马歇尔基金研究奖学金、东西方中心的浦项制铁奖学金等等。

达尔顿的研究重点是美国和其他富裕民主国家中不断变化的公民身份模式，以及这些趋势将如何重塑民主进程。近年来，他在这些议题的基础之上出版了一些著作，如《好公民：年轻一代如何重塑美国政治》《参与差距：社会地位和政治不平等》以及《转变的公民文化》。他所著的《公民政治》被高度引用，该书比较了美国、英国、法国和德国的政治行为。此外，另一个相关的研究侧重于比较选举政治，其中出版的著作有《政治重组》《党派美国人》《政党和民主联系》等，获得了 GESIS—Klingemann 奖和 Brian Farrell 奖。

达尔顿的早期作品考察了德意志联邦共和国成立后德国向民主的过渡，如《德国转型》。此外，他还撰写了《德国政治》以及一系列关于德国选举的书籍和文章。

（二） 罗塞尔·达尔顿的主要政党思想

1. 逐渐衰落的政党认同理念

达尔顿认为，衡量政党民主本质的最重要措施之一是考察公众对政党的认同感。尽管政党的行动可以作为衡量政党政治的一个重要指标，但政党的行为目标同样重要。这些共同构成了公众对政党和政府制度设计的认同。公众对政党和政府制度的认同，是衡量政党政治性质的一个重要标准。

达尔顿强调以个人主义来研究党派的变化，原因有二：首先，党派与政党的公共关系既衡量了党内政府的活力，还展现了让政党、候选人和其他政治行动者运作的背景。政党组织的竞选集会数量、选举邮件和小册子，以及政党与选民的接触，都是在发展公众对政党的支持，并间接地建立以政党为基础的民主体系的合法性。其次，政治现代化进程往往导致公民与政治关系的变化。例如，教育水平的提高和沟通模式的转换会改变公民与政治的关系。因此，政党政治的职能基础上所出现的许多变化，首先表现在公众的态度和行为上。

2. 政党认同的重要性

达尔顿指出，党派认同概念的提出是现代选举行为研究中最重要的发展。在西方政党政治生活中，选民通常会因为自身政治背景和选举现实的影响，在选举时对特定政党产生一种个人依恋，这种依恋感被称为"政党认同感"。在西方选举政治过程中，政党认同感会成为影响个体与政党之间关系塑成极为重要的因素之一，甚至成为构建这一个体的政治观，判断政治现象的重要线索，影响个体的政治参与模式和投票行为的稳定性。达尔顿认为，政党认同感的持续强化意味着个体在心理上对这个政党产生依赖，一旦政党依赖形成，他们会倾向于以政党的立场去看待政治问题。例如，产生政党依赖的选民会更同情政党领导人所在立场，更易接受他们提出的政策、意见或措施，甚至对处于对立立场的领导人持怀疑或批判态度。这种感性认知也被称之为"政党偏见"。"政党偏见"使这些选民倾向于看到那些有利于自己产生感情依赖政党的信息，而自动正当化和过滤掉那些不协调的信息，从而导致认知偏差。政党依赖越强，感知屏幕的过滤作用就越强，所产生的认知偏差就有可能越严重。

此外，达尔顿还认为，西方的民主过程极大地强化了政党认同，而政党认同在这一过程中也起着更为核心的作用。不同于阶级或宗教团体的理念，西式自由民主的政治制度环境很容易强化政党依赖的生成。党派之争为公民的投票抉择提供了一种粗暴有效的决策路径。那些看似是公民对政策措施做出的选择，实则却变相促成了公民与一个或多个政党关系的塑成。单一的投票行为就决定了公民支持什么党，甚至意味着他们必须"反对"什么党。对于没有政治经验或缺乏政治了解的公民而言，党派之争成为一种低成本但十分明晰的"提示指南"，提供了一切粗暴的选择线索。同样，政党认同也为选举中参选的政治领导人提供了强大稳定的民众支持基础。这些公民会因为"政党偏见"倾向于从有利的视角看待政党的行为和主张，并成为政党的长期习惯性支持者。在这一基础上，政党精英会倾向于过度代表其支持者的立场，甚至随着时间的演变改变意识形态立场，站在该党初衷立场的对立面。而尽管这些"政党依赖者"选民与该政党的立场可能并不一致，但仍会出现支持"他们的"党的现象。达尔顿以此来解释多数老牌政党可以在长期的民众支持下参选，并可以持续竞选成功的原因。

所以，在达尔顿看来，传统意义上的西方民主选举过程通过党派之争，可以利用"群体身份"有效牵制大众选择，使他们的潜在偏见放大，并由此与特定政党建立起一种依赖关系，派生出强烈的政党认同。所不同的是，在达尔顿的理解中，政党认同并不是对个体与政党关系的一种理性描述，而是一种感性认知的结果。它为个体了解政治的复杂性，选择信息，产生认知并作出最终的政治判断提供了一个阐释框架。因此，达尔顿将党争的程度视为最重要的政治变量之一，并以此作为衡量西方政党政治系统运作的重要标准。

3. 政党解组的模式

达尔顿在分析政党的解组模式时指出，美国党派之争的衰落通常与特殊的政治危机有关，包括：民权冲突、越南战争和城市动荡。然而，类似的情况很快出现在英国和其他欧洲的政党体系中。一个国家（或几个国家）的党派关系减弱，可以用这个国家的特定政治环境来解释。例如，英国党派之争的衰弱，常常可以追溯到 20 世纪 70 年代的经济斗争，以及两党对这些挑战的无效反应。然而，如果这些模式在更广泛的国家中出现，就迫使我们去研究正在影响着当代民主国家的更广泛的社会变化。而政党衰落的个人证据最终被先进工业社会概括为政党解组的假设。关于解组的观点认为，政党关系由于社会和政治现代化的结果被侵蚀，因此大多数先进的工业社会经历了一种政党解组的过程。关于调整的观点认为，这一趋势的发展是因为个人和系统因素的结合，这些因素正在改变当代先进的工业民主国家。例如，教育水平提高了普通公民的政治认知，受教育程度更高的选民可以获得更多的政治信息，更多的人在政治上拥有可以自给自足的政治技能和资源。

此外，其他系统性的变化也削弱了政党在民主进程中的政治作用。例如，大众传媒的发展和公共利益集团的扩散影响了各政党的利益表达和信息职能。有证据表明，大众媒体正在取代政党作为政治信息的来源，并可能减少这些信息中党派的相关内容。各政党本身也在发生变化，他们采取了新的制度形式和新的方法来开展活动，减少了对党员的依赖和与公民的直接个人接触。

达尔顿总结道，这些社会趋势导致大多数先进的工业民主国家经历党派解组。关于解组的观点意味着，我们正在目睹政党对当代公众的作用广泛而持续的下降，而不是像其他人所认为的是公众对政党的满意度暂时下降。这种背离还表明，新的民主政治形式，如直接民主的扩大、行政程序对公众的开放，公民团体的多样化和规模的扩大在法律程序上所带来的影响，都将随着公民转向无党派的行动形式而发展。这些过程的结果应该是对当代公众中的党派之争的普遍侵蚀。

4. 确认政党解组的根源

在达尔顿看来，许多因素促成了党派解组，各政党作为政治机构的作用不断下降，这无疑在党派解组的过程中发挥了重要作用。利益集团和游说团体承担了许多政党的利益表达职能，大众媒体还承担了各政党曾经控制过的信息传播功能。然而，在个人层面上，有两种理论可以解释大众所观察到的解组趋势：第一，当代选民自身的变化。教育水平的提高和政治信息的不断普及，增加了当代选民的政治认知和政治能力。因此，更多人能够独自应对公共社会的复杂性，而不求助于党派之争所提供的政治线索。公共价值观正在转向对个人主义的极端强调，来自外部政治因素的影响力日渐减小，其中就包括政党对个体的影响力。当个体自我表达和独立思考的意识逐渐加强，随之而来的可能是对政治组织和权威机构质疑的加深。二者使原本政治生活中，个体与政党能够轻易建立起的情感联系变得异常脆弱，甚至丧失了能够建立联系的可能。在现代政治生活中，我们看到的是越来越多无党派人士的存在，他们既不寻找"组织"，也不参与政治。

第二，来自西方民主国家社会现代化程度变化的影响。随着这些民主国家社会现代化程度的加深，民众对政府的信任度有了明显的下降趋势。讽刺的是，那些在二十世纪后期得益于民主政府最多的群体（例如年轻人和有着较高学历的人），反而是对政府最不信任的群体。他们现在所受到的良好教育，拥有的高薪职业，以及比他们父辈更好的生活机会和更优越的社会环境，恰恰使他们对权威有了更多的不屑，对民主制度和民主政治生活有了更高的期望，而自身也具有了更加自主和自我的行动风格。而现在的政治家却更注重取悦特殊利益群体，或维护政府的表面形象，而对真正解决民主国家发展中实际问题的改革和治理手足无措。这导致了西方现实民主政治中，政府越大力进行形象维护，政府形象反而越糟糕的怪象。在批判式"新公民文化"兴起的今天，政府却普遍丧失了面对公众质疑和挑战的勇气。在具体国家的解组的案例中，很多都可以归因于民众对政党表现和民主进程的不满。例如，美国的政党解组可以追溯到越南战争和水门事件引发的政治丑闻；奥地利的政党解组与人民党自由党两党共识的崩溃以及奥地利民众的不满有关；英国政党的解组被认为是英国世界地位持续下降，以及战后集体主义共识终结的结果。因此，根据一些学者的说法，民众对政党政治的不满和政党政治表现上的失败是造成这些问题的根源。

5. 政党解组和政治变革

虽然未来是不确定的，但达尔顿认为党派和解的观念在先进的工业民主国家中根深蒂固，这一问题需要被各政党接受和解决。因此，广泛的跨国党派变革模式对代议制民主提出了新的挑战。脱离联盟对公民提出了新的要求，要求他们在新的、更复杂的政治环境下做出合理的选举选择。投票率的下降和政党进行的其他形式的政治参与给民主国家带来了新的挑战，这使所有公民都参与进来，特别是那些政治资源和技能较少的公民。民主的未来取决于公民、政治家和政治机构如何应对这些挑战。

（三）罗塞尔·达尔顿政党理论的评价

1. 罗塞尔·达尔顿政党理论的积极作用

罗塞尔·达尔顿的政党学说具有重要的贡献和现实意义：首先，罗塞尔·达尔顿的政党学说强调了公民参与政治的重要性，在他看来，民主政治需要公民积极参与，而政党只是实现这种参与的手段之一。其次，罗塞尔·达尔顿的政党学说区分了政治家与公民的利益，他认为政治家常为了自己的利益追求权力，而公民更关注自己的利益和民主价值。再次，他的政党学说不仅从公民的政治参与出发来研究政党，还考察了政治制度的机制和运作模式，进而提出了改进政治制度的建议。最后，罗塞尔·达尔顿的政党学说强调民主和平等，认为政党和政治制度应当为实现这些价值而服务。

一方面，达尔顿的政党理论为政治研究提供了重要的理论基础。他的学说有利于帮助人们更好地理解政党在政治过程中的作用和影响，特别是在政治行为和政治文化研究方面；另一方面，达尔顿的政党理论为政治实践提供了有益的启示，特别是有关公众参与、政治行为和政治文化的方面。政治家可以更好地理解和应对选民的需求和诉求，从而更好地实现民主治理。

此外，达尔顿的政党理论促进了政治文化的多元化和全球化，他认为，不同国家和地区的政治文化有很大不同，政治参与和政治行为也因此有所不同。这种认识帮助人们更好地理解和应对全球化和多元化的政治挑战，进而更好地推进全球民主化和政治合作。总的来说，达尔顿的政党学说为深入理解政治参与和民主政治提供了框架，也为改进政治制度提供实用的建议。

2. 罗塞尔·达尔顿政党理论的局限性

罗塞尔·达尔顿的政党学说在西方政党理论中有较大贡献的同时，也存在一些缺点和局限性。首先，他的政党学说忽略了政治经济学因素对政治行为和政党竞争的影响，这在现代政治实践中是极为重要的因素。

其次，他忽略了信息时代对政治行为和政党竞争的影响，达尔顿的政党学说在互联网及社交媒体等信息时代下的政治变化方面显得有些过时，需要进一步思考和更新。

再次，达尔顿的政党学说忽视了个体行为的差异。他将个人看作是政治行动中的简单参与者，并没有充分考虑到他们在行为选择、思想信仰等方面的差异。

最后，他的学说过于倾向总体主义思维，将个人的政治行动视为总体主义的整体思维，反而忽视了个人在参与政治行动时所表现出的多元性和复杂性。

十九、理查德·卡茨和
威廉·克罗蒂的政党学说

（一）理查德·卡茨和威廉·克罗蒂的个人基本情况

理查德·卡茨（Richard S. Katz，1947— ），美国著名政治学家。1969年，卡茨在密歇根大学获得文学学士学位，1969至1974年期间就读于耶鲁大学，被授予硕士和博士学位。随后，他于1976年在约翰·霍普金斯大学政治学系执教，1995年在纽约州立大学布法罗分校政治学系担任教授兼主席，还曾在纽约城市大学、中欧大学和里尔政治研究所任教。

卡茨长期致力于政党比较研究、选举制度比较研究和欧洲政治比较研究，具体集中在欧洲、北美和英联邦工业化民主国家的政党和选举制度。他著有或编有多部学术著作，发表了关于公众支持艺术、欧盟和选举行为的作品，同时也是欧洲政治研究杂志的主编之一，曾两度获得美国国家科学基金资助。

卡茨是《欧洲政治研究杂志》和《EJPR政治数据年鉴》的前任编辑，还曾经或正在担任《政治、代表》《选举、舆论和政党杂志》《加拿大政治学杂志》《爱尔兰政治研究》《政党政治》和《欧盟政治》的编辑委员会成员。他的主要著作有：《政党政府：欧洲和美国的经验》《政党组织：西方民主国家政党数据手册（1960—1990）》《政党如何组织：西方民主国家政党组织的变化与适应》《民主与选举》《欧洲议会、国家议会与欧洲一体化》《政党纪律与议会政府》《政党政治研究指南》《政党与选举制度理论》《党内民主的挑战》等。他的代表性论文有：《欧洲政党组织的演变：政党组织的三副面孔》《变化中的政党组织模式与政党民主模式：卡特尔政党的出现》《公共部门中政党的优势地位：20世纪民主国家的政党组织变化》《卡特尔政党理论的重新审视》等。

威廉·克罗蒂（William J. Crotty, 1936—），1936年4月14日出生在马萨诸塞州的西萨默维尔，美国政治学家，波士顿东北大学的政治学教授。1958年，他在阿默斯特学院获得文学学士学位，1963年在北卡罗来纳大学获得政治学硕士和博士学位。他的研究领域包括民主发展、政党、选举行为和恐怖主义。

1963年至1965年，克罗蒂在北卡罗来纳大学担任政治学讲师，后来在佐治亚大学政治科学系担任助理教授，他还在北卡罗来纳大学和其他机构获得了几项研究助理和奖学金。1966年秋，他来到西北大学担任政治学助理教授，1974年被任命为正教授。他还在洪都拉斯、阿根廷、尼加拉瓜和海地的选举观察委员会任职。克罗蒂于1995年离开西北大学，在波士顿东北大学担任教授，后被任命为东北大学民主研究中心主任，现为美国波士顿东北大学政治学系名誉教授。

克罗蒂的教学和研究兴趣包括：政党、选举行为、政治行为及表现、总统提名制度和程序、比较公共政策和民主化进程和发展等等。他著有或编有多部学术著作，比如《政党政治手册》《一个决定性的时刻》《民主发展和政治恐怖主义》《美国政党制度中的民主发展》等。

（二）理查德·卡茨和威廉·克罗蒂的主要政党思想

1. 民主理论中的政党

卡茨认为，民主理论对民主的含义以及民主中政党和政党制度的适当性质和职能各有看法，尽管意见分歧很大，但可以围绕一个关联性问题串联起来。卡茨所提出的问题在一定程度上直接影响民主的定义：民主是发现和执行大众意志，还是大众实施和执行对政府权力的限制？如果民主是大众意志的实施，那么这一点要如何定义和确定？如果民主是政府的限制，这能与多数人统治相调和吗？或者它是否要求可能被任意多数人伤害的少数群体能够施加否决权？民主是结果还是过程，如果民主是结果，那么结果的含义仅限于政策或人员的选择，还是延伸到公民的道德或心理发展的后果？在选民被要求进行选择的政治过程中，各政党是否被视为是自主的行动者，或者它们是公民采取政治行动的渠道？各方应该在其政策和支持基础上具有独特性和排他性，还是应该趋同和重叠？

这一系列问题体现着民主理论中政党的复杂性和多样性，也是对政党学说一种补充和完善。

2. 自由民主理论中的政党

卡茨认为，就人民主权而言，政府既是人民的工具，也是人民的一部分。然而就自由而言，政府是人民的一种潜在危险，有必要将二者分离。从委托——代理的角度看，虽然人民主权理论者大多承认以单个政党或在职官员为代理人是个潜在问题，但对自由理论者来说，以政府为代理人是制度化的民主政府要解决的两个主要问题之一。这主要与民众自我保护的自由价值相关，价值优先级的转变意味着民众对政府和公民之间关系的态度转变。一方面，卡茨提出可以依靠公众选举来控制政府这一危险；另一方面，由于自由民主理论中有关"少数人暴政"的推断是依据选举已被"其他多数人"的相对冷漠所解决这一结果。相较于两者定义民主的相似点而言，在少数对多数不加约束这一民主理论的共性问题上，自由民主理论与人民主权理论观点是有所区别的。

换言之，一方面，它们有关精英人物和普通公民对自由价值的相关承诺以及代理松懈集中化的假设决定了这种情况；另一方面，它们有关社会中相互冲突的利益的性质以及避免所谓多数人暴政的可能方式的假设也可以决定这类情况。与流行的主权理论一样，这里的每一组理论假设都有关政党的性质以及政党和政党体制的角色。

3. 政党与代议制

卡茨指出，任何对当代民主的讨论都不能忽视现代民主必然是代议制民主这一事实。各方密切参与代表的过程意味着考虑政党在民主理论中的地位，这就必须解决各方在代表理论中的地位的问题。

卡茨分析，分析代议制涉及三个问题：谁是被代表者？谁是代表者？代表者在代表被代表者的过程中做了什么？"代表"一词既可以释义为受委托代替个人、集体、组织办事或表达意见的人，在政治语境下亦指由选举产生，替选举人办事或表达意见的人；也可以释义为代替他人行使政治民主权利。在代议制民主的政治大背景下，政党往往被暗示为代表者，但在西方不同的代议制模式与民主的选择性概念里是有些许差异的。同样，被代表者应主要被视作为全体公民、特定区域或群体的公民、个体的公民等等，还是政党组织自己的党员，这个问题依代议制的特殊意义以及正在讨论的民主的一般概念而不同。

梳理概念后再次回答上述问题，需要对已有五种答案进行综合研判与分析把握。第一种表现模式是对人口统计学特征的描述性镜像，而第二种代议制模式所要反映的是论点的分布而不是个人特征。就以上两种模式而言，代议制意味着代表被代表者。其他三种模式将代议制理解为代替被代表者，其中第三种和第四种模式涉及作为代表的代表者与作为受托人的代表者之间的区别。代表充任他或她的选区居民的直接代理，做被代表者要求他或她做的事情，作为选民意见表达的渠道，服从选民的直接指令。同时，受托人也可根据他或她自己的判断代替被代表者来增进他们的利益，但不一定与他们当前表达的意见一致。第五种代议制模式是代表监察员的角色或是提供选区服务的人，代替被代表者。

卡茨和克罗蒂认为，将"议会作为代表者的想法"与"协商是民主所必不可少的观点"相结合，能够支撑许多反映意义上的代议制主张。一方面，关于代表应反映公民人口特征的说法主要有三个理由：将少数民族或其他弱势群体包含进来意味着他们拥有正式公民的地位；不同社会地位的人对协商有不同的经验；不同群体的利益差异性是绝对的，以致一个群体的成员不能代表另一个群体的利益。另一方面，要求反映意见的主张有两个理由。第一，这一理由具有工具性，在立法民主的讨论中已经进行了详尽的阐释。在不同议题上存在着太多可能的政策组合，每一组合都希望能够在与所有其他组合的竞争中得到多数选民的支持。第二，因为不可能预见两次选举之间可能出现的各种问题，议会如果反映人们充分多样的观点，它就只能被期望去做人们自己能做的决定。在程序上，这是完全正确的，即使决策只是在相对独立的问题上连续投票，但如果考虑到投票交易或妥协、和解等其他可能性，这两者都可以理解为审议。反映意见的另一个理由是有表现力的：无论结果如何，持有不受欢迎观点的人应该在议会中表达这些观点，这样他们更有可能心平气和地接受他们的政治失败。因此，公民的平等是任何民主理论的重要价值观理念的体现。然而，人口镜像对其平等的象征性证明很重要，就意味着它是不会发生的代表。因此，它建议各缔约方应采取积极的步骤，例如在其自己组织内的职位和挑选公职候选人方面执行族裔或性别配额。正是因为这种形式的代表是象征性的，它能够与所谓的"虚假民主国家"相联。例如，苏联集团国家议会的高人口代表性表明了这些机构的无能为力，也相应地表明了政党的无能为力。

卡茨指出，人口结构所反映的观念，至少是传统弱势群体成员否认直接代表，因"存在的政治"概念而被重新改造。这种"存在的政治"，虽然保留了象征性的观点但也得到了一定程度的补充。例如，当一个群体的一些成员在现场时，想不公平地对待这个群体很难，因为这些群体成员的生活经验给他们提供了一个不能仅仅由一个同情者来充分代表的观点。这对政党和代议制有两个重要的影响，第一，它清楚地暗示了一种协商会议模式，也意味着一个代表权的托管模式；第二，如果各政党要显得非常重要，那么不仅要求它在整个议会中，而且要在每个政党内部和行政部门内部进行描述性代表。

根据上述分析，卡茨做出了一些总结，他认为对民主理论中各政党问题的概述必然是不完整的，还有许多未了结的内容。尽管民主理论的文献浩瀚无边，但它的发展与政党实证研究的丰富性和复杂性基本无关。由于代议制民主在现代国家普遍实行，其在当代世界政党政治研究的中心地位难以撼动，相关学者对此方面的研究与介绍乐此不疲，但只有少数学者关注到了纷繁多样的现代民主理论背后的微小（放置于民主大环境下）差异。当政党学者在探讨各类民主制度时，他们通常将民主制度局限于总统制和议会制，并基于此来分析两种制度的区别，或两极的和分散的竞争模式之间的区别。当民主理论家在探讨政党时，他们主要关注政党是否要在其自身组织内部实行民主，或者政党实际上是民主的前提还是障碍。

（三）理查德·卡茨和威廉·克罗蒂政党理论的评价

1. 理查德·卡茨政党理论的积极作用

理查德·卡茨的政党学说具有极其重要的理论意义与现实意义。首先，卡茨在分析政党内部机制和职权关系时，深入研究了政党内部的权力关系和组织机制，系统地讨论了从政党内基层组织到高层领导的权力关系、选举竞争、政策制定过程，为深入理解政党内部运作机制提供了重要思路。

其次，卡茨对政治变革和政党演变有着深刻的见解，他认为政策变化和政治变革背后的推动力量是政党，而政党内部不断演变调整是适应变化的关键。这样的观点为理解政治变更和领导层的更换等大事件提供了有益的思路。

再次，卡茨重视比较政治学对学科整合的作用。他支持比较政治学、历史政治学等学科的交叉融合，提倡将这些不同领域的研究成果融为一体，进而发现政治行为的共性和差异，来达到更深入的理解和推断的目的。

最后，卡茨突出了政党的制度化，强调了政党之间的差异性，增强了对政治家的关注。卡茨强调，政党作为政治制度中的一部分，关注其内部机制、战略、规定和准则十分重要。这种聚焦政党制度化的观点对于维持政治制度化的稳定性非常重要，因为政党作为政治制度的重要组成部分，需要有制度化的机制来保持其稳定和可预测性。

卡茨的政党学说认为，政党之间的差异性非常重要，不同政党会在不同的政治环境和历史背景下发展出不同的战略和策略。这种强调政党差异性的观点使我们更加了解政党之间的差异，从而更好地理解政治制度的复杂性。此外，政治家在政党活动中扮演着重要角色，政治家的行动和选择会在一定程度上影响政党的运作。这种强调政治家的观点使我们更加了解政治家及其对政党的影响，从而更好地理解政治制度和政治过程的复杂性。

2. 理查德·卡茨政党理论的局限性

首先，卡茨忽略了政党在社会中的作用，其政党学说过于侧重政党内部的组织和运作机制，反而忽略了政党在社会中的作用和影响。例如，政党在推动选民参与政治、塑造公众意见、表达利益诉求等方面的作用。

其次，他过于强调精英政治。卡茨的政党学说认为政治精英对政党的发展和运作起着决定性作用，反而忽视了参与政治的普通选民的影响。这种精英政治的倾向忽略了选民的普遍利益和民主政治中的平等原则。

再次，他忽略了政治和意识形态的影响。卡茨的政党学说倾向于将政党视为单纯的制度机构，反而忽略了它们在政治和意识形态上的影响力。政治和意识形态对政党的组织、竞选和政策制定过程产生了深远的影响，这些因素应该被考虑。

最后，他忽略了政党同国家和民间社会的互动。卡茨的政党学说过于关注政党内部的组织和运作，政党不仅仅是单独存在的政治实体，他们必须在地方、区域、国家和国际层面上与其他政治实体相互作用，而卡茨的学说恰恰缺乏对此部分的研究和分析。

3. 威廉·克罗蒂政党理论的积极作用

威廉·克罗蒂的政党学说强调了政党在民主政治中的角色和地位，这为研究政治行为和政治体系的演化提供了重要的视角和理论工具。其政党学说存在以下几个方面的积极意义：

首先，克罗蒂的政党学说强调了政党的功能和作用。克罗蒂认为政党作为民主政治中不可或缺的组成部分，具有组织政治行为、传递政治信息、促进政治对话、向政治参与者提供选择机会等重要功能，这对于深入理解民主政治体制的运作至关重要。

其次，克罗蒂的政党学说十分注重历史演化和政治文化背景的作用。一方面，克罗蒂强调政党制度是动态的、可塑的，政党制度的性质和演化与整个政治体系紧密相关，受到多种因素的影响，如社会变迁、政治文化、制度设计等。因此，需要通过对政党制度变化的研究和分析，更好地理解政治体系的变化和发展；另一方面，政治行为和政治体系受到政治文化、政治传统、价值观等因素的影响。政治体系的演化需要考虑这些因素的作用，需要强调对政治文化和传统的研究，以便更好地理解政治行为和制度的演化。克罗蒂认为政党制度不是一成不变的，而是因历史和文化差异而有所变化和演进的。这有助于我们更全面地认识政党制度，进而发现其中的规律和发展趋势。此外，克罗蒂的政党学说具有较强的实证基础。克罗蒂在政党研究方面做出了许多具有实证基础的研究，如关于美国加州州长选举的研究、美国参议院选择程序的研究等，这些研究通过对政治现象的实证研究，为政治学研究提供了重要的贡献和启示。

最后，克罗蒂的政党学说突出政党的制衡作用。克罗蒂认为政党不仅仅是一种选举工具，更是一种制衡机制。政党之间的竞争可以促进政治平衡和稳定，防止任何一党滥用权力，这体现了政党制度的重要价值。

4. 威廉·克罗蒂政党理论的局限性

第一，克罗蒂强调政党的作用和功能，但忽视了个体在政治过程中的作用。政治决策不只是由政党来决定的，个体参与和影响政治过程也非常重要，克罗蒂过度强调政党的统一性，把政党看成相对统一的整体，反而忽视了政党内部存在的派别和利益冲突。政党内部的派别之争和不同利益集团的争斗也是政治过程中的重要部分，但建立在美国政治体系基础上的两党体制难以直接适用于其他国家的政治体系。

第二，克罗蒂的政党学说忽视政治经济因素的影响，过于强调制度和组织因素。政治经济因素如商业集团、财团、金融资本等在政治过程中的作用和影响也不容忽视。

　　第三，克罗蒂的政党学说对党派竞争的理解有局限性，它过于关注选举和政治竞争，反而忽视了其他类型政治参与和利益表达方式。

　　第四，克罗蒂的理论基础较为静态，更关注政党的外部表现和功能作用，很少深入探讨政党内部的组织、运作模式和决策过程，以及党员和支持者的行为特点等，未能充分考虑社会和政治制度变迁对党派政治和政治体系的影响。

二十、迈特·格罗斯曼和
戴维·霍普金斯的政党学说

（一）迈特·格罗斯曼和戴维·霍普金斯的个人基本情况

迈特·格罗斯曼（Matt Grossmann）和戴维·霍普金斯（David A. Hopkins）在加州大学伯克利分校读博士时开始合作，两人同为已故的尼尔森·W. 波尔斯比（Nelson W. Polsby）教授的学生。

1. 迈特·格罗斯曼简介

迈特·格罗斯曼是美国密歇根州立大学政治学系副教授，公共政策与社会研究中心主任。2018—2019 年，他担任麻省理工学院政治学客座副教授和哈佛大学定量社会科学研究所访问学者。

格罗斯曼撰写了许多文章，主题包括政策变化、政党网络、立法程序和公众舆论等。他的研究发表在《政治杂志》《政策研究期刊》《政治观点》《美国政治研究》和其他十五家媒体上。他的关于"美国政策辩论中的非对称党派"的研究得到了威廉和弗洛拉·休利特基金会的支持；他的研究项目"富人如何统治？不平等政策影响中的民意、政党和利益集团"得到了拉塞尔·萨奇基金会的支持。

2. 戴维·霍普金斯简介

戴维·霍普金本科就读于哈佛大学，研究生就读于加州大学伯克利分校，于 2010 年加入波士顿学院政治学系，是美国波士顿学院政治学助理教授。他的研究和教学方向主要包括美国政党和选举、美国国会、投票行为、公众舆论、媒体和文化以及研究方法。他的著作《红与蓝：地理和选举规则如何使美国政治两极分化》解释了赢家通吃的选举如何在美国产生、地区分裂的选民和意识形态极化的政党制度。

保罗·皮尔逊（Paul Pierson）将《红色与蓝色的战斗》描述为"开创性的"和"杰出的"；另一位学者艾伦·阿布拉莫维茨（Alan Abramowitz）评价道："任何有兴趣了解 21 世纪美国政治的人都会发现，大卫·霍普金斯对我们两极化政治的地理基础的分析非常有帮助"。

（二）迈特·格罗斯曼和戴维·霍普金斯的主要政党思想

两位学者从选民、两党及其所维持的组织网络、政党在政治竞选中的作用等方面入手，追溯美国政治体系中党派非对称现象的历史根源，分析其表现和影响，并重新审视民主党人和共和党人独特的内部运作和战略选择。

美国公众在广泛的意识形态问题上持保守主义立场，而在大多数具体政策问题上持自由主义立场——这种矛盾状态使共和党与民主党都可以声称自己代表多数选民。[1] 两党各行其道，政治极端化由此不断加强。

1. 当代政治中的政党非对称极端化

两位学者认为，美国政党非对称是美国政府与政治许多与众不同之处的根源。前几代学者尽管经常提到长期存在的党派非对称，但大多数当代美国

---

[1] 屠舒：《书介》，载《国际研究参考》，2021 年第 12 期。

政党研究都没有重视。对美国公众而言，他们在意识形态问题上一般会持保守主义立场，但在具体政策问题上大多数持自由主义立场。共和党和民主党正是因为美国公众的矛盾状态，得以声称自己代表多数选民的立场。而这两大政党的运作方式并非完全相似，而是存在着根本的、长期的非对称性，两党各行其道、各得其所，在政治观点、策略和行为方面极度不平衡，导致一些政治要求的实现变得困难。

同时，美国政治因此出现的极端化倾向并不断加强。"极右"力量和"极左"力量虽然都在扩大，但产生的影响力并不对称，共和党"右翼"的地位和影响力远在民主党"左翼"之上。极端化不仅导致两党在重大问题上的妥协越来越难，也在不同程度上导致两党内部的妥协越来越难，这也许就是当前美国社会"分裂"的主要原因所在。①

近年来，美国政党的非对称性出现了新的表现，其中三个成为当代美国政治的核心特征：首先是现代保守主义媒体世界的形成，在共和党乃至整个政治世界中拥有不断增长的、相当大的权力。其次，两党执政风格变得更加鲜明。自20世纪80年代以来，共和党官员越来越倾向于采用高度对抗性方式而非寻求妥协的内部战略，最大限度地扩大党派冲突，强化意识形态分化的象征性行为，以立场和党派为基础来阻挠反对派提出的倡议。最后，茶党的官员和积极分子屡屡反抗本党领导人，他们的崛起侵蚀了共和党人纪律严重权威的传统声誉。此外，内部辩论和冲突往往会将拒绝妥协、重视持续象征性对抗的保守派纯粹主义者与更务实的同僚区分开来，后者更愿意有选择地战斗，并展示自己在治国理政方面的成绩。

因此，即便在政治精英日益两极分化、广大选民按照党派路线投票的时代，两大政党之间的根本差异也仍然存在，这对当前和未来的政党政治有着重大影响。正如杰弗里·卡巴斯韦茨在对二战后的共和党历史演变的描述中所指出的那样，政党的两极分化和非对称共同作用，经常造成宪政架构的瘫痪，因而需要经常合作才能使其有效运作。

---

① 屠舒：《书介》，载《国际研究参考》，2021年第12期。

2. 经济不平等和政治不平等

迈特·格罗斯曼和戴维·霍普金斯指出，当前美国政治极端化加剧的原因之一是经济和政治的不平等，即财富和权力的集中导致贫富差距的扩大和政治参与度的减少。自20世纪80年代末以来，财富分配的不平等现象一直在加剧，财产拥有者拥有越来越多的财富和权力。这些财富和权力的特定的政治因素会加剧富人和穷人之间的差距，缩小穷人的机会，因此，经济上的不平等使得政治上的不平等加深。在政治上，美国政治制度的保护重点已经偏向少数富人和政治家的利益。因为富人和政治家掌握着巨大的金融资源和社会资源，与弱势群体形成强烈的政治对抗。巨大的政治权力集中在少数富人和政治家手中，不仅导致政治不平等的加深，也助长了双方的不妥协情绪。

两个政党的独特本质使其具有独特的优势和劣势。但是，两党的中心目标和行为存在着长期的不协调，对两党实现实质性的目标构成了挑战，同时也对政治体系的健康产生了明显有害影响。在当今党派分歧严重、两极分化的时代，民主党和共和党不仅仅在政治价值、组织结构和政策方面存在分歧，两党领导人和支持者之间也缺乏相互理解，进一步疏远了双方的关系。而美国公众长期以来对本国政府应当扮演的角色和应当承担的责任的集体矛盾心理则进一步强化了"理解赤字"现象。

在过去的几十年里，美国政府中党派力量的复兴和精英阶层极化的稳步发展给美国政治体系带来了一系列挑战。如今，两个政党共处于两百多年前由建国者们设计的宪法框架内，彼时的建国者们对政党充满敌意，试图将权力分散给多个独立的行动者，使其任期交错，代表不同选民的利益诉求。当代政治的批评者们偶尔会对美国的早期历史表达过度的怀旧之情。即使在20世纪中期的弱政党时代，频繁的冲突和僵局的抱怨也是司空见惯的，但现在这一时期往往被视为国家共识的黄金时代，这些持续的党派斗争所造成的治理问题，即使是对时事最漫不经心的观察者也能看得很清楚。

3. 两党政治基础发生变化

迈特·格罗斯曼认为，在美国，共和党的基本特征是意识形态主导，民主党的基本特征是利益群体驱动。① 随着时代的变迁，美国两大政党所依赖的群体和其政治主张的基础已发生变化，对激进政治的追求越来越严重。在意识形态方面，共和党将政治定义为左翼和右翼之间围绕政治原则的意识形态冲突。与此不同，民主党更愿意把政治看作是社会群体之间为争夺政治权力而展开的竞争。因此，两党在制定和判断政策方案与效果时持有不同的标准，共和党人重视与其意识形态的兼容性，而民主党人则强调保护或促进群体利益，民主党的组成成员从过去的民工、农夫、生产制造业者和公共部门工作者变成了少数民族、女性、大城市的居民、青年以及与全球联系紧密的知识经济精英。

民主党作为代表少数民族、女性和其他少数群体的政党，更关注社会平等、环境保护等问题，并推动社会变革。民主党的政治基础开始由新的社会结构组成，更具有文化多元性和政治正确的特点。反观成为富人、保守主义基督教和传统社会价值观的代表的共和党，更关注减税、国防、延缓社会变革等问题，主张减少政府干预。共和党的组成成员从过去的中产阶级、宗教基督教徒和南方白人变成富豪、基督教原教旨主义者和中西部及南方的选民。这种政治基础的变化加剧了两大政党的差异与分歧，导致了两党在政策、立场和政治理念上的区别越来越大。

如果说民主党在本质上是一个群体联盟，那么共和党可以被准确地定义为意识形态运动的载体。大多数共和党选民，以及该党几乎所有的积极分子、资金捐助者、候选人和公职人员都认为自己是保守派，声明支持小政府的抽象价值观和美国文化传统主义。相较于由利益集团和社会运动等要素共同构成的民主党，共和党则以组织广泛、跨议题的保守主义运动为特点。这使得共和党在选民中所获得的支持大多来源于多样化的选民和较少的因追求身份利益而有意识地聚集起来的社会群体。支持共和党的选民认为自己是主流的美国人，要捍卫个人自由的价值和传统道德，反对左翼思想侵蚀。

---

① 屠舒：《书介》，载《国际研究参考》，2021 年第 12 期。

4. 美国政治的趋势

两位学者分析了美国政治发展的趋势，也就是民主党和共和党不同的发展轨迹：随着时间推移，共和党在意识形态方面总体右倾，而民主党已经摆脱了其保守的联盟伙伴，并越来越专注于其不断壮大的选民群体所关注的新问题。尽管种族政治在促成这两种转变方面发挥了关键作用，但是共和党意识形态保守主义的固化和民主党选民政治的固化，远远超出了争取民权运动在推动党派变革方面的特殊重要性。

两位学者指出，20 世纪 60 年代和 70 年代初，美国存在的普遍由专家推动政策制定的状况并不是民主发展的产物，更多的是精英政治共识的结果。保守派利用公众的关注和不满，建立了一套媒体、积极分子和研究机构，将共和党转变为一股阻碍力量。这虽然减缓了政府的扩大速度，但未能扭转此前联邦权力和责任的具体扩张。民主党领导人基于对美国选民偏好的敏感，越来越多地以经验主义或集体利益为依据来证明个别政策改革的合理性。

同时，在更大的治理框架内，政党政治的作用具有相当大的连续性。研究发现，与其他国家相比，美国政治文化和公共政策有着独特的保守主义色彩，这也反映出保守倾向的共和党在融合美国传统价值观与反政府情绪方面的强大影响力。

研究还发现，美国两党领导人所面临的来自各自选区的不对等压力，反映的是两党在获取公众支持类型上的根本差异。民主党可以吸引支持其部分特定政策议程的选民、认同其联盟内某个社会群体的选民，或者赞同民主党声称代表的受压迫者与强权斗争的选民。相比之下，共和党则侧重吸收潜在的保守主义倾向的选民。这些不同的公众支持形式与两个政党的选民和积极分子所在的选区相对应。基于共和党的保守色彩，该党选民坚定支持和要求共和党的领导人能够坚守保守信念。民主党的支持者中则包含着形形色色的选民群体，他们赞成采取务实的行动和措施来取得具体的成果。两党选民基础的根本差异，在很大程度上解释了两个政党民选官员的不同行为及两个政党采取的不同选举策略、执政路径。

5. 美国政治的信息不匹配

迈特·格罗斯曼和戴维·霍普金斯认为，社会公众从媒体所接收的信息与事实并不相符，这不但会加剧共和党和民主党的对立情绪，同时也会为美国的政治稳定带来负面的影响。美国媒体一般倾向于支持某一政治立场，这意味着他们报道的事件和信息有可能受到主观偏见的影响，引发另一派政治立场者的质疑和不信任。多数派和少数派的诉求和信息不一致，而媒体为了迎合自己的受众而进行有选择性的信息报道，从而加深不匹配的现象。

社交媒体的崛起也让信息不匹配问题进一步发酵。社交媒体依靠算法将从网络中获取的信息呈现给用户，从而影响客户对信息的选取及其批判思维。社交媒体的交流环节非常开放，也因此遭受了许多恶意、虚假信息的攻击。而选民原有的政治立场也会因社交媒体提供的信息而越发坚定，或发生动摇。政治领袖发表的演说、选举辩论往往具有强烈的批判性、激进性和情感性，他们有时甚至会传播不实信息和种族煽动的言论。虽然一些政治领袖可能会调整自己的政策表述，但个别政治领袖的表述还是会出现引导倾向。

民主共和两党在政策辩论中都选择依靠学术研究和专业知识，利用新闻媒体向公众传达自己的主张，但在信息来源和沟通网络上存在着很大差异。民主党人更信任学者们，制定的公共政策往往更依赖学者的学术成果。而共和党人则担心自由主义学者的偏见，建立智库来选取与保守意识形态相一致的研究成果。共和党人建立的智库，从整体上看学术资历较低，但共和党人希望他们的专家能得到与民主党人偏爱的专家同等的待遇。同样，民主党主要依靠主流媒体来报道问题并就解决办法进行辩论；而共和党人认为主流媒体机构偏向于自由主义思想，选择依靠公开的保守媒体来传播自己的信息。由于长期以来不信任学术界和新闻界，共和党的保守派建立了独特的信息供应和传播生态系统。随着 20 世纪 90 年代兴起的、更受民众欢迎的脱口秀节目，以及 21 世纪初兴起的福克斯新闻频道的影响力越来越大，共和党日益受到保守派媒体的影响。

6. 党派和意识形态极化

二人的学说对公众舆论的分析为大众的政治行为理论提供了一些独立见解。研究首先从意识形态的概念化开始。他们指出，若在定义公民意识形态时，将具体问题立场与更广泛的政府观混为一谈，将会产生前后矛盾的结果，甚至无法明确回答美国总体上是中左还是中右国家。公民态度的复杂性并非简单地由于他们对意识形态标签的误解，而是因为象征性的保守主义将抽象的意识形态视角与大众中流行的自我定义融合在一起。简单来说，在哲学层面上，公众认可共和党，但在政策层面上，却赞同民主党。

研究指出，党派认同理论应该考虑这样一种可能性，即公民出于不同的原因与政党结盟，或者至少他们以独特的方式看待与自己支持的政党之间的关系。民主党有许多追随者，他们借助社会群体关系在政治上定义自己，将所在的政党描述为代表自己在与对立群体的持续冲突中不断获得自我认同的群体。共和党支持者则不认同这种观点，他们更普遍地认为，在同与自己价值观不同的民主党的斗争中，共和党代表了对政府和社会的愿景。意识形态分类和极化的趋势影响了两党，但并未使它们的性质更加相似。随着各自政党及其外围组织的更广泛的体制化发展，两党的选民开始同步演变。在这个过程中，不同政党的基础构成了独特的环境，在其中两个政党都发展了自己的当代结构和风格。

在竞选过程中，共和党对意识形态和民主党的社会群体联盟结构的关注得到了清晰的体现。民主党在总统候选人提名前后的竞选活动中，明显强调群体的、特定议题的诉求，而这些诉求与有组织的选民相联系。共和党提名竞争围绕意识形态的承诺展开，共和党候选人在大选中更偏好倡导小政府原则。两党都能将党内成员的关注点与广大选民相契合。民主党人可以向政党选民提供专门信息，通过在言论上表明它们代表的是普通民众而非特权阶级，并表明自己所受到普遍欢迎的特定立场来吸引公众。共和党人依靠广泛的保守价值观，既可以动员自己的基础选民，又可以利用选民普遍的中间偏右情绪来达成政治目标。

研究发现，共和党及其外围组织已经发展和普及了一种广泛定义的意识形态，用以将选民基础与政党积极分子联合起来。长期以来，政治人物、积极分子、利益群体和选民之间的党派和意识形态呈现的极化趋势，只会使其核心倾向得到加强。共和党人认为，政治是左右两派在政府规模和范围上的较量，保守派可以有效地利用美国人民对国家权力的怀疑进行动员，来获取民众的支持。他们的内部斗争及其在大选中的公开演讲都反映了他们对此所持有的战略性关注。民主党及其外围组织是由其内部的多样性形成的，它将有组织的积极分子和利益群体与各类选民联系起来。民主党人不仅将政治视为社会群体之间的斗争，还试图将分散的少数群体组成统一的联盟来实现自己的愿景，以此对抗共和党结成的强大利益联盟。

意识形态自由主义者一直代表着民主党阵营中的一个群体。党派和意识形态的分化可能会增强自由派在民主党中的作用，但其影响力受到两方面限制，一是客观上民主党的选举动机，二是主观上认为极端主义会危及本党的可选性。两位学者认为美国的选举只有两个政党激烈竞争，这是发达国家中最有限的竞争格局。无论是共和党还是民主党都必须寻求广泛的民众支持，但使用的方法却不同。民主党人和共和党人在动员自己忠实的支持者和吸引更广泛选民方面各有优势和劣势，使得二者的竞选活动在性质和风格上产生了明显的差异。

在美国政治中，巨大的党派分歧不仅仅是选区划分、竞选资金或候选人提名的结果，更深深根植于两党积极分子群体中，其背后的支撑力量是两党政客们对两种日益不同的选举、地域和利益群体选民的政策观点的默认。但是，当今激烈的政治斗争不仅仅反映了两党之间日益扩大的意识形态差距。两党之间的相互对立，无论是在全国范围内，还是在总统竞选活动中，抑或在国会中，都比单纯的政策分歧更为严重。

此外，民主党人和共和党人不仅互相攻击对方所支持的最佳公共政策的错误信念，还质疑对方的动机、智慧和判断力，暗示他们的对手没有提出善意的理由，指责对方仅仅是为了特殊利益或迎合大众的偏见。在很大程度上，这种敌视是由于双方缺乏对对方党派的广泛认识，误解了对方的性质及其群众支持的基础。因为共和党是作为意识形态运动的代理人而组织起来的，常常认为民主党应当同样致力于推进"左翼"或"社会主义"思想，或认为政府的扩张是一件好事，而不是一种达到更实际目的的手段。同样，保守主义运动对美国军事实力的强调、对宪法和国家缔造者的尊崇，以及对传统文化价值观的捍卫，常常使共和党人认为民主党人刻意削弱美国，或加速其道德衰落。

美国政治历史上党派不对称由来已久，也反映出美国公民的行动性偏好和象征性偏好之间的长期不匹配。两党试图做出理性的回应，调整自己的策略、话语和决策进程，以迎合美国公众持续地、前后矛盾的要求。但结果却进一步强化了这一模式，没有哪个政党能够声称有勇气面对全国性选民长期存在的不一致。相反，两党领导人只是试图将辩论的内容转移到有利于本党自身立场的具体层面。

（三）迈特·格罗斯曼和戴维·霍普金斯政党理论的评价

1. 迈特·格罗斯曼和戴维·霍普金斯政党理论的积极作用

迈特·格罗斯曼和戴维·霍普金斯政党学说在很大程度上解释了政党在民主政治中的地位和作用，突出了政党对于社会和政治稳定的重要性。他们认为，政党是国家政治生活的核心组织，政党的存在有助于缩小政治参与的门槛，推进政治现代化。政党的存在可以促进政治文化的巩固和发展，使政治生活更加稳定、和谐。

此外，政党也是社会利益组织的一种形式，可以为各方利益提供表达权利和争取机会，保障不同群体的平等和多元发展。

2. 迈特·格罗斯曼和戴维·霍普金斯政党理论的局限性

首先，两人政党学说中所描绘的党派非对称现象在当代美国政治中具有广泛性和规律性，能更好地帮助人们了解美国的多极化政治，有助于说明政治学的方法如何弥合美国政治生活中理论与实践之间的差距——将前者带回现实，并提升后者对自身更连贯的理解。他们虽然揭示了美国共和和民主两党在党派、所谓意识形态或政策取向方面的个性差异，但没有看到美国政党政治的本质，无论是政策的差异或者所谓意识形态的差异，其实仅仅是策略和表象不同而已。两人的学说并没有揭示出两党政治的阶级本质。

其次，虽然两人对美国政治的转型、政党制度变迁等方面进行了深入的研究，但缺少对整个政治生态的全局性分析，对美国政治的分析缺乏全局的视角，比如忽略了经济、文化、科技等因素对政治生态的影响，以及更广泛的社会变化对政治系统的作用尚未被充分关注。同时，这一政党主要讨论的是美国国内政治制度的演化和存在的各种问题，没有涉及美国在国际政治上的地位和作用，也没有探讨美国政治与其他国家政治的相似之处和不同之处。也就是说，学说仅仅局限于对美国政党政治表现的观察所得出的所谓"结论"。

最后，两人对现存问题提出的对策较少。两人采用将大众政治行为与制度和精英联系起来的整体研究方法，从历史和比较的角度评价当代事件，并融合了来自其他学科的实践者、公众评论家和专家学者的见解。由此，他们认为民主党和共和党在大众和精英阶层具有显著差异的历史根源和潜在的偶然性，并反复强调美国政治的"非对称""极端化"和"不妥协"等问题，观点过于悲观。这些问题虽然确实存在，但他们提出的解决方案相对较少，总体上显得过于悲观和消极。

二十一、小瓦尔迪默·奥兰多·基的政党学说

（一）小瓦尔迪默·奥兰多·基的个人基本情况

小瓦尔迪默·奥兰多·基（Valdimer Orlando Key, Jr.），美国著名政治学家。先后任教于加州大学洛杉矶分校、霍普金斯大学、耶鲁大学、哈佛大学，曾担任美国政治学会主席。主要著作有《政治、政党和压力集团》《南方政治：州和国家》（*Southern Politics in States and Nation*）、《公共舆论与美国民主》（*Public Opinion and American Democracy*）等。

（二）小瓦尔迪默·奥兰多·基的主要政党思想

《政治、政党与压力集团》是美国著名政治学者小瓦尔迪默·奥兰多·基研究美国政治、政党与压力集团的经典之作。在该书中，作者围绕权利与权力关系、政治权力的获取和维持等，论述了美国政党的类型和性质，政治规则的本质、压力集团的构成，以及三者之间的关系。第一部分中，作者就权力争夺者展开论述，分析了压力集团及其他利益关系。第二部分中，作者分析了政党体系，对政党的性质和功能、小政党的角色、提名过程等进行讨论。第三部分中，作者讨论了选民与选举方法，分别从选民、竞选手段、选举行为、民意调查等方面进行探讨。第四部分中，作者列举了多样化的政治手段，如暴力、经济约束、政治教育等。

1. 政党的本质

小瓦尔迪默·奥兰多·基认为，政党作为政治组织，服务于特定的社会阶层或利益群体。政党往往通过选举等政治手段夺取政权，进而实现国家利益和公共利益。

小瓦尔迪默·奥兰多·基将政党的本质概括为"代表、服务、竞争、监督"。代表，即政党是特定社会阶层或利益群体的代表。政党应当将选民的利益转化为政治主张，不断争取选民的支持，最终赢得选举；服务，即政党以解决选民的实际问题为重点，为选民提供服务。政党应当积极支持选民的利益诉求，借助政策和法律等手段为选民提供实际帮助；竞争，即政党在选举中与其他政党竞相争取选民的支持。在竞选活动中，政党应当尽力展示自己的政治主张和领导能力，赢得选民的信任和支持；监督，即政党拥有监督和制约政治权力的作用，用以保障公民权利和公共利益。政党应当与其他政治力量一同推动政治权力的民主化和法治化，保障公民的权利和自由。

2. 政党制度

小瓦尔迪默·奥兰多·基认为，政党制度是民主政治的基石，具备以下特点：第一，政党的政治目标是实现国家利益和公共利益，而非为了谋求个人或特定利益群体的利益。政党应当将选民的利益放在首位，积极服务选民，而不是局限于追求自身的政治权力。第二，政党应该秉持公正、公平的原则，为选民提供多样化的政治选择。政党需要在选举中保持中立，不偏袒任何特定候选人或政治派别。第三，政党应当在政治决策中遵守民主原则。在参与政治决策时，政党需要为政治权力的民主化提供保障。在推动政治权力的分权和制衡时，政党应当保障公民的权利和自由。第四，政党应当积极推动民主政治的发展，促进公民参与政治决策。政党应当为公民提供参与政治的平台和机会，增强公民的政治素质和参政意识。

3. 政党的作用

小瓦尔迪默·奥兰多·基认为，政党在民主政治中具有不可替代的作用。

政党的存在为政治权力提供合法性来源，也监督和制约着政治权力。其作用主要表现在以下几个方面：

第一，政党是选民利益的代表，能够为选民服务。政党通过宣传理念与政策，与其他竞争者争取选民支持和信任。脱颖而出的政党本质上选民民意的代表，其任务是为选民的利益奔走，对选民的民意负责。第二，政党作为政治组织参与政治决策，能够推动政治民主化。在参与政治决策的过程中，政党因其本质和任务，自觉保障公民的权利和自由，以此赢得公民的支持来维持政治权力的延续。第三，政党能够监督政治权力，进而保障公民权利。政党推动着司法独立和民主监督，能够避免政治权力的滥用和腐败，保障公民的监督权和批评权。第四，政党的存在促进着社会进步，有力地推动着实现国家利益和公共利益的进程。政党制定相应的政策来推动经济和社会的发展，保障公民的经济权和人权。

总而言之，小瓦尔迪默·奥兰多·基的政党学说较为全面地探讨了政党的本质、政党制度、政党的作用等，详细介绍了政党的产生，及其在政治生活中所扮演的角色。

（三）小瓦尔迪默·奥兰多·基政党理论的评价

小瓦尔迪默·奥兰多·基的政党学说和著述为学者进行相关研究做出了重要贡献。其中，《政治、政党与压力集团》深入剖析了政党的本质、政党的制度、政党政治和政党作用等方面，进而阐述了小瓦尔迪默·奥兰多·基对政党、政治的独特见解和认识。

小瓦尔迪默·奥兰多·基的政党学说对政党、政党制度、政党政治等进行分析，详细论述了政党产生过程，政党在政治体系中的本质属性，政党在政治生活中的重要作用等。他的政党学说不仅对政党制度的建设和创新具有重要意义，也为民族政治的深入发展提供了理论指导。但其剖析揭示政党的本职、政党的制度以及政党政治的相关理论观点，基本的观察点是西方资产阶级政党的发展历史，也是从维护西方资产阶级政党的角度开展的相关研究。

二十二、保罗·彭宁斯和简-埃里克·莱恩的政党学说

（一）保罗·彭宁斯和简-埃里克·莱恩的个人基本情况

保罗·彭宁斯（Paul Pennings），阿姆斯特丹自由大学政治学副教授，研究和教学兴趣集中于比较政治学、欧洲政党政治以及比较政治学方法和统计学等领域。他在政治学领域的学术产出颇丰，在例如《政治学报》《选举研究》《欧洲政治研究杂志》《欧盟政治》《政党政治》《政治研究》以及《社会学方法与研究》上都发表了多篇文章。同时，他也出版了多部政治学著作，其中比较著名的有《政治学中的研究》（*Doing Research in Political Science*）《比较方法和统计简介》（*An Introduction to comparative Methods and Statistics*）。他的文章《宪政政治是"国内"政治吗？一个欧盟宪法的案例分析》入围了 2008 年《政治学研究》的最佳发表文章奖，哈里森奖。

简-埃里克·莱恩（Jan-Erik Lane）曾在世界众多大学任教，教授政治学和经济学。他曾担任众多政治学和社会学期刊编辑委员会的成员，先后累积出版了 700 多部书籍和文章，在 1996 年和 2009 年，分别获得洪堡基金会颁发的洪堡奖，并于 2006 年和 2012 年获得希伯来大学戴维斯夫人奖学金，以及开罗大学和卡塔尔大学的荣誉奖章。他曾在默奥大学和奥斯陆大学等三所大学担任教授，并在多所大学担任客座教授。

（二）保罗·彭宁斯和简-埃里克·莱恩的主要政党思想

彭宁斯和莱恩的政党学说集中体现在《比较政党制度变迁》一书中。该书深入探讨了欧洲政党制度近年来所发生的变化。在西方政治学领域，政党制度的运作能够持续受到关注的原因之一，在于它在西方民主政治研究中所扮演的重要角色，以及它的演变所带来的巨大的学术研究价值。众多围绕政党制度的研究都体现出一个类似的逻辑，即在自由民主国家中，政党是社会冲突的主要承担者，而社会冲突必须通过形成共识的方式在政治舞台上得以解决。同时，这些政治冲突发生的领域又受到从民主政治中孕育并逐渐发展起来的各种正式机构和非正式实践的影响。因此，大多数政党制度都具有自身的复杂性，必须结合所处政治制度民主化的历史发展来理解。此外，在历史的维度上，欧洲各民主国家政党之间的互动模式，例如在党际行为（竞争的程度和类型）和跨党派策略（程度和形式）方面都表现出显著的相似性。换句话说，出现在所有欧洲自由民主国家中不同的政党制度似乎具有许多重要的共同特征，但在其运作和影响欧洲民主国家运作的方式上又表现出很大程度的差异。因此，这本书被视为阐释和理解现有政党制度，尤其是欧洲政党制度在文献方面的一个重要补充。它通过对一系列新出现的政党政治实践的分析，将一些开创性的政党制度类型纳入体系进行重新评估，着重探讨了政党制度的本质、特征、演变和发展趋势，以及政党制度所涉及的竞争理论、民主理论和政党类型学等方面的问题。

1. 政党制度的本质和特征

该书认为，政党制度是一种政治组织形式，其本质是通过选举和运作政治权力来实现政治目标。政党制度的特征包括：

第一，具有选举和政治权力运作的机制。政党制度的核心在于选举，选举是政党制度运作的核心机制。政党制度中，政党需要通过各种方式争取选民的支持，从而获得政治权力。第二，具有明确的政纲和目标。政党制度中的政党具有明确的政纲和目标，这些政纲和目标通常与国家政治、经济和社会发展等方面密切相关。第三，具有代表性和影响力。政党制度中的政党通常是代表特定社会群体或利益团体的政治组织，其影响力和代表性往往在一定程度上决定了国家政治和社会发展的方向。第四，具有组织结构和运作机制。政党制度中的政党通常具有独立的组织结构和运作机制，这些机构的运作机制和组织结构也是政党制度的特征之一。

在此基础上，彭宁斯和莱恩提出，政党制度变迁可以定义为政党间关系的持久变化，这种变化既是政党间竞争与合作的结果，又反过来影响着政党间的竞争与合作，由此在政党和政党制度之间形成了一种互惠互塑关系。政党制度变迁可能由政党相关因素（例如政党的数量和规模）以及制度相关因素（例如政党运作的制度环境）所影响。这些因素同样对政府内外各方竞争与合作方式的形成至关重要。因此，彭宁斯和莱恩总结了关于政党制度变迁的三种形式：

其一，稳定性或惯性变迁，即指政党运作的制度环境、政党的数量、规模或政策等都没有发生根本性的变化。在大多数情况下，政党制度变迁的稳定性是连续在制度层面上形塑政党合作竞争形成相关固定模式的结果。但稳定性或惯性变迁并不意味着这种稳定是一种既定事实或者不包含任何活跃的变化。相反，政党制度的惯性体现通常涉及一些活跃主导性因素的推动作用。其二，渐进性变化，即政党制度的一个或多个核心要素逐渐发生变化，从而影响例如政党得票、人事、党务和政策制定等与政党竞争合作有关的行为。渐进式变革可以是一种限制性的变革形式。这种变化对制度体系中的一些因素所带来的影响可能是永久性的，但另一些则维持不变。所以当应对一些外界环境变化时（例如新政党的出现或两极化的加剧），政党制度的变化仍是一种系统自我调节基础上的变化。其三，剧烈变化，即由于关键参与者或制度性因素的变化，使政党制度在短时间内发生了根本性的变化，比如再民主化、德国统一、东欧剧变等。

2. 政党制度的演变和发展趋势

第一，政党制度在全球范围内普及。随着全球化和国际合作的不断加强，政党制度也逐渐在全球范围内普及。第二，政党制度的类型逐渐多样化，包括以下几种类型：单一党制、联合党制、多数党制、多数党领袖制、混合制等，反映了不同国家和地区的政党制度和政治文化传统。第三，政党制度的竞争变得更加激烈。在全球化和政治多极化的背景下，不同政党制度之间的竞争变得更加激烈，主要体现在两个政党之间的竞争，同时也体现在政党制度与其他政治制度之间的竞争。第四，政党的民主化和透明化越来越受到重视。政党的民主化和透明化是政党制度健康发展的重要保障。随着全球民主意识的不断提高，各国政党纷纷加强民主化和透明化建设，以提高政党的公信力和执政能力。

3. 政党制度的竞争理论

政党制度的竞争主要体现在两个政党之间的竞争。政党的竞争取决于政党的制度设计、组织结构、运作机制、代表权和选举策略等方面。主要包括：

第一，制度设计与竞争。政党制度对竞争的作用与影响主要体现在制度设计的创新和发展上。不同的政党制度在设计上都有所差异，例如选举制度、代表制度、经费制度等，这些制度的设计和改革都直接关系到政党的竞争力。第二，组织结构与竞争。政党的组织结构对于政党的竞争力也至关重要。政党的组织结构中不同部门的组织和运作直接关系到政党的运作效率和代表能力。第三，运作机制与竞争。政党的运作机制包括竞选策略、经费管理、舆论引导等方面，这些运作机制的优化和改进也直接关系到政党的竞争力。第四，代表权与竞争。代表权是政党制度的核心问题之一，不同政党制度的代表权制度也有所不同。代表权的分配和分配方式直接关系到政党的代表性和影响力。

4. 政党制度的民主理论

政党的民主性是政党制度的核心价值和基本原则之一，其基本内容主要包括以下几个方面：第一，民主原则。政党制度必须遵循民主原则，保障公民的民主权利和自由，尊重公民的言论自由、思想自由和人权自由等。政党制度还应该遵循民主制度的基本原则，如选举民主、参与民主、监督民主等。但同时，彭宁斯尤其注重意识形态对政党制度形态的变化，尤其在自由民主制度体系中对党民关系所带来的一系列影响。他认为，以意识形态主导的政党，尽管在适应政治环境变化的灵活性方面稍显不足，但其选举策略的设置并不会过多地被选民意愿所牵制。促使其政策灵活性变化的动力来自选民对替代性方案的选票变化。从长远来看，这一行动会反过来对选民形成反塑，使他们在投票时更多地从政党的意识形态立场出发作出选择，从而使"选民偏好"在政治决策中的影响逐渐减小。这会成为进一步完善西方民主制度的关键性转变。第二，民主参与。政党制度应该鼓励公民积极参与政党活动，增强公民的政治意识和参与度。政党应该尊重和保障公民的政治参与权利，为公民参与政党活动提供方便和支持。第三，民主监督。政党制度应该建立有效的民主监督机制，防止政党内部腐败和滥用政治权力，保障政党的公正性和透明度。

5. 政党制度的国际化理论

政党制度的国际化是政党制度发展的一种趋势。政党制度的国际化主要体现在政党的跨国化和全球化上。政党的跨国化和全球化带来了政党制度的竞争和合作，也带来了政党制度和其他国家政治制度之间的交流和互动，主要包括以下几个方面：

第一，政党的跨国化。政党的跨国化是指政党在全球范围内的流动和合作。政党可以通过跨国交流、合作和选举等方式，扩大政党的影响范围和影响力。第二，政党的全球化。政党的全球化是指政党在全球范围内的发展和壮大。政党可以通过全球化的方式，加强与其他国家政党的交流和合作，提高政党的国际竞争力和影响力。第三，政党制度的竞争和合作。政党制度的国际化也带来了政党制度之间的竞争和合作。不同于一些重点关注政党制度形式变化的学者，彭宁斯和莱恩尤其注重政党行为学层面的那些可以影响政党机构运作的关键因素，例如选举的波动和政党立场的变化，并从政党竞争与互动的方式去阐释政党制度的变迁，从而得出更加细化的关于新政党类型学的理解。

总之，二人的政党学说对于深入探讨政党制度的本质和特点、比较不同政党制度的差异和特点、探索政党制度的发展和改革，以及比较政党制度与国际政治的关系等方面，都具有重要的参考价值。

（三）保罗·彭宁斯和简-埃里克·莱恩政党理论的评价

首先，两人对政党制度的本质和特征进行了深入探讨。他们认为，政党制度是一种政治组织形式，其本质是通过选举和运作政治权力来实现政治目标。政党制度的特征包括具有选举和政治权力运作的机制、具有明确的政纲和目标、具有代表性和影响力、具有组织结构和运作机制等。这一认识对于深入理解政党制度的本质和特点具有重要的指导意义。

其次，两人对政党制度的演变和发展趋势进行了分析。他们认为，政党制度在全球范围内普及，国家的政治制度也相应发生变化。政党制度的类型逐渐多样化，不同国家政党制度的差异逐渐加大。这一认识对于了解全球政党制度的发展动态和趋势具有重要的参考价值。

再次，两人对政党制度的竞争理论进行了探讨。他们认为，政党制度的竞争主要体现在两个政党之间的竞争，政党制度的竞争理论主要包括政党制度内部的竞争、政党制度之间的竞争、政党制度与国家政府之间的竞争等。这一认识对于深入理解政党制度的竞争特点和规律具有重要的指导意义。

此外，两人还探讨了政党制度的民主理论和国际化理论等方面的问题。他们认为，政党制度的民主理论和国际化理论主要包括民主原则、民主参与、民主控制等。这些理论和概念对于深入理解政党制度的本质和特点、比较不同政党制度的优劣、探索政党制度的发展和改革等方面，都具有重要的指导意义。

总之，保罗·彭宁斯和简-埃里克·莱恩通过深入探讨政党制度的本质、特征、演变和发展趋势，以及政党制度的竞争理论、民主理论和国际化理论等方面的问题，为我们提供了全面深入的政党学说知识。同时，两人对于全球政党制度的发展动态和趋势也进行了深入的分析和研究，为我们提供了宝贵的参考和借鉴价值。除此之外，他们还注重理论与实践的结合。不仅探讨了政党制度的理论问题，还通过对全球范围内的政党制度案例进行研究，总结出了不同的政党制度类型和特点，从而更好地指导政党制度的实践。

最后，两人对于政党制度的改革和创新也进行了深入的探讨。他们认为，政党制度的改革和创新是为了更好地适应现代社会的需要，提高政党制度的竞争力和影响力。这一认识对于推动政党制度的改革和创新具有重要的指导意义。

尽管如此，彭宁斯和埃里克关于政党的探讨在很大程度上还是基于以西方自由竞争和选举政党活动基础上的一种"政党行为学"理解。政党制度构建了西方政党之间以合作和竞争为主要框架的政党关系体系。直到 20 世纪 80 年代末，政党制度在西方的主流观念中还体现为较为典型的分裂和博弈结构，这一情形也是西方民主化进程所体现出的一个巨大障碍。所以在相当长的一段时间内，政党制度的变革都是以对西式民主选举制度的变革分析为基准的。但是随着政党政治在全球范围内多元化发展程度的加深，一些东欧以及亚洲国家政党制度的特征性、优势性也日趋明显，并对西方自由民主政治制度框架下的政党制度产生着越来越深刻的影响。在这一基础上，对世界范围内不同政治制度环境中政党制度变化的分析，特别是对于这类变化所产生的原因以及为其他政党制度形式所带来的结果分析是十分必要的。毕竟，政党制度变革比选举变革具有更大的包容性，涵盖更加广泛、多样化的政党政治实践，也激发着未来在政党制度上的一系列创新研究。

二十三、L.桑迪·梅塞尔的政党学说

（一）L.桑迪·梅塞尔的个人基本情况

L.桑迪·梅塞尔（L. Sandy Maisel），美国科尔比学院小威廉·R.凯南政府学教授、戈尔德法布公共事务与公民参与研究中心主任，曾为美国国会议员候选人。他著有或编有关于政党和选举的作品十余部，常就当代政治发表评论。

（二）L.桑迪·梅塞尔的主要政党思想

L.桑迪·梅塞尔的政党学说在《美国政党与选举》一书中有所体现，该书关注了政党在美国政治中的角色和作用，以及政党制度对美国政治的影响。

1. 政党在美国政治中的角色和作用

在美国政治中，政党扮演着重要的角色，它们既参与选举，也参与政治决策和政策制定。

L.桑迪·梅塞尔认为政党的作用包括以下三个方面：第一，政党激发了选民参与政治的热情。一般情况下，政党参选人由选民投票选出，代表选民的民意。因此，政党的产生和发展促进了选民的政治参与度，能够激发选民的投票热情，扩大选民的政治视野。与此同时，政党通过组织和动员选民，实现其政治目标，促进民主制度的持续发展。第二，政党能够塑造政治文化。

竞选期间，政党通过宣传和教育，传递政党的理念和价值观。这不仅塑造了选民的政治文化和价值观，影响了选民的政治判断和决策，还增强选民的政治意识和政治素质。第三，政党能够实现其政治目标。政党通过多样化的政治手段赢得选举后，往往会制定政策和订立法案。这不仅可以实现政党自身的政治目标，还能够扩大其政治影响力，便于争取政治权力。

2. 政党制度对美国政治的影响

L. 桑迪·梅塞尔提出，政党制度对美国政治产生的影响主要表现在以下三个方面：第一，政党制度对两党制有强化作用。美国两党制的形成和发展，与政党制度的作用密不可分。政党制度不仅能够促进两党之间的竞争和合作，形成相对稳定的政党格局，还能够促进两党的制度规范化和民主化，保障了选民的政治权利和民主制度的发展。第二，政党制度影响着政治决策和政策制定。在美国政治中，政党一方面通过选举和政治宣传，传递政党的理念和价值观，另一方面通过政策和立法，实现自身的政治目标和价值观。这不仅影响选民的政治判断和决策，还影响着社会和政治发展。第三，政党制度能够促进政治社会化。政党制度不仅关系着选民的政治权利和民主制度的发展，也关系到政党的政治竞争和选举的胜利。

L. 桑迪·梅塞尔的政党学说不仅关注政党对美国政治产生的影响，还探讨了政党的类型、组织结构和选举策略。

梅塞尔认为，政党作为政治组织，其目的是通过选举或其他政治手段实现政治目标，进而影响社会和政治制度。在他的政党学说中，政党分为三种类型：民主型政党、寡头型政党和反对派型政党。民主型政党通常拥有广泛的选民基础，重视民主制度，致力于通过选举实现政治目标。寡头型政党通常只拥有少数选民支持，政治权力高度集中，但只关注自身政治利益。反对派型政党通常不具备实际的政治权力，但致力于反对现有政治体制，也对社会和政治制度产生了重要影响。

此外，梅塞尔的政党学说还关注政党的选举策略和组织形式。他认为，政党应当注重选民教育、争取中间选民的支持，并选择松散、灵活的组织形式。这两点要素相结合，政党可以获得更多赢得选举的机会。

（三）L.桑迪·梅塞尔政党理论的评价

L.桑迪·梅塞尔的政党学说系统阐述了美国政党制度及其演变、影响和作用，探讨政党在选举中的角色和作用，以及政党制度对美国政治的影响。

首先，梅塞尔详细阐述了美国政党制度的产生历史和发展轨迹，重点探讨了美国两党制的形成和演变过程。梅塞尔指出，美国两党制的产生是由特定的历史环境决定的。它是一个历史过程，两大党在选举中的策略和组织形式也在不断变化和发展。

其次，梅塞尔探讨了政党的本质、特征、功能、组织形式等方面。他将政党视为通过选举或其他手段实现政治目标的组织，这些组织对社会和政治制度产生深远影响。区别于之前学者的政党学说理论，梅塞尔将政党划分为三种类型，并作出相应的分析。这为其他学者进行相关研究提供了更为开阔的思路。

再次，梅塞尔探讨了政党在选举中的角色和作用。他认为，政党不仅在选举中扮演着重要的角色，对政治生活也影响深远。政党通过组织和动员选民，实现政治目标的同时，促进了民主制度的持续发展。此外，在两党制下，政党往往可以通过选举和其他政治手段，影响政治决策和政策制定，推动社会和政治的民主化。

最后，梅塞尔梳理了政党学说的发展。他认为政党学说的发展是不断演变的过程，其发展事关政治制度的发展和稳定，也关系到民主制度的发展和保障。

总的来说，L.桑迪·梅塞尔的政党学说对美国政党制度的历史、现状和未来进行了深入的探讨和分析，不仅对于了解和认识美国政党制度及其影响具有重要的理论价值，也具有重要的实践意义。

二十四、杰克·A. 戈德斯通的政党学说

（一）杰克·A. 戈德斯通的个人基本情况

杰克·A. 戈德斯通（Jack A. Goldstone），1953 年 9 月 30 日出生，是美国社会学家、政治学家和历史学家，专门研究社会运动、革命、政治人口统计学和世界历史中的"西方崛起"。他是第一个详细描述和记录全球人口周期与政治叛乱和革命周期之间长期循环关系的学者，他的研究工作为气候动力学、经济史和政治人口学领域做出了基础性贡献。此外，他还是世界历史"加州学派"的核心成员、新兴政治人口学领域的奠基人之一，较长时间对地方、区域和全球人口趋势对国际安全和国家政治的影响等相关方面进行研究。

戈德斯通是研究公共政策的学者，是弗吉尼亚州阿灵顿乔治梅森大学政策与政府学院的著名学者。2013—2015 年，他在莫斯科俄罗斯总统国民经济和公共行政学院政治人口学和宏观社会动力学研究实验室担任创始主任。2016 年，他任香港科技大学公共政策教授及科大公共政策研究所所长。

（二）杰克·A. 戈德斯通的主要政党思想

1. 社会运动是对政党制度发展的回应

戈德斯通认为，社会运动在现有社会中起到规范政治的重要作用。社会

运动通常会渗透、影响国家机构和政党组织，同时这种影响会超出社会运动本身，或与社会运动紧密相连，或对社会运动作出回应。

社会运动中存在制度化政治与非制度化政治。其中，社会制度化是指将社会运动吸纳进国家制度框架中，以及在此过程中社会运动在组织结构、行动方式等方面发生的变化。[①] 而社会运动不但能够推动政治变迁，其自身也为国家制度结构和国家政策策略所制约、重塑。

当前，民主制度正在全球范围内扩展，这不只是因为政治精英已经适应并支持民主制度，更是对大众社会运动追求民主化目标的回应。社会运动的发展作为对日益扩大的公民权利和西方民主国家政党制度发展的回应，已经成为规范政治的一部分。

2. 政党的成员、命运和结构与社会运动密切相关

戈德斯通提出，自 19 世纪法国共和运动以来，政治生活中出现了个人或组织既是社会运动的积极参与者，又是政治候选者的情况。事实上，在美国和西欧的政治活动中，政党和社会运动是相互交叠、互相依赖的。制度化政党对社会运动问题的判断常常影响着社会运动的方向和命运，社会运动也能够决定政党在选举中能否获得成功。政党为了赢得选举，需要社会运动的支持，如美国共和党和宗教团体之间的关系就是如此。[②] 这种现象不仅在美国，在东欧、俄国、南非都有出现。

在戈德斯通之前的学者大多将制度化的政治活动与社会运动区分开来，并未将二者相联系。社会运动理论于 20 世纪 50 年代到 60 年代产生之际，学者专注于研究民主社会中的个体被法律剥夺选举权后所参与的社会活动。当时的学者并未预见社会运动与政治活动之间的互补性。此外，新左翼和黑人权力团体通常认同具有革命性的敌视活动，而反对现存政治的社会活动。但社会科学家将这种社会运动参与者的战略或战术部署看作社会运动的固有特

---

① 丁晔：《从国家与社会运动的互动看社会运动的"制度化"》，载《国外理论动态》，2013 年第 9 期。

② 方旭飞：《试论拉美印第安人运动与左派政党》，载《拉丁美洲研究》，2010 年第 32 期。

性，并未将其与政治活动相联系。

3. 政党与社会运动的关系

戈德斯通认为，社会运动领袖和政治竞争现实之间的冲突会促使社会运动领袖组建自己的政党，进而导致社会运动发生变化。虽然社会运动和政党之间相互作用，但需要借助选民这一媒介。因此，如果要探究政党与社会运动之间的关系，就要考虑社会运动、选民和政党三者之间的关系。社会运动的任务是提出具有潜在价值的社会问题，来帮助议员赢得选民的支持，包括不参与社会运动的选民的支持。同时，社会运动是指引政党决策和指导政党行为的实际影响因素，能够在选民和政党政治家之间起到广泛的调谐作用。

总体而言，社会运动、选民和政党之间的关系复杂多变。政党可能成为社会运动的盟友，也可能对其构成威胁；社会运动可能促进政党的形成和发展，也可能导致政党的崩溃。

4. 社会运动、政党与国家之间的相互作用模式

社会运动和国家、政党之间的关系是异常复杂、变化多端的，国家对于社会运动的应变会根据不同情况做出调整。戈德斯通主要列出七种可能出现的情况：第一，镇压社会运动，进行机构变革。第二，镇压社会运动，不进行机构变革。第三，容忍或者鼓励社会运动。第四，影响社会运动，不进行机构变革。第五，影响社会运动，进行机构变革。第六，通过持久联合影响社会运动。第七，通过使社会运动脱离政党而影响社会运动。①

在探讨政党政治和社会运动相互作用的模式时，戈德斯通提出，政党政治和社会运动是深深扭结在一起的，绝非各不相干。这二者之间的关系不能简化为行动与反应、机遇与镇压等机械互动，而应当将这些互动看作是能动的应对。社会运动在整塑政党的同时会产生新的政党，而新政党在与已有政党进行合作时，也会提出它自己行动的新路径。就政党与社会运动的关系而

---

① 袁倩：《社会运动中的国家行为——"类型—回应"视角的综述与反思》，载《广东行政学院学报》，2013 年第 25 期。

言，政党绝非社会运动规模大小、运动水平或公众支持度的简单产物。在由国家领袖、社会运动和普通公众等个体或群体所形成的多边战略行动中，每一方都试图通过利用或阻碍他方来达到自己的目的。而政党正是社会运动在这一多边战略行动中所扮演的角色。

（三）杰克·A. 戈德斯通政党理论的评价

杰克·A. 戈德斯通的政党学说集中体现在《国家、政党与社会运动》一书中。但书中的观点并非他一人之见，该书由八篇文章组成，由多位研究社会运动的国外学者所著，由戈德斯通主编。该书将社会运动和国家、政党之间的关系作为中心问题，对不同国家、不同种类的社会运动进行了系统的比较研究，使我们对社会运动有了更为深入的了解，认识到社会运动并未脱离传统政治，只是传统政治的扩展。

二十五、拉里·戴蒙德和
理查德·冈瑟的政党学说

（一）拉里·戴蒙德和理查德·冈瑟的个人基本情况

1. 拉里·戴蒙德的个人基本情况

拉里·杰伊·戴蒙德（Larry Jay Diamond，1951年10月2日—），美国政治社会学家和当代民主研究领域的领军学者。拉里·戴蒙德既是胡佛研究所的威廉·L.克莱顿高级研究员，也是斯坦福大学弗里曼·斯波格利国际研究所的全球民主高级研究员。

2. 理查德·冈瑟的个人基本情况

理查德·冈瑟（Richard Gunther），出生于1977年，毕业于加州大学伯克利分校，美国俄亥俄州立大学政治学教授。他的研究范围包括南欧政治、向民主的过渡和民主的巩固、选举行为、比较政治制度和公共政策等。他曾担任南欧SSRC小组委员会的联合主席和俄亥俄州立大学国际研究执行主任，曾获得政治科学系杰出教学奖、俄亥俄州立大学杰出学者奖以及俄亥俄州立大学杰出大学服务教师奖。他著有《西班牙政治》《四大洲的民主、中介和投票》《新南欧的民主与国家》《现代西班牙的民主》《政党：旧概念和新挑战》《政党与民主》《新南欧的政党、政治和民主》《民主与媒体：比较视角》等书。与此同时，他还在《美国政治科学评论》《比较政治学》和许多其他期刊上发表过文章。

（二）拉里·戴蒙德和理查德·冈瑟的主要政党思想

1. 政党分裂与民主巩固

戴蒙德认为，政党分裂是对民主制度生存和发展的威胁。碎片化、不稳定的政党体制不仅缺乏社会渗透力，缺乏公众和部门的支持，与利益集团的联系也并不紧密。这种政党体制倾向于民粹主义和极化，因而无法形成有效的政府或执政联盟。

戴蒙德和冈瑟对亚洲的 10 个国家进行研究，他们发现在民主巩固过程中，政党是起主导作用的因素。戴蒙德和冈瑟认为，民主巩固是指民主制度在公民社会的基础上更加深入、广泛且更加稳定地发展。这就需要强有力的政党和有效的国家机构，而所有的政治行为者都应当认可民主制度是最适合现存社会的制度。因此，他们将民主巩固定义为：加强民主结构，加强民主制度机构，提升政权表现。其中，政党是民主巩固过程中最重要的因素之一，包括立法机构和司法系统等机构都应该得到加强。

2. 政党的类型学研究

（1）整合主义的政党类型学范式

政党类型学是西方政党理论的基础领域之一，在西方学术界得到广泛关注。理查德·冈瑟和拉里·戴蒙德尝试用整合的方法研究政党类型学。整合主义这一概念最初出现在心理治疗研究中，主要包括四种不同的整合方法：第一种是建立在某一理论或某一技术基础上的整合方法。第二种是在一个基本范式的框架内，融入其他范式的技术或方法。第三种是通过分析研究不同范式中的共同要素，进而整合不同的理论。第四种是整合两个或多个范式，并形成新的理论体系。整合主义路径是指在研究中采用多种路径进行整合。西方政党类型学的研究中，主要有两种整合主义路径。第一种路径试图将两大传统路径，即组织学和功能主义整合起来。第二种路径试图整合历史学和组织学，并建立起以二者为基础的二维分析框架。

理查德·冈瑟和拉里·戴蒙德使用的便是第二种整合路径。他们以历史主义路径为基础，将政党划分为五类即精英型、大众型、种族主义型、选举型和运动型。这五类政党体制不尽相同，精英型政党、大众型政党和选举型政党这三种政党类型被西方学者称为历史主义路径中的基本政党类型，而种族主义型政党和运动型政党是戴蒙德和冈瑟政党理论中的新型政党类型。此外，戴蒙德和冈瑟还依据历史主义和组织学这两个维度，将这五类政党体制细分为十五种政党子类型。值得一提的是，在划分子类型时，他们还使用了包括意识形态维度在内的其他维度，如将依赖群众产生的政党划分为社会主义、民族主义和宗教型三类。

（2）政党分类标准

戴蒙德和冈瑟认为，现存文献中已有很多关于政党分类的内容，但缺乏对现存政党模型的论述。究其原因：第一，时效性不足。既有的相关著作大多以西欧已经存在的政党为蓝本进行撰写，并未了解、借鉴其他地区或国家的政党类型及其特征。第二，评价标准较为单一且过时。现有的政党类型学大多建立在已有的评价标准之上，并未对分类标准和模型进行再讨论和再评价。第三，缺乏评估。以往的类型学研究的标准多为理论推理，缺乏实际评估来论证标准的合理性。

综上，现存的政党类型学不能满足当前研究政党类型的需要。戴蒙德和冈瑟在既有成果的基础之上，试图补足这一方面的研究。他们将所有的政党模型系统置于综合框架内，使它们满足以下三条标准：第一，政党的正式组织规模以及它们履行功能的程度，包括薄弱的精英型政党到扩张的大众型政党。第二，无论政党在其目标和行动方式上是包容且多元主义的还是原始霸权主义的。第三，其有区别的纲领或意识形态的承诺。①

换言之，第一个标准与政党正式组织的本质有关，一些政党组织较弱，

---

① 〔美〕拉里·戴蒙德、理查德·冈瑟：《政党与民主》，徐琳译，上海：上海人民出版社2012年版，第7页。

一些政党有广泛的大众基础。第二个标准与政党的策略和行为方式有关，特别是政党是否容忍多元化或霸权。例如，一些政党坚定践行民主的游戏规则，容忍并尊重对手，而其他一些则半忠诚于民主模式，或者明显反对体制。第三个分类标准与政党承诺的本质有关，有的政党会遵循政治哲学、宗教信仰等意识形态的指导。

他们认为，政党不是以连续的、线性发展的方式出现或演进，因此政党类型并不单一。而在政党长期发展的过程中，政党的组织形式、选举策略、纲领性目标和意识形态等因素更容易保持稳定，更能用以说明政党的特征。因此，政党的分类方式不能受限于政党的数量，而要广泛运用多种理论模式来解释现存政党。

（3）政党类型

戴蒙德和冈瑟认为，好的政党类型能够处理好不同政党的各个维度，包括原则目标、竞选策略、组织化结构和社会基础等。他们借鉴生物学的种属概念，分出十五个不同的政党的"种"，又将每一个"种"归纳到五个更大的政党"属"中，具体由：

精英型政党，是指原则性组织性极少，建立在特定地理范围上的政党。这一类型的政党包括地方显贵型和庇护型，历史上最早出现的政党便是精英型政党。精英型政党的特征有：第一，候选人提名基本建立在对党派领袖忠诚的基础之上。第二，选举动员建立在纵向社会网络的动员之上。第三，给等级网络底层的选民提供奖金和回报。第四，地方利益是首要的。第五，构成政府。

大众型政党，通常以工人阶级政党动员的形式出现，政党成员寻求各种方式渗透到社会生活中积极宣传党的意识形态，建立活跃的成员基础。这一类型的政党包括阶级大众型、民族主义型、教派大众型、列宁主义型、极端民族主义型和原教旨主义型，是典型的"外生型政党"。戴蒙德和冈瑟提出，理想的大众型政党特征包括：第一，候选人提名是在政党领导或职业官僚控制之下，对政党的忠诚度、意识形态以及代表政党利益的工作都是得以提名的依据。第二，政党的选举动员策略在于它对强大组织资源的优化利用，如护送选民参加投票等。第三，选举议题的内容变化较小，主要以维持政党的意识形态为核心。第四，政党的意识形态主张代表工人阶级、其他宗教信徒、其他民族主义者的利益。第五，政党所倡导的利益的高度集中意味着社会的巨大进步。第六，大众型政党对多数派表明其意识形态，并积极实现对多数派的纲领性承诺，但也常因此遭到中间党派和反意识形态党派反对。第七，即便政党并未在国家层面掌权，被剥夺权利的工人阶级、行业的宗教信徒等也可以发挥社会整合作用。其中，列宁主义政党的目标是推翻现行政治系统并实现社会革命。它采用半秘密内阁的封闭式结构，严格挑选党员，要求他们绝对服从且忠诚，其意识形态教育十分强烈，它的决策是高度集中和独裁的，且将自己看作是无产阶级的先锋。它最初的立足点是反对"资产阶级"的代表机构和议会，最终目标是夺取政权，必要时会使用武力。

种族主义政党，是典型的缺乏广泛基础而进行组织的大众型政党，包括种族型和议会党型。这一类型的政党与大众型政党的区别是政治和选举逻辑的不同。种族主义政党的目标与策略更为狭隘，选举前不会动员社会成员，满足于使用现有的国家结构来引导排他主义，以确定自己选举候选人的利益。种族主义政党的特征包括：第一，候选人的提名可能通过分层的种族主义政党来领导，或者通过更多局部的种族精英来决定。第二，政党的选举动员像是依靠于垂直社会网络的庇护模式。第三，种族主义政党与庇护型政党相似，强调具体化的问题。第四，这一类型的政党只代表某一特定族群的利益，最多只代表更宽泛种族身份的亚族群的利益。第五，如果族群是多数民族，种族主义政党会单方面追求形成政府，以便通过政治联合谋求政治利益。第六，种族主义政党单一的、排他主义的和经常极化的政治实践常会导致社会崩溃。

选举型政党，一般都是较小的组织，保持一个相对的组织架构，包括全方位型、纲领型和个人魅力型。在选举时，这一类型政党的行动决断力强，高度依赖专业人士运作。全方位型政党是一种多元和宽容的理想政党，旨在赢得最多选票，聚合社会中各种利益。纲领型政党是一种弱组织化政党，主要职能是执行选举活动，类似于以大众为基础的经典政党，特点是有一致的计划，致力于赢得对政府的控制。个人魅力型政党则不是传统的地方精英政党的分支，选举的吸引力并不来源于任何方案和意识形态，而是来自个人魅力。

运动型政党，一种跨越行动与政党界限的党派，包括左翼自由主义政党和后工业化极右党。德国绿党和奥地利自由党是这种类型政党的主要代表。这一政党是开放的，其组织架构具有流动性，其支持者分布于世界各地。左翼自由主义政党反对现代社会和国家制度，最大化地进行自我肯定，不拘于礼仪，崇尚自由主义。后工业化极右党受原子化和异化的影响，追求秩序、传统、身份和安全，但反对国家介入经济领域和社会福利政策。

3. 政党的功能

戴蒙德和冈瑟认为，需要识别政党的不同功能，来描绘政党类型、理解选举民主的含义。第一，提名候选人，代表不同政党的竞争者在接下来的选举中作为候选人进行竞争。第二，选举动员，激发本党党员和支持者支持候选人，为其选举提供便利。第三，议题构造。在短期内，选举结果可能由多种因素决定。但长期来看，政党在各种议题层面的选择和偏好上发挥着关键作用，结合选举动员策略能够以一种相对持久的方式来塑造选举。第四，政党能够象征性地或实质性地代表各种社会团体的利益。政党会在竞选过程中将这种社会代表功能表现出来，来争取各种团体的支持。例如，在立法活动中，政党代表会为自己所代表的行业或群体谋求利益。第五，利益整合是民主体系的关键组成部分，对长时间内公共政策的连续性和稳定性具有重要的指示作用。在多党制下，整合的过程通常在选举之后，即一个执政联盟组建之后。第六，候选人获得选举成功的关键因素包括政党的支持，以及该执政党执政时期的成功执政。第七，政党还可能扮演着关键的社会整合角色，有助于实现公民有序、有效的政治参与。

（三） 拉里·戴蒙德和理查德·冈瑟政党理论的评价

1. 拉里·戴蒙德和理查德·冈瑟政党理论的积极作用

戴蒙德和冈瑟政党学说的理论贡献主要体现在两个方面：第一，他们的政党学说的部分理论突破了欧洲中心主义的政党类型学研究的传统壁垒。戴蒙德和冈瑟关注了包括民族主义政党、种族主义政党、庇护型政党和原教旨主义政党，并将大量非西欧政党政治因素融入政党学说之中。第二，他们对政党类型进行了细分，几乎包括了政党实践中可能出现的所有的政党类型。例如，精英型政党是政党政治生活中最早呈现出的一种政党类型，但在后发国家中是晚近的现象。戴蒙德和冈瑟考虑到精英型政党的某些特征仍然存在于工业发展较快的西方发达国家，如用地方利益来换取选举支持等。因此，他们选择使用"庇护主义政党"一词描述现在的精英型政党，以此来与精英型政党的最初类型——地方权贵型政党相区别。

当然，戴蒙德和冈瑟的贡献不止于此。首先，两位学者对政党类型进行了严密的划分。他们将群众型政党分为三类，即社会主义群众型政党、民族主义群众型政党和宗教群众型政党。而后，他们在此基础上进行更为细致的划分，将社会主义群众型政党划分为以欧洲的社会民主党为代表的阶级——群众型政党和列宁主义政党（以苏联模式为特征的社会主义政党）。他们将民族群众型政党划分为以西班牙巴斯克民族主义党为代表的多元民族主义政党，和以激进的法西斯政党、新法西斯政党为代表的极端民族主义政党，前者虽然有自己的民族诉求，但并不排除其他的政党的存在。他们将宗教群众型政党划分为以欧洲的基督教民主党为代表的宗派型政党，和以阿尔及利亚的伊斯兰拯救前线为代表的原教旨主义政党或极端的宗教群众型政党。

此外，冈瑟和戴蒙用选举主义取代历史主义路径中的全方位政党这一概念。而后，他们再将选举主义政党进行细分。其中包括美国的民主党、英国工党、匈牙利民主论坛、西班牙的民众党和西班牙社会主义工人党在内的全方位政党；包括英国保守党、20 世纪 80 年代以来的美国共和党、墨西哥的民族行动党在内的纲领型政党；包括贝·布托领导的巴基斯坦人民党、埃斯特拉达领导的菲律宾爱国民众战斗党、普京领导的俄罗斯统一党在内的个人魅力型政党。其中，纲领型政党的组织性要强于全方位政党，而个人魅力型政党则是个人的选举机器。戴蒙德和冈瑟把库维尔历史主义路径中商业公司型政党的例子也归入个人魅力型政党之列，如意大利贝卢斯科尼领导的意大利力量党和泰国他信领导的泰爱泰党。①

2. 拉里·戴蒙德和理查德·冈瑟政党理论的局限性

戴蒙德和冈瑟所提出的历史——组织二维整合路径虽然有诸多贡献，但也存在着一些局限。

第一，戴蒙德和冈瑟的政党学说在界定政党类型的起始时间时存在局限。虽然二位学者的政党理论的建立是基于历史维度，但在实际分析的过程中，他们界定各政党类型的起始时间时仍存在欧洲中心主义倾向。戴蒙德和冈瑟解释道，许多政党类型在西欧已经处于完结状态，或转变为其他类型的政党，而其他地区可能才刚刚形成或初步发展起来。二位学者为了避免引发不必要的争论，选择将各政党的时间范围界定转化为起始时间的界定。可以看出，戴蒙德和冈瑟的这一做法是为了避免其学说陷入欧洲中心主义的论调。但从结果来看，这样做仍然无法完全抹去欧洲中心主义的痕迹。因为在历史主义的结构图示中，仍然很容易看出这是一部西欧政党发展的历史，而非世界政党的发展历史。而这一结果的出现很大程度上是因为欧洲政党的发展具有领先性和丰富性。即便事与愿违，戴蒙德和冈瑟试图避免陷入欧洲中心主义论调的努力仍值得尊重。

第二，戴蒙德和冈瑟所建立的政党理论模型较为繁杂。他们在划分政党的过程中采用了多种分类方式，将政党类型划分为五大类和十五小类，且每一小类之间又存在着精细的差别，甚至存在或交叉或紧密的联系。对于政党政治的研究者来讲，了解、弄清这一套繁杂的政党分类方式和理论体系就需要耗费大量精力，以这一套理论体系为工具来分析现实中的政党政治问题更是难上加难。

---

① 高奇琦：《西方政党类型学研究：历史主义与整合主义的新发展》，载《探索》2011 年第 6 期。

第二部分
当代美国政党制度简介与思考

一、美国政治制度的框架

美国的政治制度主要基于权力分立原则而形成的，表现为横向层面的立法、司法、行政三权分立制度和纵向层面的联邦制度。在三权分立制和联邦制之间和之中，还活跃着选举制度和政党制度，这些制度构成美国政治制度的基本框架。

（一）三权分立制度

三权分立制度是政权中的立法、行政、司法三权分别由三个不同的机关独立行使并相互制衡的制度。三权分立制度是根据近代西方分权学说而构建的，三权分立的思想最早应追溯到亚里士多德，近代以来，这一学说由英国哲学家约翰·洛克首倡，并由法国启蒙思想家查理·路易·孟德斯鸠完成阐述，它的理论基础是与社会契约论相结合的近代自然法学说。

美国是最早将三权分立宪法化的国家，也是实行三权分立制度的典型国家。美国1787年宪法规定，立法权属于由参、众两院组成的合众国国会，行政权属于美国总统，在美国三权分立的国家机构中，总统是政治的中心，是美国最重要的政治代表。以总统为中心的三权分立，是美国政治制度最根本的特征。司法权属于最高法院及国会随时制定与设立的下级法院。

在对权力进行分工的基础上，美国宪法的一个重要特点，就是运用了孟德斯鸠的"权力制约权力"理论，规定了三权之间的相互制衡，这种制衡强调相互性，而不是一种单向制约，是三个权力部门之间相互制约。根据三种权力相互制衡的原则，美国宪法还规定，国会有权要求总统调整政策以备审议，批准总统对外缔结的条约，建议和批准总统对其所属行政官员的任命，通过弹劾案撤换总统，有权建议和批准总统对联邦最高法院法官的任命，宣告惩治叛国罪，弹劾审判最高法院法官；总统对国会通过的法案拥有有限的否决权，副总统兼任参议院议长，总统还拥有特赦权、对最高法院法官的提名和任命权；最高法院法官在总统因弹劾案受审时担任审判庭主席。此外，根据惯例，最高法院有权解释法律，或宣布国会制定的法律违宪无效。

三权分立制度是美国政治制度的基石，在美国政治生活中扮演着至关重要的角色，发挥着重大作用。然而，这一制度在实践中和理论上也受到了巨大冲击。由于政党政治的发展和影响，三权之间分立与制衡关系已经表现为执政党特别是总统竞选团队内部的权力分配与协作关系，以及两党之间为争夺权力而进行的斗争与妥协的关系。此外，由于行政权力的不断扩张，行政权对立法权和司法权的牵制力量越来越大，相应地，立法、司法两权对行政权的牵制力量却不断地削弱，三权之间相互平衡关系早已开始被破坏，如何恢复三权平衡是美国政治精英需要认真面对的问题。

（二）联邦制

联邦制是一种重要的国家结构形式，所谓国家结构形式即是指国家的整体与其组成部分之间，即中央和地方之间的相互关系，国家结构形式要解决如何划分国家的领土、如何规范国家整体和组成部分关系，以及如何划分央地之间的权限等问题。国家结构形式一般分为单一制和复合制两种，其中，复合制国家结构形式又可分为联邦制和邦联制等形式，而美国就是采取联邦制的典型国家。

作为联邦制度国家，美国由联邦和州分享权力，各负其责。联邦由三个基本部门组成——立法、行政和司法，权力分别由国会、总统、最高法院执掌。国会制定全国统一的宪法和法律。各州也由立法、行政和司法三个部门组成。各州有自己的宪法和法律，但不能与联邦宪法和法律相冲突。联邦享有的权力包括外交、维持军队、处理州际关系及贸易、征税、举债、铸币等；

各州主要处理本州范围内的事。具体而言，其如下分工：

1. 联邦政府

美国总统总揽行政权，联邦行政机构是由 12 个部门及根据法律设立的 60 余个独立机关组成的，联邦行政事务由不同的行政部门负责，各行政部门首长均由总统提名，通常称之为总统的内阁。除了这 12 个主要行政部门之外，尚有很多独立机构，它们之所以被称为独立的机构是因为它们并不属于那一个行政部门，这些机构中有独特的成立宗旨，有的是管制机构，如公务委员会、会计总署、总务署、联邦储备局等；有的为政府或人民提供特别的服务，如州际商业委员会、退伍军人总署、证券交易委员会、全国劳工关系局、国家航空太空总署、国家科学基金会、武器管制及裁军总署、联邦邮政总局、美国国际交流总署等，不论如何，这些部门和联邦政府部门都能够处理涉及本部门的全国性的行政事务。

2. 联邦最高法院

美国的最高司法权力赋予了联邦最高法院，以及国会可以随时制定及设立的次等法院。联邦最高法院是美国宪法特别设立的唯一法院，设立于华盛顿，法官人数为 9 位，由 1 位首席大法官及 8 位副手组成，每个大法官都是由美国总统提名，经过参议院听证后批准委任。美国联邦最高法院的主要职责是对美国宪法作最终解释，对各种提交的案件，一般由 9 位大法官以简单多数票的表决方法来决定。需要特别指出的是，联邦最高法院曾经通过"马伯里诉麦迪逊案"的判决指出，联邦最高法院有权宣布某个法律违宪而不被采用。

此外，为了便利案件的处理及减轻最商法院的负担，美国还设立了上诉法院，全国共划分为 11 个上诉区，每区设有一个上诉法院，每一上诉法院有 3 至 15 名法官，上诉法院复审地方法院的判决。这些法院不属于州及地方，执行的是联邦层面的司法权。除了联邦法院的一般裁判权外，另有为了特殊目的而设立的法庭，例如申诉法庭对那些向美国提出的赔偿申诉作出判决；

关税法庭对涉及进口货物的税款或限额的民事诉讼享有独家的裁判权，另外还有关税及专利权的上诉法庭，以聆讯不服关税法庭及美国专利局判决的上诉申请。

3. 参众两院

根据美国宪法第一条，联邦将所有立法权力赋予参众两院组成的国会，参议院由每州 2 名议员组成，众议院议席则按每州人口数量而定，每 50 万人选举 1 名众议员，但保障每州至少有 1 名，目前有阿拉斯加、内华达、德拉华、北达科他、佛蒙特及怀俄明等只有 1 名众议员；相反，加利福尼亚州则有 43 名众议员，这主要因为人口分布不平衡造成的。早期的国会议员并非由人民直接选举，直到 1913 年通过的宪法第十七条修正案才规定参议院由人民直接投票选举产生。

美国宪法规定，美国参议员至少年满 30 岁，成为美国公民至少有 9 年，众议员须至少 25 岁，成为美国公民至少 7 年，二者均需属所代表之各州的居民，并由各州选民选举产生。州议会把州划分为数个国会选区，每区的选民每两年选出 1 名众议员，每逢双数年份举行全国性的选举选出参议员。由于参议员的任期为 6 年，故实际每 2 年仅改选参议院的 1/3 议席以避免国会的功能因改选而中断。美国副总统一般任参议院议长，但无参议员资格；且除非是为了在表决平手时打破僵局，不得投票。

参众两院是美国的最高立法机构，立法和代表权是最重要的两个法定职责。国会能够制定影响每一个美国人的法律。这些法律都是联邦层面上的，如联邦预算、医疗保险改革、枪支控制，以及战争和和平。这些法律提案大部分来自于执行机构即行政机构特别是总统，而很多其他的来自政党和利益集团。通过一系列妥协和利益交换，以及大量的辩论和讨论，提案的拥护者尝试在国会内建立一个占据多数的联盟来制定国家政策，所以，在政党政治时代，国会是民主、共和两党的竞技场。

4. 州

美国的州与联邦一样，设有行政、立法及司法三部门，州长是一州的行

政首长，由民众投票选举。除了少数州任期 2 年外，大部分的州长任期为 4
年。除了内布拉斯加州只有单一的州立法机关外，其他的州都和联邦一样有
两院制的州立法机关。在大部分的州里，州参议员任期为 4 年，众议员的任
期为 2 年。州立法程序与国会相似，州的司法组织并不附属于全国的法院体
系，它是由一组类似联邦司法机构形式的法院组成，处理私人间或私人与州
政府之间的民事诉讼并聆讯有关触犯刑法的案件。许多州除了一般裁决权的
法院外，也有特别裁决权的法院，如遗嘱检验法院监督遗嘱的执行；青少年
法庭处置未成年犯；家庭关系法院处理家庭的不和案件；小额申诉法庭处理
小额债款的纠纷。

　　关于州与联邦职权划分问题，除了国防、外交、货币等全国性的事务划
归联邦处理外，其他如教育、卫生等地方性立法、行政、司法事务则划归州
处理。

　　综上所述，可以看出美国联邦制度是一个分权明确、运行有序的制度，
然而，这一制度并不是与生俱来、一蹴而就的。美国建国伊始并不是联邦国
家，在 1776—1787 年的美国为邦联制国家。1787 年制定的《美利坚合众国
宪法》才改国家结构形式为联邦制。在建立统一的联邦政权的基础上，各州
仍保有相当广泛的自主权。美国的联邦制是在吸取了邦联制松散无力的教训
后，通过制度创新而形成的一种紧密的新型共同体。美国 1787 年宪法运用主
权共和国组织政府的原则，来设计共同的政治组织，并明确地划分了共同体
与构成单位的权力，赋予共同体内个体有足够的手段追求联合起来的好处，
建立了一个直接对公民行使权力、三权分立的完备的共和政府。

（三）选举制度

　　选举制度是现代民主制度最显著的标志，一般是指民众选举中央到地方
各级政权的代表或领导人的法律、程序、规则等一整套体规范性体系。在民
主政治普遍发展的今天，选举制度成为各国政治制度的重要组成部分。选举
制度不仅与政治制度中的其他制度密切相连，而且还与国家的历史传统、政
治文化和经济社会发展息息相关。美国的选举制度就是根植于美国的社会历

史和政治文化之中，与美国其他政治制度相匹配的制度形式。具体而言可以分为联邦层面的选举制度和地方层面的选举制度。

1. 联邦层面的选举制度

联邦层面的选举制度主要有两种，一种是领导人选举制度，另一种是代表或代议人员的选举制度，具体而言分别是总统选举制度和国会选举制度。

(1) 总统选举制度

总统选举制度首先要确立总统候选人的资格，即什么样的人可以参加总统选举？美国宪法（1787 年）第二条第一款规定，总统候选人必须是：(1) 生来就是美国公民。(2) 年龄在 35 岁以上。(3) 在美国境内居住超过 14 年。自 1789 年举行第一次总统选举以来，美国总统候选人的资格就没有改变过。关于总统任期，1951 年批准的第二十二条宪法修正案规定：当选并担任总统不得超过两次；如在他人当选总统的任期内代理总统两年以上，则不得当选并担任总统一次。

确定什么样的人可以有资格参选总统后，那么，什么样的人有资格投票选举总统呢？美国宪法第二条第一款规定："每州应依照该议会所定方式选派选举人若干人，其数目同该州在国会应有的参议员和众议员总人数相等。但参议员或众议员，或在合众国属下担任有责任或有薪金职务的人，不得被选派为选举人。……如获得此种过半数票的人不止一人，且得票相等，众议院应立即投票选举其中一人为总统；如无人获得过半数票，该院以同样方式从名单上得票最多的五人中选举一人为总统，但选举总统时，以州为单位计票，每州代表有一票表决权；2/3 的州各有一名或多名众议员出席，即构成选举总统的法定人数，选出总统需要所有州的过半数票。在每种情况下，总统选出后，得选举人票最多的人即为副总统，但如果两人或两人以上的得票相等，应立即投票选举其中一人为副总统。"[①]

美国的总统选举实际上是一种间接选举，即各州进行总统选举后，根据

①《美国宪法》第二条第一款，见李道揆：《美国政府与美国政治》，北京：中国社会科学出版社 1990 年版，第 757 页。

得票情况，再由各州选派的选举人团按照简单多数投票选出总统。1961 年第二十三条宪法修正案获批准后，选举美国总统的选举人团人数最终固定为 538 名。这一数字是通过以下方式确定的：众议院 435 个议席加上参议院 100 个议席再加上华盛顿哥伦比亚特区在国会无投票权的代表 3 名，共计 538 名。谁获得 538 名的半数即 270 张选举人票，谁就当选为总统。虽然，选举人团制度屡遭诟病，甚至出现 2000 年大选后，550 多位专家联名发表公开信，要求废除选举人团制度，但从实践上看，选举人团制度仍有存在的价值。据统计，在迄今为止的 53 届总统选举中，只有 3 届是赢得选民票少、选举人票多的候选人当选总统，而在其余 50 届中当选总统的都是既赢得了多数选民票，又赢得了多数选举人票。

在选举程序方面，总统选举包括提名程序、正式选举、大选日选民投票、选举人投票、国会两院联席会议上计票及宣布大选结果 6 个阶段。

首先是提名程序，美国的总统提名制度有一个发展完善的过程，大体历经了 3 个阶段：1790—1824 年的国会党团会议提名制；1831—1968 年的全国代表大会提名制；1968 年至今的预选提名制。① 在预选提名制度下，选民可以直接参与两党的候选人的党内初选，确定两党的总统候选人。预选由各州（而不是政党）负责，州议院规定预选日，州政府支出选举经费。候选人在预选活动中可以申请联邦公共资助资金（即配套资金），也可以自行筹集资金，需要说明的是，申请公共资助后就不可以再自行筹资，而自行筹集资金的金额和方式要受到《联邦选举竞选法》的规范。党内预选通常在选举年 2 月份的第 3 个星期二，在新罕布什尔州拉开帷幕，到 6 月结束，这是美国总统选举的第一阶段，主要是选举出各州参加民主党和共和党全国代表大会的代表。第二阶段，在选举年的 7 月至 8 月，两党分别召开全国代表大会，由参加大会的各州代表投票选出本党总统候选人，得到多数票的候选人将最终获得本党总统候选人的提名。通过本党的总统候选人提名其副总统候选人，并正式提出竞选纲领。

---

① 张立平：《美国选举制度剖析》，载《当代世界与社会主义》，2005 年第 2 期。

正式选举。正式的总统竞选是在选举年的 9 月第一个星期一以后发起，即由获得政党提名的总统候选人在全国范围内进行历时两个多月的竞选运动。

大选日选民投票。美国宪法规定，选举年 11 月的第一个星期一之后的第一个星期二为美国总统选举日，当天，各州的登记选民前往指定的投票站选出选举人。

选举人投票，当各州选出其总统选举人之后，各州组成选举团在选举年 12 月第二个星期三之后的第一个星期一，在各州首府所在地分别投票，选举出总统和副总统。

国会两院联席会议上计票及宣布大选结果。各州的总统选举投票在国会两院联席会议上计票，并在选举之后的第二年 1 月 6 日，由参议院议长在参众两院联席会议上公布。新当选总统于同年 1 月 20 日中午在国会大厦宣誓就职。

最后需要说明的是美国总统选举制度的规则是"简单多数"规则加上"赢者通吃"规则，即在投票中获得多数票的候选人赢得全部的代表票或选举人票，最终依靠获得选举人团的简单多数赢得总统职位。总之，"赢者通吃"规则贯穿总统选举的全过程。

（2）国会选举制度

在美国，国会是人民主权的象征，美国宪法第一条就是关于国会的。然而，在美国，民主和自由的张力无处不在，出于防止"暴民政治"和维护自由自治的考虑，美国开国制宪者将国会分为参众两院，国会选举制度相应地也分为众议院选举制度和参议院选举制度。在 1913 年之前，参议院参议员是由各州的州议会选举产生的，此后，1913 年批准的第十七条宪法修正案将参议院参议员交由各州的选民直接选举产生。[①] 自此以后，参众两院都由选民直接选举产生。

总体而言，美国国会选举程序、选民资格与总统选举程序、总统选民资格大体类似，两党的众议员候选人和参议员候选人都要在预选过程中经过党

---

① 参见美国宪法第一条第二款、第三款、第十七条修正案，见李道揆：《美国政府与美国政治》，北京：中国社会科学出版社 1990 年版，第 751、752、769 页。

的提名和正式选举，按照简单多数原则，谁得票多谁当选。但与总统选举制度不同，国会选举在候选人资格、选举经费、选举程序等方面也有特殊之处。

首先，候选人资格，美国宪法规定众议员的资格是：（1）年龄在 25 岁以上；（2）成为合众国公民的时间在 7 年以上；（3）当选时是该州的居民。参议员的资格是：（1）年龄在 30 岁以上；（2）成为合众国公民 9 年以上；（3）当选时是该州的居民。从这些条件看，竞选参众两院议员的候选人资格都比美国总统候选人宽松很多，候选人不必生来就是美国公民，根据美国宪法，第一代新移民只要满足这些条件即可竞选国会议员。此外，竞选参众两院议员候选人资格对比，参议员候选人资格要比众议员候选人严格，即成为美国公民的时间要更长。

其次，与总统选举制度中设置公共资助资金不同，国会选举制度中没有公共资助资金一说，竞选参众两院的候选人必须向社会筹集资金或自掏腰包。这一制度安排主要基于以下考虑：候选人的竞选资金结构会影响候选人的政治态度，如果对候选人进行公共资助，就会使候选人减少对选区和选民的经济依赖，这样会使候选人更少地关心选区和选民的利益。相反，若候选人自筹资金，则会增加候选人与选区和选民的刚性联系，使候选人更关注选区和选民的利益诉求，而这正是民主选举的价值追求。

再次，参众两院的议员选举细则不同，参议会严格按照每州两个名额分配，参议院按照"1/3 制度"，即参议院每 2 年只改选 1/3，另有 2/3 的参议员继续留任，6 年全部改选完毕。

而众议院选举则根据"单议席选区制"进行，参议院席位严格按照人人平等的原则，相同的人数具有相同的代表权，根据每 10 年进行的人口普查结果确定每一议席所代表的人口基数，然后再根据各州的人口将众议院 425 个席位分配到各州，再由州议会根据分到的议席数划分选区，一个选区选出一个众议员。考虑到人口极少的州也需要有代表权，所以规定每州至少在众议院拥有一个议席。在这种情况下，众议院选举是各州一个一个选区地进行，众议员不代表全国甚至本州选民，主要代表选区选民。所以，就当选议员来说，他最关心的是能否再次当选，故其在国会中效忠的对象，常是以本选区的利益第一，其次是支持他的利益团体，第三是所属的国会委员会，因为这是他日常工作所需合作的一批人，第四是思想相同的团体和朋友，第五才是所属的政党。①

2. 地方层面的选举制度

美国的地方行政层级包括州、市、郡和村镇，由于美国实行文官制度，政府官员中的一大批事务官员是经考试择优录取的，如文职、司库、警察、消防、卫生和福利官员，这些官员不通过选举产生。只有少数职位是由选举产生的，如各级行政主管、州长、市长等，以及代议机构代表如各级议员，在某些州的法官也由选民直接选举产生。政党在各级各类选举中都扮演重要角色，是选举的主要组织者，选举按照单名选区制和多数代表制进行，行政机构负责人和代议机构代表的选举资格、程序等与联邦层面选举制度大体相当。

① 雷飞龙：《政党与政党制度之研究》，台北：韦伯文化国际出版有限公司 2002 年版，第 63 页。

二、美国的政党制度

　　政党制度是一国规范政党以及政党与政治体系之间关系的规范的总和，有学者主张采用政党体制①概念，认为政党体制是一国各政党之间、政党与政权之间关系网络或结构。② 撇开概念分歧，政党制度或政党体制都是一种以政党为对象的稳定的规范。

　　纵观世界各国的政党制度，不同的学者基于不同的分类标准进行了多种分类，但都没有脱离法国政治学家迪韦尔热在《政党》一书中的分类框架，即一党制、两党制和多党制。这种分类虽然不够精细，但划定了世界政党制度的基本类型，自那时以来，这种分类被大多数学者当做常识接受下来了。

　　在这种分类框架下，美国的政党制度是典型的两党制，即两个最有影响力且各具特色的政党通过竞选，长期轮流执掌国家政权。然而，美国的政党制度并非像概念中论述的那样明确，美国宪法对政党只字未提，法治发达的美国也没有一部专门关于政党的立法，关于美国的政党制度，只能从美国政党政治实践中去分析总结。

---

　　① 关于政党体制，王长江指出政党体制一词来自 Party System，我们译作政党制度并沿用至今，作为一个约定俗成的概念，但这个概念描述的不够精确，"制度"一词在政治学上有两种含义：1. 统治形式；2. 一套成系统的法规或规定。参见王长江：《政党论》，北京：人民出版社 2009 年版，第129 页。

　　② 王长江：《政党论》，北京：人民出版社 2009 年版，第 130 页。

（一） 美国两党制形成的原因

美国是两党制国家是政界和政治学界的常识，但事实上，美国拥有很多政党，美国立国至今大约有 60 多个曾发挥过影响力的政党，20 世纪以来有 20 多个政党曾参加了大选并提名了总统候选人，在 2008 年大选中，就有 5 个政党参与总统竞选，分别是民主党、共和党、宪法党、自由党、绿党，虽然奥巴马所在的民主党获胜，但美国政党格局仍是两党主导的多党并存格局。

美国是个移民国家，国内的民族、种族、文化、利益都非常多元化，存在着很多的利益冲突群体和组织，这些群体和组织需要有不同的政党去代表或表达利益诉求，从这个意义上，美国社会政治生态应当非常适合多党制，然而，实际上却形成了长期稳固的两党制。

美国有多元文化，有多个政党，却形成了两党制，原因是多方面的，关键的原因是美国的选举制度。迪韦尔热在 1950 年出版的《政党》一书中提出著名的"迪韦尔热定律"，即"相对多数决制易于产生出两党制，比例代表制易于产生出多党制"①。但"迪韦尔热定律"形成有一个过程，迪韦尔热于 1945 年在波尔多大学的学术会议上首次提出"三重社会学定律"，即：1. 比例代表制倾向于形成众多独立的政党；2. （两轮）绝对多数选举制倾向于形成众多相互结盟的政党；3. 相对多数选举制倾向于产生两党体系。②此论一出即遭学界诸多质疑，迪氏迫不得已于 1950 年在提交到国际政治科学协会大会上的论文中放弃了这种提法，而改称"三条公式"③。1951 年，他在《政党概论》一书中声称，第三条"公式"，即"相对多数选举制倾向于产生两党体系"，是"在本书所有结论中最接近社会学定律的一个……在作了这些保留之后，我们可以仿效马克思的提法，将促成政党的二元性发展视

---

① 何俊志：《选举政治学》，上海：复旦大学出版社 2009 年版，第 17—18 页。

② Duverger, Maurice. Duverger's Law: Forty Years Later. in Grofman, Bernard and Arend Lijphart (ed.). *Electoral Laws and Their Political Consequences*, New York：Agathon Press, Inc., 1986. p. 70.

③ Duverger, Maurice. Duverger's Law: Forty Years Later. in Grofman, Bernard and Arend Lijphart (ed.). *Electoral Laws and Their Political Consequences*, New York：Agathon Press, Inc., 1986. p. 70.

做相对多数选举制的'铁律'"。① 在行为主义范式占据上风的时候，迪韦尔热的"铁律"一度被证伪，新制度主义兴起后，特别经过萨托利等人的修正、丰富和发展之后，"铁律"再次被证实。

在实行"相对多数选举制"规则下，选区内政党或候选人只需要获得简单多数即可"赢者通吃"获得选区全部选票，这样只有利于大党，尤其是在进行多轮投票时，"它真正惩罚的是小党派。"② 所以，在美国现行选举制度下，小党生存空间严重被压缩了，留在台上的只有两个主要政党——民主党和共和党。

据美国学者有关美国两党制度研究的资料显示，参加美国全国竞选的小党主要有三种类型：一是宣传某一阶级理论并具有思想信仰的政党，如历史上的平民党、进步党、社会劳工党和美国社会党；二是针对某一具体问题的政党，如自由土壤党、绿党、禁酒党等；三是暂时脱离某一大党的派系组成的政党，如1912年脱离共和党的西奥多·罗斯福组织的进步党以及1948年的南部民主党等。这些小党有的能够长期存在，并且也能对美国政治生活产生一定的影响。③ 但这些小党在政治上建树不多，竞选也屡屡失败，对于小党在竞选中的失败原因，普遍的观点认为，一个主要的原因是它们所提出的合理的建议被一个大党或兼被两个大党采纳了，如平民党、社会党和进步党的许多政纲都成为威尔逊和以后几届政府期间公开的政策。④

综上所述不难发现，美国众多的政党经过选举制度的过滤，只留下了两个主要的大党，长期把控着议会主要议席和各级行政首脑职位，据统计，在1853年至2010年的32届总统中，共和党占据20届总统，民主党占据12届总统。110届国会中，100席的参议员中共和党与民主党各占49席，435席

① Duverger, Maurice. Les Partis Politiques, Paris: Le Seuil, 1951. 参见〔法〕迪韦尔热：《政党概论》，雷竞璇译，香港：青文文化事业公司1991年版，第198、202—205页。
② 〔法〕让-马里·科特雷、克洛德·埃梅里：《选举制度》，张新木译，北京：商务印书馆1996年版，第54页。
③ 赵来文：《美国民主政治的实现形式——两党政治透析》，载《长春工程学院学报》（社会科学版），2002年第3卷第2期。
④ 赵来文：《美国民主政治的实现形式——两党政治透析》，载《长春工程学院学报》（社会科学版），2002年第3卷第2期。

的众议院中共和党与民主党分别占 201、232 席；111 届国会中，100 席的参议员中共和党与民主党分别占 43、57 席，435 席的众议院中共和党与民主党分别占 178、256 席。其他小党人数少、规模小、力量弱，根本无法形成与两党分庭抗衡的对等力量，更遑论进入参众两院和入主白宫了。在美国，选举制度对政党和政党制度的决定作用由此可见一斑。

除了选举制度对两党制的塑造以外，美国的总统制和选举总统的制度也是推动和稳固两党制的重要因素，可以说，总统制和选举总统的方法是建立和维持两党制的最大动力。① 美国总统虽然由选举产生，但不是由选民直接选举产生，而是由选举人团直接选举产生的。总统候选人必须获得 50 个州的全部 538 张选举人票半数以上才能胜选，这项规定使两党之外的第三党的候选人很难问鼎总统宝座，因为各州选举人团的票是按照"赢者通吃"的规定分配的，即任何获得州内直选简单多数票的候选人，哪怕只是微弱优势，即可赢得该州的全部选举人团票，所以，第三党若不能赢得简单多数，最后连一张选举人团的票都不可能获得。独立候选人佩罗虽然在 1992 年大选中获得了 19% 的选民票，但在"胜者全得"的选举人制度下，他没有能够获得任何选举人票。②

美国的国家结构形式——联邦制也是两党制长期存在的一个重要因素，由于联邦制，行政权和立法权并不总是在一党手中，即使一党同时控制了行政权和立法权，也不能一直保证国会与总统始终保持一致。所以，在全国大选中失败的政党，并不一定在政策制定和人事安排方面全面彻底败北，由于联邦制，还有可能在州一级赢得优势。美国两大政党在各个州都建立了非常完备的州级组织，在积极争取联邦的行政权和立法权的同时，也在争夺州级立法和行政权，这无疑又进一步压缩了两党之外第三党的活动空间，从另一方面巩固了两党制。

两党长期轮流执掌立法权和行政权，在竞争的同时也存在"共谋"，即在选举竞选法和各州的选举法制定方面排斥第三党。1974 年制定的《竞选

---

① 李道揆：《美国政府和美国政治》，北京：商务印书馆 1999 年版，第 167 页。
② 刘杰：《当代美国政治》，北京：社会科学文献出版社 2001 年版，第 155 页。

法》就规定了联邦政府对竞选总统的各政党竞选费实行补助的办法。其具体做法是联邦政府可以从"联邦竞选基金"中提供给总统候选人经费资助，但所附加的限制是第三党或独立候选人必须在上届或本届总统选举中赢得5%以上的选票，然后才有资格按照他所得票数与两大党所得票数的平均数的比例领取资助。① 这一法律规定显然有利于大党，而不利于第三党和独立候选人。在选举法中对参选资格的规定也有利于维持和巩固两党制的存在，特别是提名程序方面，美国不仅依赖预选提名各政党的国会和州议员候选人，而且依靠州的预选来选择总统候选人。在这种提名制度下，不同政见者组建的第三党挑战两大党将失去意义，因为预选程序能将不同政见纳入两大党内，所以，两党制也就不会再遭受第三党或独立候选人的强有力的挑战。

（二）美国两党政党关系模式

美国是总统制国家，总统制对美国政党制度最重要的影响就是使争夺总统职位成为两党在政治生活中最主要的目标。

政党以争取和控制权力为活动目的，在美国，就总统的身份而言，他具有国家元首、最高行政首脑、合众国大元帅、对外政策最高决策者、政党领袖等6种身份；就总统权力的性质而言，他不仅拥有行政权（执法权），而且拥有立法权、军事权、外交权和政党权等5种权力。② 总统素有"帝王总统"之称，所以，总统职位是两党争夺的首要目标。

判断美国两党执政和在野的主要区分标准是哪一党赢得了总统大选，但由于美国特殊的政治体制，两党的执政和在野身份并不十分明显，换言之，美国两党执政和在野之间的边界非常模糊。

美国实行总统制，虽然在总统选举中获胜的政党为执政党，失败者为在野党，但由于总统选举与国会选举是分别进行的，两党在国会中获得席位的

---

① 刘杰：《当代美国政治》，北京：社会科学文献出版社2001年版，第155—156页。
② 美国总统享有的立法权包括立法创议权、立法批准权和否决权、委托立法权。此外，总统发布的行政命令和无需经国会批准而签订的行政协定也具有法律效力。行政命令和行政协定属于"默示权力"（implied powers）。参阅 Paul E. Johnson and other, *American Government*, Second Edition, (Boston, 1990), p.490.

多少则与执政和在野无关，在这种情况下，执政党有可能既赢得了总统选举，又赢得了国会选举，在国会也占有多数席位，也有可能仅在参议院或众议院获得多数席位，甚至还可能在两院都处于少数党地位。对在野党来说也是如此，在野党虽然输掉了总统选举，但有可能在国会选举中大获全胜，但也有可能在国会选举中也失败处于少数党地位，若出现这种情况，执政党政府就被称为"统一政府"，执政党的纲领和政策一般比较容易顺利通过国会的立法程序，使之称为国家法律。相反，如果执政党在国会两院都处于少数党地位，则被称之为"分裂的政府"，总统则成为"坡脚总统"，这种情况下，总统和执政党面临着在野党操纵的国会的制约。然而，美国两党之间并不存在泾渭分明的意识形态和利益界限，在野党也并非一味反对，在国会占优时也不一定始终充当反对党角色，有时候也会与执政党的总统举行联席会议，就重大问题进行磋商，谋求两党共识。实际上，美国国会大多数法案都是在两党共识基础上通过，两党出现相互扯皮、恶性党争的情况非常少。

美国执政党和在野党之间的模糊界限不仅表现在政策、立法层面，还表现人事方面。在美国，总统有组阁权，有权任命国务卿、国防部长、驻外大使等重要官员，这些官员不一定全部都是执政党的党员，有可能是在野党的党员，如奥巴马执政初期就留任了共和党的国防部长盖茨。从这个意义上说，美国两党执政和在野之间的边界并不十分明确，在野党参政现象非常普遍。

美国两党关系中还有一个非常重要的现象就是两党意识形态边界模糊，这也是美国两党被划为全方位型政党的原因。20世纪60年代，美籍德裔政治学者基希海默尔（Kirchheimer）提出的"全方位政党"（Catch-all Party）的概念，他主要通过考察联邦德国政党嬗变的历史经验得出来的。基希海默尔指出，全方位政党主要围绕竞选展开活动，党费在政党经费中比例大幅下降，政党主要依靠新政策和社会捐赠而非动员党员选举来赢得竞选，选民和党员之间界限模糊，选民和党员像消费者而非积极参加者那样采取行动。[①]

---

① Kirchheimer, "The Transformation of West European Party System", in J. Lapalombara & M. Weiner（eds.）, *Political Parties and Political Development*. Princeton: Princeton University Press, 1966, pp. 177–200.

全方位型政党是第二次世界大战结束后，随着普选权和中间阶层力量崛起而形成的一种政党组织形态。"二战"结束后，世界政党面临新的形势：一是选举权的普及；二是中产阶级队伍壮大；三是新型传播媒介不断涌现；四是社会福利制度的建立。普选权使每个阶级、阶层的民众都成为了选民，这要求政党要继续发展就必须扩大社会基础，代表尽可能多的社会成员的利益，中间阶层的壮大改变了社会结构，而新型传播媒介的发展使信息不需要经过组织活动就可以迅速传递给大量个体，社会福利制度则使社会个体有更多的空闲时间参加政治活动，这些形势导致有固定意识形态和阶级利益边界的群众型政党越来越不适应社会形势的发展，全方位型政党应运而生。

全方位型政党很少用意识形态区分社会不同阶级、阶层，而是力图代表社会各个阶层的利益，有学者对此描述道："现代政党的意识形态色彩大为减弱，政党之间的分歧和对立开始淡化；政党内部上层领导集团的地位持续加强，党员的作用逐渐下降；政党减少对某一特定社会阶级阶层或社会群体的过多的倚重，转而谋求在社会全体成员中更广泛地吸引支持者，保持与各种利益集团的接近。"[①]

美国两党具有全方位型政党的绝大多数特征，特别是意识形态色彩淡化或中间化方面表现的尤为明显。

美国两党制形成以后，两党就阶级基础而言并未有本质性的区别，都信奉资本主义，都共同在美国既存的宪法和政治框架内运行，并认同这一套宪法和政治框架，虽然民主党的意识形态偏左一点，共和党的意识形态偏右一点，但两党之间的价值观差异远远小于价值观共同点。

一般而言，政党的意识形态主要体现在政治纲领之中，但美国两党均未有长期的政治纲领。虽然，两党 4 年一次的全国代表大会主要议程就是通过党的政治纲领，但这些纲领并非长远的政治纲领，而是为了赢得总统选举和国会选举的竞选纲领，这些纲领只是短期的施政纲领或治理策略，而且对政党并不具有强制的约束力。

---

① 张小劲：《关于政党组织嬗变问题的研究：综述与评价》，载《欧洲》，2002 年第 4 期。

在大选中，政党要想赢得选举，必须尽可能多地争取选民支持，所以，两党在制订竞选纲领时都不能仅仅体现某一阶级、阶层或集团的利益而必须兼顾各种选民的多种要求，否则就会失去多数选民的支持而遭到失败。根据安东尼·唐斯的"中间选民定理"，两大政党为了赢得选举，不能再受既定的意识形态政纲的束缚，需要表现得像机会主义者一样。对政党来说，唯一的能最好的回应对方的政纲就是能使中间选民满意的政纲。实事上，在美国的政党制度下，明智的政党领袖总是按照中间路线办事，而避免采取可能使大部分选民惊慌和疏远的极端做法。候选人如果不走中间路线，就会冒失败的危险。例如巴里·戈德华特在 1946 年和乔治·麦戈文在 1972 年遭到的失败就是这样。①

此外，美国多元文化在政党内部长期存在，特别在面对重大问题时，两党包括其他政党内部各种力量都会进行分化组合，甚至会形成多个跨党派联盟。所以，两大党在竞选过程中，都十分谨慎，极力避免走极端，避免党内分裂，中间地带往往成为安全区域，正如唐斯所说的那样，政党必须在极左派和极右派之间采取中间的立场，以便最大限度地扩大人们对它的支持。②"在美国，没有一个大党总是真诚地拘泥于一个僵硬的纲领。各党内部有自由派和保守派、反对派和激进派，没有一个大党仅仅代表一个单一的利益。各党试图向城市和乡村的选民呼吁……一旦他们掌握了政权，党的领袖们就力求协调不同派系并实施一个尽可能满足诸多集团要求的纲领。"③ 两党中间化的大背景是，"二战"以后美国中产阶级崛起，美国社会结构呈现出中间大两头小的特征，走中间道路，获得人数最多的中间阶层的支持对政党赢得选举至关重要。否则，"一个候选人或一个政党如果持非中间派的观点，他（或它）就很容易遭到中间派的攻击而失去许多选票。"④

总之，因为政党的首要目标是赢得选举，为了争取更多选民支持，两党

---

① 〔美〕哈罗德·F. 戈斯内尔等：《美国政党和选举》，上海：译文出版社 1980 年版，第 10 页。
② 〔美〕哈罗德·F. 戈斯内尔等：《美国政党和选举》，上海：译文出版社 1980 年版，第 167 页。
③ William B. Heselting, *Third-Party Movementin the United States*, Prineton, New Jersey, Toronto, New York, Lonton, 1962, p. 9.
④ 〔美〕哈罗德·F. 戈斯内尔等：《美国政党和选举》，上海：译文出版社 1980 年版，第 167 页。

不断淡化意识形态边界，避免标新立异和走极端，两党在实际的政治运行中逐渐认识到：政党提出更坚定、更确切的意识形态声明也许会造成新的分裂，并最终导致党的分崩离析。不论哪一个党提出明确的"激进的"或"保守的"意识形态，都将付出选票的代价。① 选票是政党生存和发展的重要支柱，显然两党都不会冒丢失选票危险，这致使两党之间的意识形态边界不断淡化、模糊。

---

① 〔美〕托马斯·戴伊、哈蒙·齐格勒：《民主的嘲讽》，北京：世界知识出版社1991年版，第183页。

三、美国政党的制度建设

美国的两大政党是典型的全方位型政党，从制度建设的角度来看，政党内部的规则制度建设成果多但效果差，主要表现为政党领袖、政党组织和党员本身受制度约束和规范较少。

（一）虚化的政党领袖

政党领袖的权力和地位严重虚化是美国政党的一个重要特点。在美国既存政治制度框架下，两党领袖的权力和作用远远比不上实行责任内阁制度下的政党领袖。这是因为：

（1）在美国，政党能否上台执政，不取决于在议会获得席位的多少，而取决于是否能够赢得总统大选，因此，两大党的最重要的政治任务就是组织并赢得总统选举，而负责总统选举的机构是党的全国代表大会和全国委员会。全国委员会主席即政党领袖，他的主要工作就是帮助本党争取在总统大选中获胜，一旦赢得总统选举，新当选总统即为政党的实质领袖，而全国委员会主席即形式领袖却在选举年后无事可做，权力和地位均被边缘化。

（2）美国总统从被提名为本党总统候选人开始，直至本党下一位总统候选人被推出时为止，是本党实事上的领袖，总统作为政党实事领袖拥有一定的权力，但这种权力不是来自政党，而是来自总统职位本身，这种模式被称为"以政领党"模式，观察美国政党与行政、立法机构的关系，便可看到此点。① 在这种情况下，政党领袖的权力既没有宪法的授予，也没有党内规章制度规定，完全取决于总统个人意愿。总统作为政党领袖对本党的控制，不是直接的领导，更多的是以领袖身份施加间接影响，而影响力的大小，往往因人而异。一般说来，威望较高、政绩突出的"强总统"影响力较大，反之，政治平庸、无所作为的"弱总统"影响力较小。同其他国家相比，美国总统作为政党领袖，带有荣誉性和象征性特征。②

（3）政党领袖、政党实事领袖即总统以及政党议会党团领袖，三者之间互不统属，政党领袖不是选举产生的，在党内不具有权力和威望，而总统虽然是党内选举提名的，但最终是由选民选举产生的，需要对选民负责，对党的责任较弱。参众两院中的政党领袖是由该党的国会党团议员选出的，其主要职责是领导和协调本党在两院的立法活动，与总统和政党领袖并无隶属关系，且总统选举和国会选举是分开进行的，总统和议员都有各自不同的代表和负责对象，虽同属一党，但利益和意见并不能完全保持一致，一旦发生冲突，双方均以各自选民利益为重，并不委曲求全。所以，对于总统提交国会的议案，本党议员多数情况下会投支持票，但有时也会投反对票。对于投反对票议员，总统或政党组织均无权对其进行纪律制裁。

（4）在总统选举中落败的政党，没有正式、固定的政党领袖，落选的总统候选人一般情况下会担任政党领袖，有时落选的总统候选人会退出政坛，这时则由以前有声望的本党前总统担任政党领袖，有时也会由本党内有名望的其他人来担任政党领袖。较之执政党，在野党的政党领袖更无明确的权力和地位，其作用只是象征性的。所以，不论执政还是在野，美国两党的领袖都是虚化的，这是美国政党组织结构的重要特点。

（二）松散的政党组织

美国政党纪律松散是不言自明的，在政府中，由总统提名的本党官员可

① 谢峰、王燕：《简析美国政党与政府关系的特征及成因》，载《科学社会主义》，2012 年第 4 期。

② 张兹暑：《试论美国两党制的特点》，载《河北师范大学学报》（哲学社会科学版），2002 年第 6 期。

以不受本党的严格控制，有时不与本党保持一致而改投本党不支持的政策；在议会中，本党议员对本党议案投反对票，或对另一党议案投赞成票的情况时有发生；在候选人竞选时，党员也是高度自由的，在州长竞选时把票投给本党候选人，但在州议会选举中有可能把票投给其他党，如此情况，不一而足。

美国两党都只有竞选纲领，没有长期固定的纲领，没有统一且强有力的党章，也没有统一且强有力的全国性组织，更没有统一的组织原则和严格的管理法规。所以，有学者说，美国政党是"无足轻重的党籍"、"若有若无的党纪"。① 两党党员不需要遵守党的纪律，也不要缴纳任何党费，甚至不一定为党工作，不一定要参加党的活动。

美国两党组织松散的原因在于美国的联邦制度，在联邦制度下，从联邦到地方，各级政权层层分权、高度自治，上级政权对下级政权并无干预和命令的权力，在这种层层分权体制下，政党分级建立自己的组织，并在各选区独立工作，由此造成政党组织松散、不统一、不严密的问题。

美国学者指出："为什么我国的政党一直如此分散？主要原因是我国的联邦体制宪法决定了我国的政治制度，政治制度又决定了政府结构。政党则是这种循环关系的最好例证。它们往往是围绕着选举和担任公职者组织起来的。因为我国的联邦制是依照全国—州—地方这种体制办理选举和设置官员的，而我国的政党也是以同样的体制组织起来的。"② "两大政党的组织是美国独特的政治体制的产物。只要州的主权、联邦制、本地习惯、立法机构自主和区域自治以及分权等既定原则普遍地保持着，强有力的、高度集中的政党组织就难以在美国建立起来。"③ 美国联邦制把选举和官职建立在全国—州—地方—基层选区基础之上，所以美国政党也在相同的基础上建立起四个层次的组织架构：党的全国代表大会、全国委员会（成员主要是党在国会的参众议员）；党的州代表大会、州委员会（成员主要是党在州议会中的参众议员与各地方市镇代表）；党的地方代表大会、地方（县市乡镇等）委员会

---

① 曹绍谦：《美国政治制度史》，兰州：甘肃人民出版社 1982 年版，第 25—29 页。

② James Mac Gregor Burns and J. W. Peltason and Thornas E. Cronin, *Government By the People*, Englewood Cliffs, NewJersey, 1985, p. 225.

③ 〔美〕哈罗德·F. 戈斯内尔等：《美国政党和选举》，上海：译文出版社 1980 年版，第 167 页。

（许多成员是当地的党积极活动分子）；党的基层选区代表大会、选区委员会。① 这四个层级从结构上看是"金字塔"型，从权力结构上看却是"倒金字塔"型，即权力赋予是自下而上的，正如政治学家维尔指出的那样："尽管政党组织是一座由各级委员会构成的'金字塔'，但这并不意味着这座金字塔的较低几级受上面各级的控制和指挥"，"政党的全国组织'浮动'于州和地方政治的流沙之上。"② 两党组织松散由此可见一斑，即使是两党的全国性党委员会，除了通过分配政党经费和选派参加全国代表大会的代表方面，能对各州、地方、基层选区的党组织施加一定的影响外，却不能对各州、地方、基层选区的党组织直接下令，也不能介入和干预州、地方、基层选区党组织的日常事务，更无权免除州、地方、基层选区的党组织选出的党的官员和党委委员的职务。从这个意义上说，美国两大党全国性的组织也严重空心化，只有州和地方政党的联盟，各州组织与地方组织之间的联盟关系还较为实在，正如美国一些学者所说："我国的全国性政党在组织上仅仅是享有自治权的各州政党的一个松散的联盟，1841 年存在着 26 个州党制（当时美国只有 26 个州），现在则存在着 50 个州党制。"③ "美国的全国性政党是州党的松散的聚合，各州党又是个人、集团和地方组织的一种不固定的联合。"④ "美国实际上有 50 个独立的共和党和 50 个独立的民主党。"⑤ "与其说是单一的政党制，还不如说是 50 个州党制"。⑥

（三）党员忠诚度低

党员忠诚度问题的实质是政党认同问题，政党认同是指党员、民众对政

①　高新军：《美国政党政治的特点和社会关系》，载《马克思主义与现实》，2005 年第 1 期。

②　Everett C. Ladd Jr, *American Political Parties, Social Change and Political Response*, New York, London, 1970, p. 28.

③　Everett C. Ladd Jr, *American Political Parties, Social Change and Political Response*, New York, London, 1970, p. 28.

④　Robert L. 1ineberry, *Government in America: People, Politics and Policy*, New York, 1991, p. 265.

⑤　Kenneth Prewit, Sidness Verba Harper, *An Introduction to American Government*, New York: Harper& Row, 1974, p. 243.

⑥　〔英〕维尔：《美国政治》，北京：商务印书馆 1988 年版，第 47 页。

党、政党体制和政党政治所形成的一种稳定的心理倾向和价值判断。政党认同危机即是这种心理倾向和价值判断变的不稳定或向一个反方向的稳定状态演化，主要表现为党员、民众对政党、政党体制和政党政治的情感和评价都在变坏。① 党员对政党的认同突出地表现为党员数量和党员投票率，2012 年 2 月，欧洲学者通过对近 30 年来欧洲各民主国家政党组织演变情况的汇总分析发现，欧洲各国政党无论是党员绝对数量，还是大选中党员占总选民比例，都已降至历史最低点。② 伴随着党员数量减少的另一个问题是，民众对政党的认同感也在降低。有学者统计，在几乎所有的先进工业化民主国家中（19 个国家中有 17 个拥有连续的数据证明），认同政党的人口比例在过去 25 年里有所下降。同样，对政党忠诚的人口比例也在下降。③ 在美国，政党认同问题主要表现在党员与政党之间的"弱忠诚"关系以及党员投票率下降。

一般而言，政党若要维系党员对政党的忠诚或认同，必须对党员进行组织和纪律上的约束，通过党章对党员资格存废和党内纪律作出明确规定，然而，美国两党却没有相应的规章制度，政党对党员活动几乎无法进行任何有效地约束。美国两大党均无严格的党籍管理制度，党员具备什么条件入党？党员权利和义务是什么？党员进入和退出政党的程序是什么？两党均无规范，唯一的条件就是享有选举权的美国公民。对于一个有选举权的美国公民而言，加入两党无须履行任何手续，"一个选民成为共和党党员或民主党党员，仅仅凭他自己声明"④ 只要在选民登记时表明自己的党派意向、列名为某党党员或在选举时投某党候选人的票，就成为某党党员。甚至在选民登记后，还可按规定时限在正式投票前改变党派意向。⑤ 美国亚特兰大的选举机构在一

① 孙林：《网络时代西方政党政治困境》，载《理论视野》，2013 年第 4 期。

② "Going, going, …gone? The decline of party membership in contemporary Europe" *European Journal of Political Research*, Vol. 51, Issue 1, 2012, pp. 24–56.

③ Russell J. Dalton, "Political Support in Advanced Industrial Democracies", in Pippa Norris (ed.), *Critical Citizens: Global Support for Democratic Governance*, Oxford: Oxford University Press, 1999, pp. 65–66.

④ Everett C. Ladd Jr, *American Political Parties*, *Social Change and Political Response*, New York, London, 1970, p. 29.

⑤ 张兹暑：《试论美国两党制的特点》，载《河北师范大学学报》（哲学社会科学版），2002 年第 6 期。

次选举知识的普及问答中，对"我如何报名加入一个政党"一问时，是这样作答的："在你的选民登记表上勾一个政党即表示你加入了那个政党。"①

党员的身份变动不居，随时可以根据自己意愿选择，一般情况下，党员想改变自己的党籍，不需向政党提出申请，也不需要办理任何手续，只要在选举登记时登记为另一个政党并投票支持该政党即可。但若出现，一个登记时为此政党的党员，在大选投票时临时改变的主意，将票投给另外一个政党的候选人，这样也视为党籍发生了变化。在美国，由于政党特别是两党政策中间化趋势明显，登记党员在经济政策上支持民主党，在外交政策上支持共和党的情况时有发生，在这种情况下，党员身份也会频繁地发生变化，甚至出现兼具两党党员的身份。正如美国前参议员威廉·博拉说过："一个人可能信奉民主党鼓吹的每一项政策，信奉自由贸易，信奉在国联中的无条件的成员资格，信奉州权，但只要他支持共和党的预选会，他就会立即变为一位共和党人。"②

综上所述，美国政党特别是民主、共和两大党的政党领袖虚化、组织涣散、党员忠诚度低等一系列问题，都与美国政党的内部规章制度直接相关。美国政党的内部规章制度大都属于原则性规范，方向性强、约束力弱。以民主、共和两大党为例，共和党党章开篇三段说明立规建制的目的："大部分政党，尤其是共和党，都缺乏用于解释该党原则并能阐释党首行事必须遵守界限的书面宪章。这便是促使起草该党章的原因之一。绝大多数共和党人都是理解并拥护美国宪法的。这些人因宪法限制了政府的权力从而使政府有了保护个人权利的可能，将宪法理解为以严谨态度撰写的精准法条。本党章的目的是说明共和党信奉的原则。这些原则都是建立在宪法和人权基本概念之上的。"③ 这些显然属于原则性规范，很难具有操作性。美国民主党的章程也是如此，在民主党章程序言的第二段中说："我们为国家所追寻的、为人民所期望的是：公正社会框架下的个人自由，全体公民有效参与框架下的政治

---

① 刘强：《美国人怎样入党》，载《乡音》，2003 年第 3 期。

② *Political Parties of African*：*A Soviet Study*，Washigton 1997 d. g. joint，p. 19.

③ 《美国共和党章程》。

自由。由于受美国宪法的约束，并意识到政党必须对其相应的义务做出回应，我们承诺自己将会开放而真诚地努力，并以一种与自由人社会相应的方式来对公共事务进行管理。"①

纵观民主党和共和党的章程不难发现，两党章程都属于原则性规范，特点是只对党员资格、权利义务、会议程序、财务制度等做一般性规定，将操作层面的事务移至受法律管辖的公共领域，党内规章制度对普通党员约束力较弱，对专职党工约束力相对较强，但这也只是对于政党高层而言的。由于美国基层党组织的领导和工作人员绝大多数是临时性的志愿者②，甚至大部分地方党组织主席和委员会都是由志愿者组成，专职党工人数比较少，党内规章制度对地方及基层党组织成员约束力更弱。

正如有学者指出的那样："美国政党之所以能够在没有大批专职人员的情况下成功运作，主要是吸引了为政党志愿服务的许多政党积极分子。"③ 2003 年，中国社会科学院政治学研究所所长王一程率领 5 人考察团访问马里兰州台尔伯特县共和党总部时也了解到，在台尔伯特县共和党总部工作的人，从执委会主席到下面的工作人员，都是志愿者，各人都有自己的职业或者事业。执委会主席自我介绍说，他是自己公司的老板，为党工作是义务的。平时每周花 2—3 个小时处理党务工作，选举期间每周花 30 个小时在党的工作上，其他时间他要飞来飞去，处理其私人公司事务。④ 在政党事务外包给志愿者的情况下，志愿者和政党组织之间形成无需偿还的无因管理之债，所以，党内规章制度对这些志愿服务人员来说，显然是不可能形成有效约束力的。

---

① 《美国民主党章程及附则》。

② 周淑真、冯永光：《美国政党组织体制运行机制及其特点》，载《当代世界与社会主义》，2010 年第 3 期。

③ 周淑真、冯永光：《美国政党组织体制运行机制及其特点》，载《当代世界与社会主义》，2010 年第 3 期。

④ 王一程领导的考察小组：《美国政党政治考察》[EB/OL]. http://chinaps.cass.cn/readcontent. asp? id =425，2003 - 10 - 8.

四、美国政党政治制度建设
的挑战与未来

美国政治制度经过 200 多年的发展已经非常完备，政党政治领域以及与之相关领域的制度建设也十分完善成熟，但这并不是说美国政党政治的制度建设已经完美，实际上，在选举制度、政党制度和政党内部规章制度方面还存在着一些不容忽视的缺陷，这也是美国必须面对的挑战。

（一）选举制度中的民主规则问题

美国选举制度中的选举人团制度早已饱受诟病，2000 年大选中，小布什与戈尔的选票争议，让总得票少的小布什当选，而得票多的戈尔败选，使选举人团制度的问题再一次凸显出来。选举人团制度是一种间接选举制度，它与美国人人平等的立国原则和一人一票的选举原则并不完全契合，由于"赢者通吃"规则，它可能会使 49.9% 的少数票成为废票，对选举总统没有影响，而另外 50.1% 的票却产生巨大的影响。此外，人口稀少的州的每张选举人票所代表的人数远远少于人口稠密的州的选举人票所代表的人数；这等于说，居住在不同州的个体选民对总统选举结果的相对影响力是不相同的。[1]更为严重的是，选举人团制度着眼于州，而非着眼于选民，总统选举最后成为 51 个单位的游戏（50 个州再加上哥伦比亚特区），就是在这 51 个州也是

---

[1] Lawrence D. Longley and Neal R. Peirce, *The Electoral College Primer*, New Haven and London: Yale University Press, 1996, pp. 143 – 148.

不平等的，两党候选人对局势明朗的州和一些选举人票比较少的州投入的精力较少，而对一些摇摆州投注大量时间、精力和注意力，结果使候选人不仅失去同大州进行充分沟通的机会，而且失去了与更多选民进行充分沟通的机会，同时也失去了充分了解国情、提出更好施政纲领的机会。所以，有人甚至说，选举人团制度违反平等原则，是反民主的，是歪曲美国民意的怪兽。

第二个饱受诟病的民主规则是直接预选制度，这一制度将政党尚未最终确定的候选人直接推到选民面前，看似民主，实际上却削弱了政党在提名程序中的作用，使政党日益边缘化。此外，直接让选民选择本党候选人，而差额选举候选人会使政党面临内耗，直接预选制使候选人"同室操戈，兄弟阋墙"，在遇到真正的对手前先"自相残杀"，使获得提名的候选人"伤痕累累"，"窝里斗"揭出的"黑材料"轻易成了他党政敌猛烈攻击的"炮弹"。①在政治学家看来，直接预选制降低了政党在选举中的作用，同时提升了媒体的"筛选"作用，最终结果是导致了选举之后政府治理的困难，政府成了不负责任的政党政府。②

第三个就是"赢则通吃"规则，这一点不需赘述。此外，美国竞选经费制度也存在很多缺陷，日益攀升的竞选经费，无孔不入的"软钱"，以及屡禁不止的权钱交易问题，都说明了美国竞选经费制度存在诸多缺陷。

美国选举制度中的问题远不止在民主规则方面，还有诸如选民登记制造成的低投票问题、选举周期过长问题、选票不统一问题、投票方式不统一问题等。这些问题都与宪法或其他政治制度、政治传统息息相关，哪一个都不好解决。

（二）美国政党组织松散问题

对于美国政党组织松散问题，在美国国内一直也不乏批评之声，其中长期存在的一种观点认为，美国松散分权型的政党组织及其对执政党政府无法

---

① 张立平：《美国选举制度剖析》，载《当代世界与社会主义》，2005年第2期。
② 张立平：《美国政党与选举政治》，北京：中国社会科学出版社2002年版，第174页。

有效施加影响，使政党自身存在的意义降低。[1] 在美国自由结社的环境下，美国各类社会运动、社会团体尤其是利益集团不断分蚀政党的政治功能，使政党不断被边缘化。此外，在竞选由以政党为中心转向以候选人为中心之后，利益集团因在竞选中能够向政党候选人提供各类帮助，因而能够对当选者的行政和立法行为产生巨大的影响，而这种影响又是排斥政党的，换言之，政党面临利益集团巨大的竞争压力。

另外，美国总统经由民选产生，候选人当选后通常自称全民总统，淡化党派色彩，这也进一步削弱了政党的地位。

更为严重的是，在美国面临金融危机时，美国国内始终缺乏一个强大的政治力量带领美国走出危机，有鉴于此，美国国内一些政治家和学者也呼吁两党加强组织制度建设，提升全国代表大会及其机构全国委员会的地位，赋予其更多职权；不断完善各级党组织；制订较为严格的规则制度，提高政党整体行动力等。但受到美国传统自由文化的影响，两党在加强制度建设方面还有很长的路要走。

---

① 谢峰、王燕：《简析美国政党与政府关系的特征及成因》，载《科学社会主义》，2012 年第 4 期。

一

附　录

美国民主党宪章及附则

序　言

我们美利坚合众国民主党人，因共同的目标而联合起来，以此为曾经支撑我们党的信念而奋斗终生。由于认识到政治制度的活力是国家长盛不衰的源泉，我们认为一个希望领导人民的政党，必须倾听它要领导的人民；一个要求人民信赖它的政党，必须证明它也信赖人民；一个希望唤醒国家所能达到的最好状态的政党，必须体现这个国家最好的遗产与传统。

我们为国家所追寻的、为人民所期望的是：公正社会框架下的个人自由，全体公民有效参与框架下的政治自由。由于受美国宪法的约束，并意识到政党必须对其相应的义务作出回应，我们承诺自己将会开放而真诚地努力，并以一种与自由人社会相应的方式来对公共事务进行管理。

以上帝之名，为达致这些目标和以上这些信念，我们特此创制并施行这部美利坚合众国民主党宪章。

第一条　美利坚合众国民主党

美利坚合众国民主党应当：

第一款　提名并帮助民主党候选人竞选美国总统及副总统职务。

第二款　吸纳并宣扬政策主张。

第三款　帮助各州及地方民主党机构的候选人竞选和对选民进行培训。

第四款　设立各项标准和议事规则，使民主党全体成员都能享有完整、及时、平等的机会参与确定候选人、拟定政策及管理其他党务等决策，而不含任何基于性别、种族、年龄（或投票年龄）、肤色、信仰、原国籍、宗教、经济地位、性取向、族群认同或生理缺陷的偏见，而且应能促进公平的竞选实践和对争端的公正裁决。因此，民主党各级事务在设定议程时，应当考虑到总量巨大的宗教少数派的存在，他们的参与水平可能会受到影响。

第五款　为民主党的顺利运转筹集并支配所必需的资金。

第六款　与各级民主党政府官员合作，以实现民主党的宗旨。还要

第七款　鼓励和支持那些体现伦理导向的实体规则的，适用于联邦政府、州政府及地方政府官员和雇员的各项政治伦理规范，以确保政府官员应始终以无愧于其从事职位的方式来引导自己，应不会利用职位来谋求特权和私利，他们的公权力应在其受到个人利益或职位对独立判断造成不利影响时受到限制。

第二条　全国代表大会

第一款　民主党应在每个举行美国总统职务选举的年份召开全国代表大会。

第二款　根据本宪章规定，全国代表大会是民主党的最高权力机关。全国代表大会应承认国家与其他政党有权参与管理民主党（包括州代表大会、地方代表大会和委员会在内）的全国事务。与全国代表大会代表选举有关的国家政党规定和国家法律应当得到遵守，除非其与本宪章及依据本宪章施行的其他规定包括全国代表大会的决议或其他措施相冲突。在发生上述与国家法律相冲突的情况时，各州党必须采取积极的措施以使其符合法律，还应执行全国代表大会或民主党全国委员会所要求采取的措施。

第三款　全国代表大会应当提名 1 位美国总统职务候选人，提名 1 位美国副总统候选人，施行纲领并执行其认为适当的其他事宜。

第四款　全国代表大会应由男女人数相等的代表组成。代表应由以下程序选出：

（a）确保全体民主党选民有完整、及时和平等的机会参与选举，包括以此为目标的肯定性行动计划。

（b）确保代表们公平反映了参与总统提名程序的选民们所表达的不同意见。

（c）任一级选举都不采用单位投票制。

（d）不因无法支付费用、酬金或人头税而拒绝参与。

（e）允许所有民主党选民的善意参与，而且在各州民主党为自身利益起见而决定的范围内，也允许未注册或从属于任何政党的选民的善意参与。

（f）根据本宪章及附则，以及由民主党全国委员会在《代表大会召集令》中特别授权通过的代表选定条例所制订的标准，自全国代表大会召开的该日历年内之始，除本条第五款 b 项指涉的有关人员之外，于上届总统竞选之后选出并经公平分配与公开选定的各州民主党委员会，在选定本州的那一部分代表时不应受到妨碍。

（g）禁止未承诺和未被授权的代表参与地区级别的选举，除非这些代表或候补代表表现出了高度的投票倾向，在这种情况下，如果这种投票倾向达到了代表全区及类似的代表或候补代表的相应门槛或资格，这些代表则类似于总统候选人，应当被分配到该偏好。

（h）任何与此款相反的条款不在此列：

（i）民主党全国委员会全体成员都将担任未承诺的代表；

（ii）允许未承诺的代表由以下的人组成：

1）美国总统和副总统，如果他们是民主党人的话；

2）美国国会的民主党参议员和众议员；

3）民主党人州长；

4）前美国民主党总统和副总统；

5）前美国参议院民主党多数党领袖；

6）前美国众议院民主党议长；

7）前民主党全国委员会主席；

8）上述代表不得有候补代表，此类代表是本条第四款 b 项的例外。

第五款　分配到各州的代表选票由附则规定，应坚持以下方式：

（a）对人口同等重视，这点以总统大选中民主党候选人所得的选举人票和民主党选民票来衡量；并且

（b）若民主党全国委员会在《代表大会召集令》中有特别指定的，符合民主党全国委员会在该召集令中指定的条件，将给予额外的代表选票，这是为了给代表大会召开当年随后为各州总统提名程序的首个决定性阶段安排活动提供激励措施，否则应当在无激励措施下安排这些活动。

（c）也将为民主党全国委员会成员提供额外的代表职位；并且

（d）根据第四款的规定，也将为民主党的当选政府官员提供额外的代表名额，具体由民主党全国委员会在《代表大会召集令》中来确定。

第三条　民主党全国委员会

第一款　根据本宪章和全国代表大会的其他决议或其他行动，民主党全国委员会在两次全国代表大会之间负责民主党的一般事务。这些责任包括：

（a）颁布《全国代表大会召集令》；

（b）指挥党的总统竞选活动；

（c）在提名总统和副总统中填补空额；

（d）制定和宣传党的政策主张；

（e）选举或任命 1 位主席、5 位副主席（其中 3 位副主席的性别应为主席的异性，其中 1 位应是州民主党主席联合会主席，另一位应是负责选民登记和参与的副主席）、1 位会计、1 位秘书、1 位全国财务主席和全国委员会的其他适当职员，还要填补空额；和

（f）其他为贯彻本宪章的条款和民主党的目标的所有必要的和适当的

行动。

第二款　民主党全国委员会由下列人员组成：

（a）来自各个被认可的州民主党和关岛、维京群岛、美属萨摩亚民主党的主席及与之性别相反的职位最高的人；

（b）根据本宪章第二条第五款 a 项分配到各州的额外 200 名成员，要与本宪章的第八条第三款和第四款的全面参与目标相一致，条件是每州至少要有两个这样的额外名额；

（c）两名额外成员，由来自关岛、维京群岛和美属萨摩亚的各 1 名全国委员会男委员和 1 名女委员组成；

（d）民主党州长联合会主席和另外两位联合会选举的州长，其中至少有 1 位的性别在可能的情况下，应当与主席的性别相反；

（e）美国参议院民主党领袖和众议院民主党领袖及这两位领袖各自任命的一位成员，在可能的情况下，应当与各自领袖的性别相反；

（f）民主党全国委员会主席、5 位副主席、全国财务主席、会计和秘书；

（g）全国民主党市长会议主席和会议选举的另外两位市长，其中至少有 1 位的性别必须与主席的性别相反；

（h）美国青年民主党主席和该组织每两年召集的代表大会上选举的额外两位成员，其中至少有 1 位的性别与主席的性别相反；

（i）民主党县官主席和该组织选举的另外两位县官，其中至少有 1 位的性别必须与主席相反；

（j）民主党州立法活动委员会主席和该委员会选举的另外两位州议员，其中至少有 1 位的性别必须与主席相反；

（k）全国市政官员协会主席和协会选举的另外两名市政官员，其中 1 位要与主席的性别相反；

（l）全国民主党妇女联盟主席和另外两位联盟选举的副主席；

（m）美国大学民主党每年选举出的主席和与之性别相反的副主席；

（n）全国民主党州会计联合会主席和联合会选出的与之性别相反的副主席；

（o）全国民主党副州长联合会主席和联合会选出的与之性别相反的副主席；

（p）民主党州秘书联合会主席和联合会选出的与之性别相反的副主席；

（q）民主党检察长联合会主席和联合会选出的 1 名与之性别相反的副主席；

（r）民主党全国民族协调委员会选出的非全国委员会成员的主席和 1 名与之性别相反的额外成员；

（s）民主党全国老年人协调委员会选出的非全国委员会成员的主席和 1 名与之性别相反的额外成员；

（t）本宪章的第九条规定的额外成员。前述的增加进去的全国委员会的其他成员不得超过 75 名。

第三款　分配给各州的全国委员会成员和那些第七条规定的不是凭党的职务进去的成员，可以根据民主党的规则由各州民主党选举，其任期始于这一届全国代表大会闭幕之日，终于下一届全国代表大会闭幕之日。这些成员将在全国代表大会举行的年份选举，通过确保完整、及时、平等的参与的程序来选举。空额由州政党按规则来补充。每一州的民主党成员必须分为等额的男女成员。由于担任公职或党的职务而成为民主党全国委员会的成员只有在担任公职期间才成为成员。民主党全国委员会额外增加的成员的任期与担任全国委员会主席同起讫，通过选举新主席，直到选出他们的继任者，这一类的成员将有权投票选举新主席。由担任州政党职务的民主党全国委员会成员将根据这样的政党来选举，与附则中规定的参与标准一致。

第四款　附则规定，只要有 2/3 的投票就可以撤销全国委员会的成员，他也可以要求继续留在全国委员会内，继续担任成员的条件是确定地支持民主党总统和副总统候选人。章程也会规定民主党全国委员会成员出席委员会会议的最低限度。附则可规定连续 3 次缺席民主党全国委员会会议的委员会成员无法达到最低出勤率并被视为辞职。

第五款　民主党全国委员会至少每年开 1 次会。会议将应全国委员会主席、全国委员会执行委员会或者不少于 1/4 的全国委员会成员的书面请求而召开。

第四条　执行委员会

第一款　根据宪章、全国代表大会和民主党全国委员会的规则，应当成立民主党全国委员会执行委员会，并负责民主党各项事务。

第二款　执行委员会应由民主党全国委员会的成员选举和担任。执行委员会的规模、组成和任期应当由全国委员会决定，条件是民主党全国委员会成员的地区核心会议选举的成员数目不少于 24 位，但少于通过其他方式选举的人数。

第三款　执行委员会至少每年召开 4 次会议，会议可以应全席或 1/4 以上的成员的书面请求而召开。执行委员会要保留一份公开的会议记录。

第五条　全国委员会主席

第一款　民主党全国委员会主席应执行全国代表大会和民主党全国委员会的计划和政策。

第二款　全国委员会的主席、5 位副主席、全国财务主席、会计和秘书通过以下方式选出：

（a）民主党全国委员会在总统选举后第一年 3 月 1 日以前召开的会议上选出；而且

（b）当出现空额的时候，全国委员会主席可以由民主党全国委员会的绝对多数票选举或废除，每一届的任期到下一任选出时为止。

第三款　全国委员会主席主持民主党全国委员会和执行委员会的会议。在全国委员会主席的职位空缺的情况下，由附则中第二条第十二款 b 项所规定的指定的副主席或者出席会议的比全国委员会主席次一级的最高官员主持会议。

第四款　全国委员会主席是专职主席，其薪水补贴由本人与民主党全国委员会商定。在经管民主党全国委员会的事务和日程中，特别是当他们着手进行总统提名程序的准备工作时，主席必须在总统候选人之间和各场竞选之间保持公正。主席还要确保民主党全国委员会的官员和职员在民主党总统提名过程中保持公正，不偏袒任何一位候选人。

第六条　党的会议

民主党可以在两次代表大会之间举行党的会议，会议的性质、日程、成员、时间和地点由民主党全国委员会决定。

第七条　全国财务组织

第一款　民主党全国委员会应成立全国财务机构，全面负责民主党的财务事宜。这些党的全国财务机构应筹集资金来支持民主党，要在州政党和候选人为其目的筹款时提供咨询和资助。

第二款　全国财务主席由民主党全国委员会选举或批准。

第八条　全体参与

第一款　美国民主党向所有愿意支持民主党或想加入民主党的人开放。

第二款　在民主党事务中，禁止基于性别、种族、年龄（或投票年龄）、肤色、信仰、原国籍、宗教、经济地位、性倾向、族群认同或残疾的歧视，为此目的，各级民主党都是开放的政党。

第三款　为了鼓励所有民主党人全面参与民主党的所有事务，根据附则中的定义，在代表选举程序中，特别考虑到少数群体、黑人、土著美国人、亚太裔美国人、拉美裔美国人、妇女和青年，全国民主党和州民主党根据前述群体在民主党选民中的百分比采用和执行肯定性行动项目，尽可能地使之有平等的代表权。肯定性行动的项目包括为实现这一目的的具体的目标和时间表。

第四款　如附则所规定，这一目标并不是在任何一级的选举代表的程序中或其他党的事务中，直接或间接地通过全国和州民主党的强制的硬性配额来实现；但是，如本条规定按照少数群体、黑人、土著美国人、亚太裔美国人、拉美裔美国人、妇女和青年在民主党选民中的百分比，尽可能平等地选出代表不应被看成是配额。

第五款　对已批准的肯定性行动项目的执行和全国代表大会的代表团人员构成，会被看做是对州代表团提出质疑的相关依据。如果一个州政党采纳和执行了已批准及监督的肯定性行动项目，政党就不会仅仅由于代表团的构成或仅仅由于预选结果而受到质疑。

第六款　尽管有上述第五款，但是在任何一级的代表或委员会职位男女数目相等并不因此而违反任何条款。

第九条　一般条款

第一款　民主党指美利坚合众国民主党。

第二款　附则规定，民主党总统提名人或对提名人作出承诺的选举人不会出现在用做分配公式的选举的州的选票上。

第三款　按照本宪章的目的，哥伦比亚特区应按有适当数目的国会选区的州加以对待。

第四款　按照本宪章的目的，波多黎各应按照有适当数目的国会选区的州对待。

第五款　有些地区的公认的民主党组织在总统选举中没有投票权，但可以按民主党全国委员会在《代表大会召集令》中的规定，选出参加民主党全国代表大会的有投票权的代表。

第六款 关岛、维京群岛、美属萨摩亚在民主党全国委员会中各有一票，这一票由主席、与之性别相反的最高职位的官员、全国委员会的男成员和女成员分享，除非附则中另有规定。海外的民主党人在民主党全国委员会中有2票，这两票由主席、与之性别相反的最高职位的官员、3名民主党全国委员会男成员、3名民主党全国委员会女成员分享，除非附则中另有规定。

第七款 附则应规定党的地区组织。

第八款 为了保证竞选美国总统的民主党提名人由公正、公平的程序产生，民主党全国委员会可以发表它认为适当的与总统提名程序有关的及时的政策声明，并与州政党一起合作来达成这些声明中的目标。

第九款 民主党全国委员会应维护和发布一套公平竞选法，并建议所有以民主党人身份竞选的候选人遵守。

第十款 民主党不会要求一名出席党的代表大会或核心会议的代表投票支持与他/她所表达的倾向相反的人。

第十一款 代表大会上不允许委托投票。只有在附则中规定的民主党的事务中才允许委托投票。

第十二款 民主党全国委员会、执行委员会及其他所有党的大会、小会的所有会议将对外公开，不采取秘密投票的原则。

第十三款 民主党全国委员会要准备并公开发表一份有关民主党财务的年度报告。

第十四款 在没有其他条款的情况下，民主党的所有会议应采取《罗伯特议事规则》（新修订版）。

第十五款 根据合理的要求，人们可以得到宪章和附则或其中部分的其他语言文本。

第十六款 民主党全国委员会、执行委员会、州民主党中央委员会及所有全国正式的党的代表大会、委员会、小组委员会及类似团体的成员男女人数应相等。州政党要采取可以证明的积极步骤，实现立法改变，以便当本条款与州的法律文献冲突时，使州法律依照本条款。

第十七款 民主党的信条。我们民主党是美国最古老而精神上又是最年轻的政党。我们将继续保持如此，因为我们乐于接受治理的挑战。近两个世纪以来，民主党一次次入主政府——建设和捍卫国家、鼓励贸易、教育儿童、促进机会平等、发展科学和工业、支持艺术和人文科学、恢复土地、开发并保护我们人类和自然资源、保护和改善环境、消除贫困、探索太空。我们已实现艰难而关键的目标。

我们意识到政府是有限的，但我们认为民主政府是行善的力量和希望的源泉。

我党核心中最基本的一条信念是：美国人不仅是自由的，而且必须生活在一个公正的社会中。

我们认为政府有责任帮助人们实现这一公正的社会：

·在这一社会中，我们承诺不动摇社会保障，老年人和残疾人可以过一种有尊严的生活。

·在这一社会中，所有人都能在一个全面就业的增长的经济中找到工作。

·在这一社会中，毫无疑问，所有工人保证有加入他们自己选择的工会的法律权利，也有为体面的工资和就业环境进行集体谈判的法律权利。

·在这一社会中，税收显然要依据付税能力而定。

·在这一社会中，宪法要保障妇女享有与男人平等的权利。

·在这一社会中，要全面保障少数群体的公民权利，人人都有机会过上更好的生活。

·在这一社会中，基于种族、性别、年龄、肤色、信仰、原国籍、宗教、族群认同、性取向、经济地位、哲学倾向或身体残疾的公开和私下的歧视都应受到谴责，政府要积极地通过法律手段来结束这些歧视。

·在这一社会中，我们意识到，家庭的稳固和对儿童的保护对于我国的健康发展来说是必不可少的。

·在这一社会中，对每个公民来说，合理的教育、适当的营养、高质量的保健、支付得起的住房、安全的街道及健康的环境都是可能的。

·在这一社会中，我国农民的家庭生计就像他们融入美国特性的价值观一样稳固。

·在这一社会中，强大的国防要靠共同努力来维持，促进人权是我国外交政策的一项基本价值观，我们要通过结束核军备竞赛来确保未来。

这就是我们的目标和我们的承诺。

第十条　修正案、附则和规则

第一款　本宪章可以通过出席全国代表大会的全体代表的绝对多数投票修改，条件是这种修改要等随后的民主党全国委员会全体成员的绝对多数投票批准才生效。本宪章也可以由民主党全国委员会全体成员的 2/3 的绝对多数投票修改。根据此款采取行动的全国委员会的任何会议至少要在 30 天前发出书面通知，任何提议的修改草案要传给全国委员会的全体成员，并散发给全国媒体。本宪章也可以根据宪章授权，为修改目的召开的民主党会议上的全体代表的 2/3 的绝对多数票通过而加以修改。

第二款　采用民主党附则处理那些宪章未规定的党的事务。附则的采用或修改要由下列的绝对多数投票决定：

（a）全国代表大会；或

（b）民主党全国委员会，条件是任何章程或修改条例的建议草案必须提前 30 天书面通知民主党全国委员会的所有成员。

除非以本宪章的修正案的形式采纳或其他方式制定，全国代表大会采纳的任何有关管理党务工作的决议应当被视为附则。

第三款　据本宪章成立的民主党的任何正式机构履行责任时必须遵照书面的规则，这些规则要与本宪章、附则、据本宪章授权而采纳的其他条款、包括代表大会的决议和其他活动保持一致。民主党全国委员会要保留所有规则的复印件，以便人们要求时可以得到它们。

第四款　每一个受到承认的州民主党采纳和履行事务时要与这些书面规则保持一致。因此，这些规则和任何变化或修改的复印件在被采纳 30 天后要在民主党全国委员会存档。

采纳决议

第一款　美利坚合众国民主党根据 1972 年民主党全国委员会采纳的决议和会议的召集令而召开一个关于民主党组织和政策的会议，在此采纳了处理党务的宪章，特附于此。

附则　根据美国民主党宪章施行

第一条　民主党全国代表大会

第一款　根据民主党宪章的条款，民主党全国代表大会是民主党的最高权力机构。

第二款　在每一届全国代表大会召开时，全国代表大会要采纳一些永久性的行事规则，代表大会及其活动因此要受《代表大会召集令》中所设定的临时规则来行事。

第三款　全国代表大会的代表名额将根据与宪章相一致的《代表大会召集令》来分配。

第二条　民主党全国委员会

第一款　权利和义务。根据宪章和代表大会其他正式行动的决议，民主党全国委员会在两届代表大会期间负责处理党的一般事务，这包括但不限于：

（a）颁布《代表大会召集令》；

（b）管理党的总统竞选事宜；

（c）在提名总统和副总统的过程中填补空缺；

（d）资助州和地方民主党组织进行候选人的竞选和选民教育；

（e）通过民主党全国委员会成员的参与，通过民主党全国委员会主席授权下的具体项目的管理，制定和宣传党的政策，促进公共政策议题的项目的系统研究；

（f）提供选举或任命一位主席、五位副主席（其中三位副主席的性别必须与主席的性别相反；其中一位必须是州民主党主席联合会主席，另一位必须是"投票登记和参与"的副主席）、一位会计、一位秘书、全国财务主席和全国委员会的其他适当职员，还要填补空缺；

（g）建立和维护全国民主党活动中心；

（h）促进和鼓励每一级的政党活动，包括但不限于：

（i）促进和鼓励完成全党的使命；

（ii）完成党纲的承诺和其他承诺；

（iii）建立和支持一个适当的政治研究系统；

（iv）在其成员和普通人中准备、散发和交流党的信息；

（v）建立和维持党的公共关系；并且

（vi）建立党的委员会、组织、群体、民主党官员和成员之间的协调项目。

（i）设计和举行党的筹款活动；

（j）采取必要的和适当的行动来贯彻宪章、章程、决议和其他正式行动来实现党和代表大会的目标；

（k）批准民主党全国委员会的预算。

第二款　成员。民主党全国委员会由下列成员组成：

（a）如宪章第九条规定，每一个被认可的州政党和关岛、维京群岛、美属萨摩亚民主党的主席和与之性别相反的最高职位的人；

（b）根据宪章第二条第五款 a 项分配到各州的另外 200 名成员，条件是每州至少要有两名这样的额外成员；

（c）两名额外成员，由来自关岛、维京群岛和美属萨摩亚的各一名全国委员会男委员和一名女委员组成；

（d）民主党州长联合会主席和另外两位联合会选举的州长，在可能的情况下，其中至少有一位的性别应当与主席的性别相反；

（e）美国参议院民主党领袖和众议院民主党领袖，以及这两位领导人各自任命的一位成员，在可能的情况下，这两位成员应当与各自领袖的性别相反；

（f）全国委员会的主席、五位副主席、全国财务主席、会计和秘书；

（g）全国民主党市长会议主席和会议选举的另外两位市长，其中至少有一位的性别必须与主席的性别相反；

（h）美国青年民主党主席和该组织每两年召集的代表大会上选举的另外两位成员，其中至少有一位的性别与主席的性别相反；

（i）全国民主党妇女联盟主席和联盟选举的另外两位副主席；

（j）民主党县官主席和该组织选举的另外两位县官，其中至少有一位的性别必须与主席相反；

（k）民主党州立法领袖联合会主席和该联合会选举的另外两位州议员，其中至少有一位的性别必须与主席相反；

（l）全国市政官员协会主席和协会选举的另外两位市政官员，在可能的情况下，其中一位的性别要与主席相反；

（m）宪章第九条规定的其他成员；

（n）美国大学民主党每年选出的主席和与之性别相反的副主席；

（o）全国民主党州会计联合会主席和联合会选出的与之性别相反的副主席；

（p）全国民主党副州长联合会主席和联合会选出的与之性别相反的副主席；

（q）民主党州秘书联合会主席和联合会选出的与之性别相反的副主席；

（r）民主党检察长联合会主席和联合会选出的一名与之性别相反的副主席；

（s）民主党全国民族协调委员会选出的非全国委员会成员的主席和一名与之性别相反的额外成员；

（t）民主党全国老年人协调委员会选出的非全国委员会成员的主席和一名与之性别相反的额外成员；

（u）前述增加进去的全国委员会其他成员不超过 75 名。

第三款　选举成员。

（a）根据本条第二款 b 项的规定及宪章第九条的规定，将民主党全国委员会的成员分配到各州，这些成员不包括那些各州或各地区的民主党依据本条第十一款通过确保全面、及时、平等的机会参与程序，凭借党的职务而选举的成员各州或地区的党规中具体规定此类成员的选举办法，应当是下述方法中的一种或几种：

（i）在全国代表大会召开那一年，在有效的日程公布后，有权选举全国委员会成员的州或地区的全国代表大会的代表团通过召集公开的会议（来选举成员）；

（ii）在全国代表大会召开那一年，通过州或地区的预选（来选举成员）；

（iii）在全国代表大会召开那一年，在有效的日程公布后，州或地区的党委员会通过召集一次公开的会议（来选举成员）；

（iv）在全国代表大会那一年，在有效的日程公布后，有权选举全国委员会成员的州或地区的代表大会通过召集一次公开的会议（来选举成员）；

（v）通过州或地区民主党采用的、民主党全国委员会同意的其他办法（来选举成员）。

（b）如果根据法律、宪章和民主党全国委员会同意的规则建立了选举机构，那么以上任何一种选举都要满足全面、及时、平等的机会参与的要求。

（c）通过担任党的职务而欲成为全国委员会成员的，要经各州或地区的民主党根据本条第十一款的有关参与的标准来选举。

（d）根据本条第二款 b 项或宪章第九条将成员的名额分配到各州或地区时，男女成员数目各一半。在分配名额为奇数的情况下，男女差额不能大于一人。

（e）根据本条第二款 q 项，民主党全国委员会所分配的成员要由全体成员选举，条件是任何这种提名通知要在选举前七天以上邮寄通知全体委员会成员。

第四款 成员的核实和资格。

（a）本条第二款中规定的民主党全国委员会的成员要通过下列方式向全国委员会核实：

（i）在第二款 a 项、b 项和 c 项规定的成员要由州或地区的适当的党的机构核实；

（ii）由第二款 d 项规定的成员要由民主党州长联合会的主席核实；

（iii）由第二款 e 项规定的成员要由美国参议院民主党领袖和众议院民主党领袖核实；

（iv）由第二款 g 项规定的成员要由民主党市长会议主席核实；

（v）由第二款 h 项规定的成员要由美国青年民主党主席核实；

（vi）由第二款 i 项规定的成员要由全国民主党妇女联盟的主席核实；

（vii）由第二款 j 项规定的成员要由民主党县官会议主席核实；

（viii）由第二款 k 项规定的成员要由民主党州立法活动联合会主席核实；

（ix）由第二款 l 项规定的成员要由全国民主党市政官员会议主席核实；

（x）由第二款 n 项规定的成员要由美国大学民主党主席核实；

（xi）由第二款 o 项规定的成员要由全国民主党州会计联合会主席核实；

（xii）由第二款 p 项规定的成员要由全国民主党副州长联合会主席核实；

（xiii）由第二款 q 项规定的成员要由民主党州秘书联合会主席核实；

（xiv）由第二款 r 项规定的成员要由民主党检察长联合会主席核实；

（xv）由第二款 s 项规定的成员要由民主党全国民族协调委员会主席核实；

（xvi）由第二款 t 项规定的成员要由民主党全国老年人协调委员会主席核实；

（xvii）其他由第二款规定的成员要由民主党全国委员会主席核实。

（b）那些不是或不继续是他/她代表的合法的投票目的的在任者，将没有资格担任这一职务。

（c）那些资格有问题的人没有投票权。

（d）全国委员会根据章程中第二条第十款 b 项的有关规定受理和裁决成员的争议或对问题成员的资格纠纷。

第五款 成员辞职或被解职。

（a）全国委员会成员可以向全国委员会主席提出书面辞呈而辞职，这类辞职立即生效。

（b）在全国委员会通知和提供公证会的机会发现有充足的理由后，全国委员会可以以 2/3 的绝对多数票解除一名成员。

（c）在全国代表大会休会 30 天后，全国委员会的任何成员没有肯定地宣布他/她对总统和副总统提名人的支持，即构成解除成员资格的充足理由。

第六款 空额。全国委员会的任何成员因辞职或被解职而产生的空额有下列方式来填补：

（a）分配到州或地区的成员的空额，要根据本条第二款 b 项和宪章第九条，在有效地公布日程后由州或地区政党开会填补；

（b）由于州主席或与之性别相反的最高级官员的解职或辞职而产生的空额，只能根据本条第三款 b 项由他们的继任人来填补；

（c）全国委员会的任意成员的空额由全国委员会来填补；

（d）民主党州长联合会、民主党市长会议、参众两院的领袖、美国青年民主党、民主党县官会议、州立法领袖联合会、全国民主党妇女联盟、全国民主党市政官员会议、美国大学民主党的职位空额由选举机构来填补，在选举机构休会或选举机构空额一年后还将不召开会议的情况下，由会议之间全体的执行组织承担填补空额的责任。

第七款 会议。

（a）全国委员会在全国代表大会休会后，应全国委员会主席的召集尽早开会。全国委员会与已选举好的那些成员一起负责组织会议，包括第十款 b 项第四节中规定的有权出席委员会的第一次会议的任何临时成员。他们要选出执行委员会的成员，这些成员由地区核心会议来选举，他们将同那些人一起服务，任期到民主党全国委员会的下一次常会。

（b）民主党全国委员会根据主席的召集令并在通知成员后，至少每年开两次会议，除非全国委员会全体成员先前以绝对多数票取消这类会议。

（c）全国委员会的特殊会议可以应主席的要求并获得执行委员会的同意及广泛通知成员后召开，在此类特殊会议上不会采取行动，除非行动建议已包括在特殊会议的通知中。尽管前面说过，但填补全国职位上的空缺的特殊会议还是应当由主席召集，主席根据这些章程中第二条第八款 d 项的有关程序规则来安排这类会议的日期。

（d）民主党全国委员会秘书应在每一次例行会议召开 30 天以前，及民主党全国委员会特殊会议召开前尽早地将此类会议的日期、时间、地点和临时日程书面通知全国委员会的所有成员。

（e）应全国委员会 1/4 以上成员的书面请求，主席有义务在从收到这类请求后的 15 天内召集全国委员会会议。这类会议的日期由主席确定，不迟于通知后的 30 天和不早于通知后 15 天。

第八款　考勤、法定人数和投票。

（a）根据本条第二款规定中分配的全国委员会成员，如果连续缺席三次民主党全国委员会的会议，则达不到最低出勤率并被视为从全国委员会辞职。任何因未达到最低出勤率而产生的成员空额应按照本条第六款的规定进行填补。在任何会议上委托投票不被计入最低出勤率。

（b）民主党全国委员会全体成员的一半以上出席会议或委托投票即构成法定人数，条件是构成法定人数中本人出席会议的不少于全体的 40%；但是，为了填补全国职位的空额，法定人数必须有一半以上的成员由本人出席。

（c）全体出席成员或委托投票的 40%，或 50 名本人出席的成员，无论哪种人更少，都应构成以下会议的法定人数：

（i）民主党全国委员会中负责信任案、决议、规章细则以及预算和财务的常务委员会；

（ii）东部、南部、中西部、西部地区党团会议；

（iii）拉美裔、非洲裔、亚裔和太平洋岛屿美国人以及美国同性恋、双性恋、变性者党团会议；和

（iv）根据此附则第十款 f 项中的规定产生的其他常务委员会或临时委员会。

（d）除非宪章或附则中另有规定，否则民主党全国委员会的所有问题都由那些由本人出席会议或委托投票的成员中的绝对多数票决定。

（i）由留任成员根据宪章第三条第二款增加的全国委员会多达 75 位其他任意成员以及根据章程第三条第二款全国委员会选举的 11 位代表全区的执行委员会成员，可以由本人或委托投票的简单多数选举；还有

（ii）可以应出席和投票的 25% 的全国委员会成员的请求，进行唱名投票。

（e）除了海外民主党人在全国委员会有四票外，全国委员会的每一位成员有权就每一个议题投票。这一票在主席、投票的主席、与之性别相反的最高级别的官员、全国委员会男成员和女成员之中平分。海外民主党人在民主党全国委员会有两票，这两票在主席和投票的主席、与之性别相反的最高级别的官员、全国委员会男成员和女成员之中平分。

（f）投票填补全国职位的成员空额应遵循规章委员会和民主党全国委员会采纳的程序规则。

（g）允许委托投票。委托投票可以是一般性的，也可以是限制性的；可以是有指导的，也可以是没有指导的。所有委托投票必须是书面的，并且具体说明委托给何人。非全国委员会成员，在任何时候拥有或行使全国委员会成员的委托权最多一次；但条件是，在填补全国职位的成员空缺的投票中不允许委托投票。

（h）全国委员会主席可以通过邮寄的方式将问题提交给全国委员会成员考虑和投票，然而，假如累计有全体成员的 20% 以上的请求，这些问题可以放到全国委员会的下次会议上讨论。

第九款　地区党团会议。民主党全国委员会由下述四个地区党团会议构成：

东部地区：康涅狄格、特拉华、哥伦比亚特区、缅因、马里兰、马萨诸塞、新罕布什尔、新泽西、纽约、宾夕法尼亚、波多黎各、罗德岛、佛蒙特、维京群岛、海外民主党人（1/2 票）。

南部地区：亚拉巴马、阿肯色、佛罗里达、佐治亚、肯塔基、路易斯安那、密西西比、北卡罗来纳、南卡罗来纳、田纳西、德克萨斯、弗吉尼亚、西弗吉尼亚、海外民主党人（1/2 票）。

中西部地区：伊利诺伊、印第安纳、艾奥瓦、堪萨斯、密歇根、明尼苏达、密苏里、内布拉斯加、北达科他、俄亥俄、俄克拉荷马、南达科他、威斯康星、海外民主党人（1/2 票）。

西部地区：阿拉斯加、美属萨摩亚、亚里桑那、加利福尼亚、科罗拉多、关岛、夏威夷、爱达荷、蒙大拿、内华达、新墨西哥、俄勒冈、犹他、华盛顿、怀俄明、海外民主党人（1/2 票）。

第十款　委员会。

（a）除了宪章中规定的其他委员会外，民主党全国委员会还有下列常务委员会：

（ⅰ）资格认证委员会；

（ⅱ）决议委员会；

（ⅲ）规章委员会；

（ⅳ）预算与财务委员会。

（b）

（ⅰ）资格认证委员会受理和裁决有关民主党全国委员会成员资格的一切质疑纠纷；

（ⅱ）被质疑的任何州或地区的民主党人，或民主党全国委员会的任何成员，可以对委员会的资格提出质疑，可以由登记的信函（应要求退给收据）处在选举这个成员的 30 天内提出抗议；

（ⅲ）资格认证委员会要审定那些当选的全国委员会成员的资格的合法性，并对一切在职成员的质疑作出裁决。资格认证委员会将为争议的每一方提供一个合理的听证的机会和递交简介和口述争论的机会，并就争端向全国

委员会提交书面报告;

(iv) 全国委员会召开会议,把此类争议的裁决视为第一要务,如果可能的话,包括受到质疑的成员的暂时席位;以便成员可以在全国委员会上参加其他事务。

(c)

(i) 决议委员会收集和考虑全国委员会成员建议全国委员会采纳的政策方面的一切决议,并做出书面报告。口述报告包括推荐给委员会采纳的每一个文本,以及表明没有推荐给委员会采纳、但已考虑的决议;

(ii) 决议至少要在全国委员会开会前21天提交给民主党全国委员会的秘书,所有这些决议至少要在开会前14天送给各位成员,假如执行委员会投票,尽管没有在这期间提交给成员,但亦可将紧急的决议及时递交给全国委员会。

(d)

(i) 规章委员会收集并考虑所有关于美国民主党宪章和全国委员会的规则修改和采纳的建议;

(ii) 关于美国民主党宪章修改的建议至少应在民主党全国委员会召开例行会议前60天让规章委员会收到,除非执行委员会同意将宪章修改的建议直接递交,如果符合宪章的其他时间要求的话;

(iii) 民主党全国委员会规则修订案及其采纳的建议,至少要在全国委员会开会前的30天内提交给规章委员会,全国委员会的秘书在全国委员会开会前30天,将这些建议寄给各位成员。全国委员会成员有责任递交一份规则修改建议,并在规则要求考虑的时间内将它散发给全体成员,或者向秘书递交申请,以便有足够的散发时间;

(iv) 执行委员会可委托规章委员会预先考虑《代表大会召集令》中全国代表大会的临时规则、执行委员会可以采纳规章委员会的建议,如全国代表大会临时规则之类的建议;

(v) 规章委员会继续研究规则、章程和宪章,周期性地提出修改、扩充和其他活动的建议,条件是规章委员会的任何这类建议都要在提出日程时

递交给全国委员会的成员；而且

（ⅵ）规章委员会的报告必须是书面的，并包括所建议的活动的全部文本，并标明哪些建议是委员会不同意采纳的。

（e）预算与财务委员会

（ⅰ）预算与财务委员会应当由会计、全国财务主席以及民主党全国委员会在财务及管理上经过培训或有经验的其他不超过九名成员组成；

（ⅱ）预算与财务委员会应当与民主党全国委员会的主席充分磋商，不断审查民主党全国委员会的预算，并定期做报告，包括要呈送给执行委员会和整个民主党全国委员会，有关民主党全国委员会及其工作人员的开支目标与目的、开支结果的年度报告；

（ⅲ）预算与财务委员会应当与全国主席、首席财务官和法律顾问一道，形成并向执行委员会提交以下方面的政策和程序：

（a）民主党全国委员会的合同以及商品与服务的采购，包括肯定性行动政策；和

（b）避免利益冲突。

（ⅳ）预算与财务委员会的会议不适用本宪章第九条第十二款的规定。

（f）全国委员会随时都可建立这类它认为合适的常设委员会和临时委员会。

（g）除非宪章和这些章程中另有规定，全国委员会下属的所有委员会的成员必须由民主党全国委员会主席与执行委员会协商后任命，并经民主党全国委员会批准，委员会成员的服务期与主席的任期一样。尽管有上述的规定，这种悬而未决的任命通知必须在批准的投票前7天以上邮寄给全国委员会的成员。

（h）连续3次缺席全国委员会下属委员会会议的成员将无法达到最低出勤率并构成从委员会自动辞职。除在任何会议上委托投票不被计入最低出勤率外，本条第八款g项的规定适用于全国委员会的下属委员会。全国委员会下属委员会的出勤记录应每年向执行委员会报告。

（ⅰ）委托给任何理事会、特别委员会、常设委员会、会议或其他任何下

设的组织的所有事务必须按委托机构的要求办理，并将其行动向委托机构作口头汇报。

第十一款　参与全党的事务。

（a）美国民主党对所有愿意支持它的人和愿意表明自己是民主党的人敞开大门。根据美国民主党宪章中的非歧视原则和肯定性行动的原则，人人都可以参与民主党事务。

（b）

（i）为了鼓励所有民主党人全面参与民主党的一切事务，全国民主党、州和地方的民主党组织要实施肯定性行动的项目。"全党的事务"的含义是从最低一级的正式的政党组织的一切活动向上，一直到全国民主党的一切活动。这些活动必须包括但不必限于：选举民主党全国代表大会的代表；党的官员的提名或任命；党的政策、党纲、规则的制定；投票登记的日常项目；公共教育和公共关系。这些项目的制定和主持要与民主党全国委员会合作。

（ii）全国政党和州政党要实施一些有助于增加中低收入阶层的人参与的项目。这些项目必须包括接触和招募的条款和资源，以实现代表权和公正地消除阻碍这些人全面参与的经济因素。

（iii）全国政党和州政党要采取一些肯定性行动，以便制定和完成一些针对中低收入的民主党人的适当教育、培训、筹款和接触项目，并对党的规章制度进行最富有建设性的解释，以便增加中低收入者的参与和代表权。有关本条第十一款 b 项和宪章第八条第二款规定的非歧视原则，要严格执行。

（c）

（i）每一州和地区的政党必须要求举行会议的每一个政党组织，要有效而及时地公布所有这些会议的日期、时间和地点，以及负责这些会议的人的名字。

（ii）如本条所要求的，会议通知必须在会前发布。这些通知可以是法律通知、付费广告、新闻类别、直接邮递、广播和电视通知或以其他合理的、旨在通知开会的民主党人的形式发布，条件是不要求州、地区和县政党购买付费广告；而且

（iii）假如受到质疑，州或地区政党必须遵守本条的规定，拿出报告本政党组织有效通知的证据。

（d）如果一个县或任何一个州或地区的地方政党组织没有遵守本条前述款项，州或地区政党有责任为地方会议设定日期、时间和地点，并按本款的规定发出会议通知。

（e）每个州或地区的地方政党可以建立确保遵守本款的必要程序和结果，包括评估州内的任何政治组织不遵守本款的指控。

（f）如果一个州或地区的政党被指控没有遵守本款，该党组织要免责就必须向民主党全国委员会证明：指控者不是本地合法的居民，或者指控者没有指明政党做出的所有遵守本款的努力，就得出指控结论。

第十二款　主席的责任和义务。

（a）主席是民主党全国委员会的执行官，他/她行使着代表民主党全国委员会和民主党全国委员会执行委员会的权力，贯彻委员会的日常活动。

（b）在主席选举后的下一届民主党全国委员会开会时，他/她必须指定一位副主席，在主席职位出现空缺或主席不能行使职务时，能够行使代理主席的权力。在这种继承职位的情况下，被指定的副主席要行使主席的职权，直到下一届例行的民主党全国委员会全体会议选举出新主席为止。

第三条　执行委员会

第一款　权利和义务。民主党全国委员会的执行委员会在全国委员会休会期间负责民主党的日常事务。这一责任包括但不限于：

（a）行使民主党全国委员会休会期间的权力；

（b）建议批准民主党全国委员会的预算；而且

（c）向民主党全国委员会报告它的所有会议内容。

第二款　成员。执行委员会由下列成员组成：

（a）必然是民主党全国委员会成员的民主党全国委员会地区会议主席；

（b）每一个民主党全国委员会地区会议选举出的四名成员，这四名成员中男女各两人，并且必须是民主党全国委员会的成员；

（c）民主党全国委员会的主席、五位副主席、会计和民主党全国委员会的秘书；

（d）全国财务主席；

（e）民主党州长联合会主席或他/她从这个协会指定的人，也必须是民主党全国委员会的成员；

（f）美国参众两院的民主党领袖或他/她指定的人，必须是民主党全国委员会的成员；

（g）全国民主党市长会议主席或他/她指定的人，必须是民主党全国委员会的成员；

（h）民主党立法竞选委员会主席或他/她指定的人，必须是民主党全国委员会的成员；

（i）全国民主党县官会议主席或他/她指定的人，必须是民主党全国委员会的成员；

（j）全国市政官员会议主席或他/她指定的人，必须是民主党全国委员会的成员；

（k）美国青年民主党主席或他/她指定的人，必须是民主党全国委员会的成员；

（l）由州民主党主席联合会选举的另外三名成员；

（m）全国民主党妇女联盟主席或他/她指定的人，必须是民主党全国委员会的成员；

（n）全国民主党委员会中拉美裔、非洲裔、亚裔和太平洋岛屿美国人以及美国同性恋、双性恋、变性者党团会议主席或他/她指定的人，必须是民主党全国委员会的成员；

（o）民主党全国委员会中妇女会议主席或她指定的人，必须是民主党全国委员会的成员；

（p）美国大学民主党主席或他/她指定的人，必须是民主党全国委员会的成员；

（q）民主党全国委员会选举的11名代表全区的成员，男女人数应相等，并且全都是民主党全国委员会的成员；

（r）负责信任案、决议和规章细则的常务委员会的主席；

（s）本款中规定的任何一位被指定的人或许不是执行委员会的成员，但一定是他/她被指定来代表的组织或选区的成员。

第三款　选举成员。

（a）根据本条第二款 b 项、n 项和 o 项，代表地区和选区党团会议的执行委员会成员由下列方式选举：

（i）在总统大选后举行的第二次民主党全国委员会的会议上选举；

（ii）出现空额时选举。

（b）根据本条第二款 q 项分配的代表全区的执行委员会成员由下列方式选举：

（i）在总统大选后举行的第二次民主党全国委员会的会议上选举；和

（ii）在出现空额时选举；

（iii）尽管有上述规定，这些提名通知还必须在投票前七天以上邮寄给全国委员会的成员。

（c）执行委员会的成员的服务期一直到选出他们的继任者为止。万一有成员辞职，派出他/她的原机构可以选举出他/她的继任者在他/她尚未完成的服务期服务。

第四款　会议。执行委员会每年至少开 4 次会议。会议必须应主席召集或 1/4 以上的成员的书面请求而召开。民主党全国委员会的所有成员都应得到执行委员会开会的通知。执行委员会保留公众可以得到的会议记录。

第五款　考勤和法定人数和投票。

（a）根据本条第二款规定中分配的执行委员会成员，如果连续 3 次缺席民主党全国委员会执行委员会的会议，则达不到最低出勤率并被视为从执行委员会辞职。任何因未达到最低出勤率而产生的成员空额应由原机构进行填补。在任何会议上委托投票不被计入最低出勤率。

（b）尽管有上述规定，附则的第二条第八款规定仍适用于执行委员会。

第四条　全国财政机构

第一款

权利和义务。民主党的全国财政机构负有为民主党财政筹款的总责任，以支持民主党和民主党全国委员会，为州民主党和候选人为其目的而获得资金提供咨询和资助。全国财务主席和会计在有关民主党的财政问题上，向民主党全国委员会主席和民主党全国委员会的执行委员会主席提供咨询。

第五条　修正案

通过下列绝对多数票可以采纳或修改附则：

（a）全国代表大会；或

（b）民主党全国委员会规定，任何附则或修正案的建议必须提前 30 天书面通知全国委员会的所有成员。除非以宪章修正案的形式被采纳或另有规定，被全国代表大会采纳的涉及管理党的事务的任何决议必须被视为附则的一部分。

[本章根据美国民主党全国委员会 2010 年 8 月 20 日修改公布的《美国民主党宪章及附则》(*The Charter & the Bylaws of the Democratic Party of the United States*) 翻译]

（华东政法大学政治学研究所　王金良　译）

美国共和党宪章

前　言

大部分政党，尤其是共和党，都缺乏用于解释该党原则并能阐释党首行事必须遵守界限的书面宪章。这便是促使起草该党章的原因之一。

绝大多数共和党人都是理解并拥护美国宪法的。这些人因宪法限制了政府的权力从而使政府有了保护个人权利的可能，将宪法理解为以严谨态度撰写的精准法条。

本党章的目的是说明共和党信奉的原则。这些原则都是建立在宪法和人权基本概念之上的。

该党章提到任何一个缺少党章来说明该党原则的政党理所当然都是不道德的；假使一个政党既不为自己作出说明也不说明自己所声张的那些事情，那么随着时间推移该政党要直接变成与其最初状态相反的状态是很自然的事。这就意味着各种政党领导对于恪守思想原则鲜有兴趣，而对于追逐和保持自己的权力则更有兴趣。自由人是极其厌恶这一点的。

制定党章能够使一个政党确立下来。一个政党因此不再容易随意变化或朝着政治倾向所引导的方向去。这便是我们努力的目标。

"一个政党不可能符合所有人的所有要求，它必须代表着一种不向看起来是政治上的权宜之计妥协也不仅仅是为了扩充人员数量的基本信仰。"——罗纳德·里根，1975。

鉴于共和党领导和许多共和党人已经接受了与我们这个伟大国家建立所根植的准则及价值相悖的价值和已修订政策，制定为共和党作出说明的保守的信条及准则变得很有必要。为了成为共和党一员或者继续作为共和党成员存在，获得选举支持并取得共和党及其选区选民的资金支持，所有的候选者、在职者和新进入者都必须遵守这些信条和原则。

要使人们知道，我们作为美利坚合众国的人民特此提出共和党党章以下内容：

共和党人信仰有限政府、个人自由及个人责任；

政府无法获得除了来自人民准许之外的金钱或权力；

人民有权保留自己的劳动成果；

选举产生的官员必须将美国宪法作为本土的最高法律；

决定了共和党支持并要求以下原则在意识和行动上被严格遵守：

责　任

共和党领导理解并承认个人权利及政府局限性，特此宣誓支持且捍卫个人的权利。

社会需要诚信和有能力的领导。

要意识到对权力加以谨慎限制的必要。

要意识到对权力加以符合宪法的严格限制的必要。

支持合理及适当的进步。

所有众议员、参议员、总统和最高法院法官必须遵守美国宪法。

所有众议员、参议员、总统和最高法院法官必须阅读美国宪法。

保护、保卫及捍卫美国宪法。

反对私人产业、贸易及银行业国有化并反对政府在任何私人产业或公司的部分所有权。

权 利

*资料来源：独立宣言及权利法案第 4、第 5、第 9、第 10 和第 11 修正案和宪法第 1 条第 8 款。

马萨诸塞州代表费舍尔艾马尔写道："承认人生来就具有良知、携带武器及改变政府的权力。"

共和党承认所有个人的基本和自然权利，了解到违反这些权利就与一个篡权的暴君无异，并承诺不会支持会对美国人民个人权利产生影响的政府立法或政府性工具。

权力是人在社会中自由行动的原则，而且权利不是由政府赋予，是造物者给予我们的。人类天性使得权利成为理性人所必需；权利纯粹是脱离政府存在的且不可剥夺。

当社会保障个人生存、自由、财产及追求幸福的基本权利时，这个社会是自由的。

宪法和人权法案保障每个人不可剥夺的权利，并且保障人的需要在任何时候都被尽可能多地捍卫和保护。

生存权是所有权利的来源。

共和党认为个人都是以自身为目的的，而社会则是所有人和平、有序、自愿并存的一种手段。

共和党认为权力使个人的生命属于自己，并且权利是个人所有。

政府的唯一目的是保护个人权利。

*依照宪法第 1 条第 8 款、第 4 条第 4 款。

权利可以不经任何人许可被行使。

个人自由是无条件的。

由于个人拥有不可剥夺的权利，这意味着同样的权利为所有个人所同时持有。因而，一个人的权利不能与其他人的权利冲突。

财产权是指一个人有权利采取必要的经济行为获得、使用和安排财产。

政府不应在未给予公平补偿的情况下剥夺私有财产。

所有私有财产的违宪规制都必须被废除。

所有准许违反权利法案的法律都必须被废除。

以安全名义剥夺人身自由并非爱国主义。

资本主义是一种在承认个人权利，其中包括确立所有财产为私人拥有的财产权基础之上建立的社会和经济制度。

资本主义制度的统治性原则是公平正义已为人们承认，即个人的劳动成果属于该个人。

*依照权利法案第 4、第 5、第 6、第 9、第 10 和第 11 修正案

价值标准

*资料来源：宪法第 1 条第 8 款，权利法案第 1、第 2、第 3、第 4 和第 5 修正案

共和党相信经久不衰的道德秩序是存在的。这种秩序是为人所立，人也是为这种秩序所立的：人性始终如一，而道德秩序是永久的。

历史上那些伟大民族的衰落向我们说明了这样一个事实：衰落的社会陷入了为迎合传统道德秩序的替代品而在聪明的自利或巧妙的社会控制方面所犯的错误。

要遵从习俗、传统和连续性。因为正是旧有的习俗使人们和平地生活在一起。

不要把他的信任放在完全的善行之上。宪法的制约，政治的制止和平衡，充分的法律强制，对意愿和欲望旧有的和错综复杂的限制，这些都是保守派所支持为达到自由与秩序的工具。

政府的首要规则应该是在宪法范围内和依据宪法进行严格的治理并且不造成伤害。

让父母重新拥有对教育子女负有责任的权利。

保护结婚制度不受侵犯。

政府权力

*资料来源：宪法第 1 条第 8 款、第 6 条第 2 款和权利法案第 5、第 9、第 10 和第 11 修正案

为使人们从共同生活中获得益处，社会必须尊重个人权利。政府的唯一

目的就是保护这些权利。

　　一个发起强制反对未强迫他人的个人就业和武力强制无武器受害者就业的政府与共和党是对立的。

　　共和党了解，工作、衣、食、住、医疗保障和教育等等不会凭空产生。这些都是个人生产出来的物品和服务。正是因为这些都是由人生产的，擅自行动去将一些人生产的产品提供给另一些人就是超越政府权力范围的。这样做是对于那些提供这些产品和服务的人基本和生来就有的权利的违背。

　　*依照宪法第 1 条第 8 款、第 6 条第 2 款和权利法案第 5、第 9、第 10 和第 11 修正案。

　　联邦政府的权力应该被限制，依照美国宪法第 10 修正案。

　　美国政府只要对宪法及其保护的人民作出回应。

　　*依照宪法第 6 条第 2 款。

　　政府只拥有由宪法授予并且为了保护每位市民个人权利不受强迫和欺骗而行使的权力。

　　*依照权利法案第 9、10、11 修正案。

　　保护和保障上帝赋予的权利而不是运用权力剥夺这些权利是政府职责。

　　政府最基本的功能是保护生命不受侵犯。

　　支持所有被列举到的宪法权利。

　　政府在做出官方正式行为时必须受限于法律。

　　*依照宪法第 6 条第 2 款。

　　政府官员不会做除了法定委托统治之外的事情。

　　美利坚合众国不应该对存在于美国之外的任何统治团体做出关于贸易、外交和军事政策的回答。

　　意识到对权力进行谨慎限制的必要。

　　*依照宪法第 6 条第 2 款，权利法案第 9、10、11 修正案。

　　三大相互独立且平等的政府分支机构，即立法、司法、行政三个机构应该相互制衡。

　　联邦政府必须回归到宪法规定的权力，并将不可剥夺的权利归还给我们。

　　政府最基本的功能是保护生命不受侵犯。

　　支持所有被列举到的宪法权利。

支持并捍卫美利坚合众国宪法。

*依照宪法第 3 条第 3 款和第 4 条第 4 款。

法律/立法

共和党人受他们的谨慎原则指引。

法律规定对保持自由至关重要。

法律在形式与内容上必须都是客观的。

客观的法律使得政府发挥它保护个人权利的合法功能。

法律必须禁止违背他人权利的私人行为。

如果法律是明确而精准的，那么就不会给国家通过不可预测和主观臆断的决定随意行使权利留下空间。

任何不能被制定成客观法律而被提议的法律都不能被作为立法的主题。

共和党立法人总是会引用宪法中能够授权其法案通过的章节及法条。

不能严格遵循宪法和保护个人权利原则的法案不会被提交。

共和党立法人会为废除与宪法及政府必须保护个人权利的原则相抵触的法律而努力。

无论任职于公共部门还是私营部门，人人都应当平等的负有法律责任。

应该基于最高法院和其他法院的法官对宪法的阐释而非修改做出的决定来认命他们。法官无权制定新的法律。

所有允许违背权利法案的法律都应该被废除。

任何公开行动的判断依据都应该是可能产生的长期结果而非当时的优点和被接受程度。

政治家都要被要求遵守那些他们要求其他人也服从的法律。

国会、白宫和任何拥有最高统治权的州政府都不需要服从违宪的最高法院规定。

国会众议员和参议员必须在通过一项法案合法之前阅读该法案。

减税和减少管制对于促进共和党的健康发展和保护个人权利都是必要的。

禁止在美国非法奖励个人。

*依照宪法第 4 条第 4 款

实施已经成文的法律来解决非法移民问题。

行政部门的共和党人坚定地遵循宪法第 4 条第 4 款关于保护各州不受外部势力入侵的内容。包含在其中而非限制于此的部分是：通过保障我们的边界不受侵扰，修改绿卡和准入程序并反对任何形式的赦免来修正移民体系。

司法官员提名

法官要尊重法律规定，准确的诠释宪法并且不能从本部门的角度出发立法。

*依照宪法第 1 条第 8 款、第 3 条第 3 款、第 4 条第 4 款、第 6 条第 2 句以及权利法案第 5、第 9、第 10、第 11 修正案。

预　算

诚实的会计表示所有联邦花费必须在预算之内。

*仅由宪法第 1 条第 8 款说明及限定。

每个预算案都应该是在每个项目有正当理由和有需要的基础上产生的，并且没有任何项目可以未经预算或者自行增长开销。除在宪法第一条第 8 款可找到明确说明的，其他任何计划、项目和财产都不能获得资金资助。

联邦政府应该在其获得的财富范围内行使权力和发挥作用。

提升对财政负责的程度。

要有可以控制过度和浪费性开销的平衡预算修正案以及项目否决权。

美联储应对自己的行为作出说明，将透明的信息归还给货币系统且应尽快被撤销，货币制造与流通的权利应该被归还给国会。

*依照宪法第 1 条第 8 款。

税　收

*依照宪法第 1 条第 8 款，权利法案第 5、第 9、第 10、第 11 修正案。

应该有一个全国性的围绕税收的各种替代方式展开的讨论，这些替代方式应该包括但又不仅限于单调的所得税，这种途径可以是废除所得税，以全国性的消费税取代之，也可以是使开支减少到废除所得税而不需要以消费税或其他任何形式的税收取代之的程度。

美国税务局和美联储都应该被撤销。

高额税收及其他规制对就业有毁灭性影响。

以简化的税收制度来支持比较平稳的税率。

任何公司都不应该得到纳税人的金钱这种有利对待。

不为税收增加投票。

我们的税法应该鼓励而非命令人们购买医疗保险。

个人自由及财产无疑是不会为任何法律超越的上帝赋予的权利。

国防/国家安全

*资料来源：宪法第4条第4款及第1条第8款。

保卫国家安全是联邦政府最重要的功能。当国家安全受到威胁，发挥由自由的男人们和女人们授予并来自于他们的全部武力是代表我们的人的义务。

美国的军事行动只在美国的关键利益受到威胁及得到了国会一致认同授权的情况下才会展开。

国会必须在美国入侵和占领其他国家之前正式宣战。

美国军队的人事任免始终应该在美国政府的命令之下完成。

美国军队绝不能在国外指挥官的指挥下行动，也不能在身着联合国制服及拥有联合国官职的时候行动，也不能服从诸如对美国公民使用枪支武力或者没收美国公民枪支等非法命令。

美国军队不能充当世界警察，他们的唯一目的就是保卫美国人民生命及财产安全。

我们的国家必须拥有这个世界上最强的国防实力。

美国军事行动首先是以国家利益为导向的。

每个国家都有保卫边境不受毒品、武器和人口偷渡威胁的最高权力。

在南方国境线建立边境防护。

实施已成文的法律来解决非法移民问题。

能　源

*资料来源：宪法第 1 条第 8 款，权利法案第 5、第 9、第 10、第 11 修正案。

以鼓励现代核能源发展来努力刺激经济发展，减少温室气体排放。

我们为自己抽出的每一美元石油都是可以用于国内投资的一美元，并且也可能是从石油独裁主义者和石油恐怖主义者手中获取的一美元石油。

我们必须积极的扩大本国能源生产，其中包括对海岸石油的开采以及着眼于核能源开发。

鼓励和支持能使能源利用效率提升，使我们减少对国外进口石油依赖，能增加就业以及能减轻家庭开支负担的政策。

教　育

联邦政府已经因为使教育管制处于联邦机构控制之下越权。教育是每个州所拥有的管辖范围。比如说，根据宪法第十修正案，像美国教师工会这样的联邦机构应该被撤销，而教育管制应该回归到各州手中。

家长有权在他们认为适合于孩子的学校和教育途径上花费金钱。

家长也有权选择在家教育孩子。

医疗保健

*依照宪法第 1 条第 8 款。

我们可以通过运用自由市场原则改善医疗保障体系。

自由化的市场医疗保障选择空间，比如医药储蓄账户，应该为所有人包括年长者所享受。

税法应该鼓励而非强制命令人们购买基本的医疗保险。

允许州与州之间在保险费用上的竞争。

鼓励对侵权行为的改正。

福　利

所有身体健全的美国人都有责任维持自身和家庭的生存。

第一修正案

"国会不应该制定关于建立宗教，禁止宗教自由活动，剥夺演讲自由、出版自由权利，剥夺人们和平集会权利的法律，并且要为补偿受冤者向政府申诉。"

所有第一修正案所申明的权利都是针对所有人的，其中包括基督徒。

联邦政府无权告知公民，包括基督徒，他不能向自己的宗教象征物祈祷或者不能展示其宗教象征物。

不会出现有关公众对上帝和基督教文化遗产认知的违宪规定。

不禁止宗教包括基督教在公开场合或建筑进行展示，表达或庆典活动。

第二修正案

一直被规范管理的民兵自卫组织对于保卫各自由州是必要的，保护公民持有和携带枪支的权利不应该被侵犯。

美国宪法授予个人持有和携带枪支的权利。

权利法案第二修正案是明确的，并且是我们民主制度的奠基石。

公民通过携带武器保护自身安全的权利是应该被保护的基本人权。

提供对篡权行为及统治者专制权力强有力的道德制止并使得人民能够反抗和战胜他们。

共和党深知权利法案第二修正案确认了个人通过必要时使用武力对抗卷入冲突的政府及来自国内外其他的力量来保护人身、财产、财富和自由的与生俱来的基本权利。

共和党认为任何阻挠个人自由及携带枪支的尝试都是直接与宪法相悖的，而且这也直接暗示了一种鼓励或引进极权主义制度，通过使用武力否定个人及其与生俱来权利的欲望。

第九修正案

宪法中关于某些权利的法条不应该被解释为是抵触或轻视人民保有的其

他权利的。

　　权利和自由以及随之而来的责任并未详细的在宪法中被一一列举。我们的创立者认为任何没有清楚地被说明的事情都会为人民所拥有。因而我们的权利和自由都被扩大了。这从来不意味着政府、当局、州或者联邦就成为了我们"专横的保姆"！我们的创立者绝不是表明政府会成为任何人的"保护毯"。这些权利和自由都是针对个人、家庭、教会和慈善组织的，而不是通过政府税收和规制达成的。我们的创立者对个人自由及权利给予了高度重视和强调，并且只相信政府应该保护守法者不受违法者侵害。

国家主权及第十修正案

　　"既未经宪法授予美利坚合众国也未被宪法禁止授予各州的权力都由各州各自保留或者让渡于人民。"

　　联邦政府无权干涉教育和执法及其他第十修正案授予州或者人民的事宜。

　　美利坚合众国应该撤离联合国，也应该让联合国从美利坚合众国消失。

　　美国军队绝不能在国外指挥官的指挥下行动，也不能在身着联合国制服及拥有联合国官职的时候行动，也不能服从诸如对美国公民使用枪支武力或者没收美国公民枪支等非法命令。

　　反对美国与任何区域性、半球性或国际政府合并。

废止从属关系

　　作为一个有体现自己原则宪章的身份明确且不同于其他组织的团体，共和党可能会在任何时候废止与行为上违反上述原则的被选举或任命的官员的关系。任何由选举产生或任命产生却支持与上述原则相悖的立法及行动的官员必须立即解除其党派从属关系。

*参考文献

　　美利坚合众国宪法

权利法案第 1 到第 10 修正案

第 11 到 27 修正案

独立宣言

（本章根据 2009 年 12 月 13 日通过的《美国共和党宪章》翻译）

（中南大学公共管理学院　吴晓林 译）

美国共和党章程

（共和党全国代表大会 2008 年 9 月 1 日通过）

（共和党全国委员会 2010 年 8 月 6 日修订）

目 录

第十二条　下届代表大会的召集

第十三条　全国代表大会成员

第十四条　代表选拔过程的参与

第十五条　代表及备选代表的选举、选拔、分配及制约

第十六条　章程的执行

第十七条　州代表团

第十八条　超额代表与备选代表

第十九条　代表选举或选拔的认证

第二十条　争议：州的决议

第二十一条　共和党全国大会的临时名单

第二十二条　提交争议

第二十三条　争议申辩流程

第二十四条　代表大会资格认证委员会

第三章　全国代表大会议程（临时条款）

第二十五条　议事程序

第二十六条　委员会报告

第二十七条　"州"的定义

第二十八条　代表大会会场的准入

第二十九条　投票

第三十条　议事规则

第三十一条　辩论时间

第三十二条　章程的中止

第三十三条　政纲决议

第三十四条　少数派报告、修订案

第三十五条　提出动议

第三十六条　先决问题

第三十七条　点名

第三十八条　单位投票制

序　言

我们坚信：共和党是开放之政党。吾党崇尚自由平等，人人机会均等，绝无偏私。

本章程旨在鼓励和允许所有选民最广泛地参与到各级共和党活动中去，保证共和党向所有美国人开放。

经决议，如下内容以《共和党章程》之形式通过，包括共和党全国委员会的选举及截止到下届全国代表大会召开的管理，下届全国代表大会各州代表与备选代表的分配、选举办法以及争议的审议规则，和本届全国代表大会的议事规则。

第一章　共和党全国委员会

第一条　共和党全国委员会的组织

第一款　共和党全国委员会应当在共和党全国代表大会通过的准则基础上总的管理共和党。共和党全国委员会委员应包括各州一名男性委员、一名女性委员以及一名州共和党主席。

第二款　在本条款以及其他所有条款中（除了第十三条），"州"必须包括美属萨摩亚，哥伦比亚特区，关岛，北马里亚纳群岛，波多黎各和维京群岛。除非根据条款上下文"州"的概念明显不适用此款。

第二条　共和党全国委员会委员选举办法

第一款　各州共和党应当根据此条款规定的选举办法制定本州全国委员会委员选举办法。

第二款　若一州共和党并未制定选举委员办法，而州的法律规定了选举方式，则全国委员会委员选举应当依据州的法律。

第三款　若州的共和党和州的法律均未制定委员选举办法，则由全国代表大会代表团推选产生全国委员会委员。

第四款　每届全国代表大会均应点名，各州代表团由主席负责报告已当选的全国委员会委员姓名，其选举应当由全国代表大会批准生效或根据此章程规定的方式批准。

第三条　全国委员会委员任期

第一款　全国委员会委员任期从本届全国代表大会休会开始，到下届全国代表大会休会且其继任者被选举产生并批准生效后结束。鉴于资历不同，新选举产生的委员应当以其各自当选之日为序被正式批准获得有效身份。

第二款　各州共和党正式当选的以及代理主席应当为在任期内的共和党全国委员会委员。

第四条　委员与职员的空缺

第一款　当州的全国委员会委员出现空缺时，州共和党应当在选举产生委员填补空缺后，经由全国委员会批准生效。

第二款　当委员拒绝支持共和党的美利坚合众国总统及副总统提名时，共和党全国委员会应当有权力宣布该职位空缺。

第三款　当共和党全国委员会职员或共和党全国委员会的分支委员会委员出现死亡、辞职、被取消资格或无资格履行职务的情况时，应当按照与最初选举该职员或委员时相同的方式由同一机构填补空缺。当共和党全国委员会出现秘书或财务主管空缺时，主席应任命一名代理秘书或代理财务主管，直到全国委员会下一次会议召开，关于该空缺的选举才能开展。

第四款　当共和党全国委员会职员或委员出现死亡、辞职、被取消资格或无资格履行职务的情况时，填补职位的空缺应当按照已通过的共和党章程。如果不存在相关条款，应依据共和党州委员会多数票的原则进行。

第五条　共和党全国委员会的职员

第一款　共和党全国委员会的职员应当包括：

（1）由共和党全国委员会委员选举产生的一名主席和一名与主席不同性别的联合主席。主席或联合主席不必是共和党全国委员会的委员。其应当是全国委员会的全职、带薪雇员，除非由共和党全国委员会大多数委员提请并投票决定无须如此。主席应为共和党全国委员会的首席执行官员。主席或联合主席只有在全体共和党全国委员会 2/3 票数通过情况下才可以被免职。

（2）由四大地区的共和党全国委员会委员在地区党团会议中选举产生的 8 名副主席，他们应为各自地区的共和党全国委员会委员和居民。选举在每个奇数年的 1 月进行。副主席的选举不必获得共和党全国委员会的批准。8 名副主席必须包括以下四个地区的各 1 名男女：

（i）西部各州联盟：阿拉斯加州、美属萨摩亚、亚利桑那州、加利福尼亚州、科罗拉多州、关岛、夏威夷州、爱达荷州、蒙大拿州、内华达州、新墨西哥州、北马里亚纳群岛、俄勒冈州、犹他州、华盛顿州和怀俄明州。

（ii）中西部各州联盟：伊利诺伊州、印第安纳州、爱荷华州、堪萨斯州、密歇根州、明尼苏达州、密苏里州、内布拉斯加州、北达科他州、俄亥俄州、南达科他州和威斯康辛州。

（iii）东北部各州联盟：康涅狄克州、特拉华州、哥伦比亚特区、缅因州、马里兰州、马萨诸塞州、新罕布什尔州、新泽西州、纽约州、宾夕法尼亚州、波多黎各、罗德岛、佛蒙特州和维京群岛。

（iv）南部各州联盟：阿拉巴马州、阿肯色州、佛罗里达州、佐治亚州、肯塔基州、路易斯安那州、密西西比州、北卡罗来纳州、俄克拉荷马州、南卡罗来纳州、田纳西州、德克萨斯州、弗吉尼亚州和西弗吉尼亚州。

（3）1 名秘书、1 名财务主管和其他共和党全国委员会认为有必要而选举产生的职员。这些职员不必为共和党全国委员会的委员。

第二款　主席、联合主席和其他职员应当在每个奇数年的 1 月选举产生。除了副主席，所有职员应由基层提名，并且只有分别获取 3 个州共和党全国委员会委员大多数选票后才能被提名。不必设置提名委员会。

第三款　主席应当为共和党全国委员会任命 1 名总顾问，总顾问同时兼任共和党全国委员会的分支委员会及下属委员会的顾问。主席还应任命 1 名共和党财务委员会主席。总顾问与财务委员会主席均应由共和党全国委员会批准并根据主席意愿行使职责，两者不必为共和党全国委员会的委员。当共和党全国委员会主席出现死亡、辞职、被取消资格或无资格履行职务的情况时，共和党全国委员会总顾问和共和党财务委员会主席应继续任职，直到主席空缺根据章程第四条被填补，总顾问与财务委员会主席的继任者由共和党全国委员会新任主席任命并由全国委员会批准。

第六条　共和党全国委员会的执行委员会

第一款　共和党全国委员会的执行委员会应当包括共和党全国委员会的 28 名职员与委员：主席、联合主席、副主席、秘书、财务主管、总顾问、共和党财务委员会主席、常务规则委员会主席、常务预算委员会主席、共和党州主席顾问委员会主席、3 名由主席任命的委员、8 名额外成员（包括每个奇数年 1 月分别由四大区域的党团会议选举产生的 1 名男性和 1 名女性）。当共和党全国委员会主席出现死亡、辞职、被取消资格或无资格履行职务的情况时，共和党全国委员会主席所任命的每一位执行委员会成员应当继续任职，直到主席空缺根据章程第四条被填补，共和党全国委员会新任主席任命继任者为止。

第二款　在两届共和党全国委员会会议之间，执行委员会履行共和党全国委员会指定的各项政治和行政职能，除了以下集中职能：

（1）共和党全国委员会职员的选举；

（2）共和党全国委员会委员选举的批准；

（3）召集全国代表大会和指定大会召开的时间地点；

（4）填补美利坚合众国总统或副总统共和党候选人的空缺。

第三款　执行委员会每年至少召开两次会议，会依序由主席召集。此外，对于执行委员会至少 1/4 的成员发起的请愿书，主席应在接到请愿书 10 天之内，宣布在其指定的城市召开执行委员会会议。会议日期应在召集日 10 天以后，20 天之前。所有执行委员会会议记录应尽快通过执行委员会的批准，使共和党全国委员会所有成员都能得到。

第四款　执行委员会可以提前 1 天通知召开电话会议，以议事并采取行动。

第七条　议事规则

第一款　现有权威版本《罗伯特议事规则》（新修订版）应当指导共和党全国委员会和其分支委员会召开的会议，所有会议都应适用并与此规则相一致。

第二款　除了《罗伯特议事规则》（新修订版）规定的以外，共和党全国委员会及其分支委员会的会议应当公开进行。

第三款　共和党全国委员会的委员可以以书面的形式将已经公证的代理权交给同一州的有资格且已申报身份的共和党投票人，代理人有权参加一个会议，这个会议可以是共和党全国委员会的所有分支委员会的会议，也可以是其他任何与共和党全国委员会相关联代理人有资格参加的会议。共和党全国委员会分支委员会的成员可以以书面的形式将已经公证的代理权交给同一州的有资格且已申报身份的共和党投票人，或交给其所属的共和党全国委员会州代表团的成员。共和党全国委员会参会代理书应提交给共和党全国委员会秘书。共和党全国委员会分支委员会的参会代理书应提交给各自的分支委员会主席。共和党全国委员会的按地区选拔委员的分支委员会中，按地区选拔的委员可以在所属的地方党团副主席的批准后，以书面的形式将已经公证的代理权交给其所属的共和党全国委员会地区党团的成员；由主席任命的委员可以在共和党全国委员会主席的批准后，以书面的形式将已经公证的代理权交给共和党全国委员会的委员。

第四款　除了合理根据《罗伯特议事规则》（新修订版）而进行的选举，任何共和党全国委员会或其分支委员会会议中都不得采取无记名投票方式。

第五款　祷告与效忠誓言应在所有章程所列的委员会的会议（包括所有下属委员会会议）宣布开始时立即进行。

第六款　除了特别之处，"邮寄"应当被定义为通过美国邮政总局、电子邮件或私人邮递服务传送信件等物。

第八条　共和党全国委员会会议

第一款　共和党全国委员会应当每年至少集会两次。每次会议的拟定日程应提前至少10天邮寄给成员。会议记录包括所有决议和动议，应当在闭会后30日之内邮寄给共和党全国委员会所有成员。

第二款　共和党全国委员会第一次会议应在全国代表大会休会后5日之内召开。共和党全国委员会会议及其其他会议应由主席召集；如主席之位空缺，则由联合主席召集；如主席与联合主席之位皆空缺，则由在共和党全国委员会任职时间最长的副主席召集。尽管应当提前至少10天公开召集，但是如共和党全国委员会会议旨在选举产生美利坚合众国总统或副总统的共和党候选人，则只要求提前5天通知会议目的、召开日期与地点。共和党全国委员会超过16人（代表不超过16个州）以联名或单独的方式向主席递交请愿书，请求召开共和党全国委员会会议的，主席有义务在接到请愿书10天之内，宣布在其指定的城市召开共和党全国委员会会议。会议日期应在召集日10天以后，20天之前。

第九条　空缺职位的提名

第一款　共和党全国委员会有权利填补因共和党全国代表大会提名的美利坚合众国总统或副总统的共和党候选人死亡、退出或其他原因而造成的任何空缺，共和党全国委员会也可以填补职位空缺为名重新召集全国代表大会。

第二款　在此条款下，共和党全国委员会委员代表州投票时，所投票数应与该州有权在全国代表大会投的票数相等。

第三款　如若共和党全国委员会来自任何一州的委员们就投票问题意见不一致时，该州选票包括非整数票在内应当平等分配给在场的共和党全国委员会的委员及投票代理人。

第四款　除非在选举中获得合法有效的选票占多数，候选人不得被选来填补职位空缺。

第十条　共和党全国委员会的分支委员会

第一款　应有以下几个分支委员会：

（1）共和党全国委员会的常务规则委员会，包括各州一名共和党全国委员会的委员，审议《共和党章程》并提出建议。共和党全国委员会的各州委员应在8个月内召开党团会议，以多数票原则选举从成员中产生常务规则委员会的委员，跟随全国代表大会任命的人员一起任职于此委员会。若有任何州的共和党全国委员会委员未在此期限内向共和党全国委员会主席提交就职规则委员会的名单，共和党全国委员会主席应当从这些州的共和党全国委员会成员中各选取一人就职于常务规则委员会。常务规则委员会主席和其他委员会认为有必要设立的职员应由该委员会成员自己选举产生。

（2）常务决议委员会，包括由四大地区（如第五条所述）共和党全国委员会委员选举产生的每区各2名共和党全国委员会委员，与1名由共和党全国委员会主席从共和党全国委员会委员中任命的1名主席。

（i）常务决议委员会应在共和党全国委员会常规召集会议至少30日前或特别召集会议至少10日前，审查所有由成员递交的需要共和党全国委员通过的决议。常务决议委员会应向共和党全国委员会报告所有通过的决议以及适用的修改，以供其审议。未被决议委员会通过的决议可报告给共和党全国委员会，仅供参考。

（ii）常务决议委员会应不加修改地将所有由共和党全国委员会来自10个州的委员（每州至少1名委员）的书面决议提交给共和党全国委员会。此决议应在共和党全国委员会常规召集会议至少30日前或特别召集会议至少

10 日前提交给常务决议委员会主席。如决议是为了缅怀某位逝者，则 30 日的期限要求可由常规决议委员会免除。

（3）共和党全国委员会应设立常务预算委员会和任何其认为需要的下属委员会，授予其共和党全国委员会收支预算和评估职能。常务预算委员会应包括共和党全国委员会的七名委员，其中三名应当由共和党全国委员会主席任命，依据主席意志办事，其余四名由四个地区［根据第五条第一款第（2）点所述］在每个奇数年的 1 月份召开的党团会议中各自选举产生。以下为常务预算委员会当然委员：主席、联合主席、共和党全国委员会财务主管、共和党财务委员会主席。共和党全国委员会主席应当竭尽全力使上述职员的任命保证常务预算委员会内男女人数相等。共和党全国委员会主席应当从常务预算委员会成员中任命常务预算委员会主席。

（i）年度预算应在每年的共和党全国委员会第一次会议中通过。拟定预算方案应相对具体，并在会议之前至少 10 日邮寄给共和党全国委员会的所有委员。

（ii）当共和党全国委员会主席出现死亡、辞职、被取消资格或无资格履行职务的情况时，常务预算委员会所有由共和党全国委员会主席任命的成员应当继续任职，直到主席之位根据第四条章程填补，共和党全国委员会新任主席任命成员的继任者为止。

（4）共和党全国代表大会会址委员会，应包括由来自四大区域［根据第五条第一款第（2）点所述］的共和党全国委员会委员选举产生本区域的各 2 名成员，1 名由共和党全国委员会主席从共和党全国委员会的委员或职员中任命的主席。会址委员会应负责调查具备召开下届全国代表大会的地点，并向共和党全国委员会推荐一个可供挑选的会址。此委员会的组建应不晚于总统大选后 2 年。四大区域中每区都应从本区共和党全国委员会中选出 1 名备选人员。当本区已选成员出现死亡、辞职、无资格履行职务或因所在州投标产生的冲突不能履职时，备选人员应当行使其职责。会址委员会的成员不得代表作为全国代表大会投标会址所在的州。

（5）筹备委员会，筹划和管理下届全国代表大会召开事宜。共和党全国委员会主席和联合主席应为筹备委员会主席，共和党全国委员会主席应从共和党全国委员会中每州至少一人任筹备委员会委员。筹备委员会和下属委员会的主席应由共和党全国委员会主席从筹备委员会成员中任命，按共和党全国委员会主席意志办事。其他职员应由筹备委员会任命。主席与其他职员都应为筹备委员会的执行委员会的成员。常任规则委员会主席和争议处理委员会主席均应为筹备委员会委员。

（6）召集委员会，包括 1 名主席和至少 7 名由共和党全国委员会主席任命的共和党全国委员会委员。此委员会应协助共和党全国委员会根据第十二条章程召集下届全国代表大会。召集委员会应在常务规则委员会和筹备委员会成立后组建。

（7）争议处理委员会，应包括由四大地区［如第五条第一款第（2）点所述］的共和党全国委员会委员分别在各自区选举产生的每区 2 名共和党全国委员会委员，1 名由共和党全国委员会主席从共和党全国委员会的委员和职员中任命的主席。争议处理委员会应履行第二十三条章程规定的职责，处理有关竞赛决议。竞选委员会应在常务规则委员会和筹备委员会成立后组建。

（8）共和党全国委员会每一名委员必须是上述中至少一个委员会的成员，在全国代表大会开会前 6 个月之内被选入共和党全国委员会的委员除外。

（9）上述委员会的会议记录草案必须尽快完成，使共和党全国委员会所有成员都能得到；会议记录最终稿必须尽快得到相应委员会的通过，使共和党全国委员会所有成员都能得到。任何委员会均可以提前 1 天通知召开电话会议，以议事并采取行动。

第二款　共和党全国委员会应设立共和党财务委员会和任何其所认为需要的下属委员会，授予其制定和执行广泛筹款方案的职责。共和党财务委员会主席应根据第五条章程第三款任命。

第三款　共和党全国委员会主席，在共和党全国委员会的批准下，可任命其所认为必要的其他此类委员会的委员和助理人员。一旦这类委员会建立，其必须包括 1 名主席，以及男女人数相等的委员。

第四款　必须有一个临时委员会根据第十五条章程第二款，负责审查2012 年共和党全国代表大会代表与备选代表的选举、选拔、分配的时间安排和约束工作。临时代表选拔委员的 15 名委员应包括，由四大地区（如第五条所述）共和党全国委员会委员在 2009 年共和党全国委员会冬季会议中选举产生的每区各 1 名共和党全国委员会委员；此外，共和党全国委员会主席将另外任命 3 名共和党全国委员会委员与 6 名非共和党全国委员会委员的共和党人。共和党全国委员会主席与总顾问应充当当然投票委员。共和党全国委员会主席应在 2009 年共和党全国委员会冬季会议后尽快召集临时代表选拔委员会。临时代表选拔委员会应提出任何其所认为合理的关于补充第十五条章程第二款的建议，前提是这些补充将保有 2008 年共和党全国代表大会通过的第十五条第二款的条文，这些条文必须毫无修改地在 2010 年共和党全国委员会夏季会议上得到 2/3 的选票才能通过。任何采取的条款将在通过后 60日之后生效。临时代表选拔委员会应在 2010 年共和党全国委员会夏季会议后解散。

第十一条　候选人赞助

第一款　共和党全国委员会未提前经候选人所在州的全体共和党全国委员会委员书面递交同意书，不得向任何公共或党内职务候选人捐助现金或提供实物援助，除非是共和党被提名人或是在某个职位申请日期截止后共和党初选中毫无异议通过的候选人。在法律规定进行无党派初选的州，如共和党候选人可以参加但是在大选中却没有一个共和党候选人，则在州共和党权威领导下的代表大会所支持的候选人应被共和党全国委员会认可为共和党被提名者。

第二款　州共和党章程或州法律不得允许任何曾参加过或正在参加非共和党的党派提名选拔的人，通过包括但不仅限于多派初选或类似选举方式，参与共和党大选被提名者的选拔。违反此规则而被提名的人不得被共和党全国委员会认可为该州共和党的被提名人。

第二章　下届全国代表大会的召集

第十二条　下届代表大会的召集

共和党全国委员会应在本届代表大会召开之年的 1 月 1 日前召集下届全国代表大会，为美利坚合众国总统与副总统提名候选人。共和党全国委员会应以章程规定的方式公布会议召集，内容应包括有关全国代表大会召集与议事流程，每州正式代表总数，以及第十六条章程评估的处罚条例。

第十三条　全国代表大会成员

根据第十六条规则，下届全国代表大会成员应包括：

第一款　代表

（1）来自 50 个州的代表全州的代表各 10 名。

（2）来自各州、美属萨摩亚、哥伦比亚特区、关岛、北马里亚纳群岛、波多黎各和维京群岛的共和党主席、全国男委员、女委员。

（3）每州 3 名代表各州每名众议员的区代表。

（4）6 名美属萨摩亚的代表，16 名哥伦比亚特区代表，6 名关岛代表，6 名北马里亚纳群岛代表，20 名波多黎各代表和 6 名维京群岛代表。若波多黎各在下届全国代表大会前成为一州，则其代表人数应按照与其他州一样的方式计算。

（5）在上一次预选中，每个将选举团票或将大多数选举人票投给美利坚合众国总统的共和党候选人的州中，投票情况为为：$4\frac{1}{2}$ 个代表加上相当于该州 60% 选举人票数的代表；若波多黎各在下届全国代表大会前成为一州，应假定在最后一次预选中，其将选举团票或大多数票投给共和党候选人。（在计算代表人数时，如 $4\frac{1}{2}$ 加上 60% 的总和代表一个分数，应当进位到整数。）此外，若在最后一次总统预选之年或在下届全国代表大会召开之年的 1

月 1 日之前的任何后续选举中，一州选举产生以下任何一个公务人员，则该州加上 1 名代表作为奖励：

（ⅰ）共和党州长，作为奖励增加的代表名额每州不得超过 1 人；

（ⅱ）一州在美国众议院的代表中共和党成员占一半以上，作为奖励增加的代表名额每州不得超过 1 人；

（ⅲ）州立法机关的任何一个会议的大多数成员为共和党人，且一旦成立由共和党人担任主席（如主席由会议选举），作为奖励增加的代表名额每州不得超过 1 人；

（ⅳ）州立法机关的所有会议的成员大多数均为共和党人，且一旦成立由共和党人主持（如主席由会议选举），作为奖励增加的代表名额每州不得超过 1 人。

（6）此外，如一州在下届全国代表大会之年 1 月 1 日前 6 年内选举产生 1 名共和党参议员，则增添 1 名代表名额；作为奖励增加的代表名额每州不得超过 2 人。

（7）如在上一次总统预选中，哥伦比亚特区将选举团票或大多数选举人票投给美利坚合众国总统的共和党被提名者，则为：$4\frac{1}{2}$ 个州代表加上等于 16 位分配给哥伦比亚特区的代表名额的 30%。在计算代表人数时，如 $4\frac{1}{2}$ 加上 30% 的总和代表一个分数，应当进位为整数。

第二款 备选代表。一个全国代表大会代表配备一个备选代表，除非已没有备选代表可选为共和党全国委员会成员。

第三款 任何州共和党需设立日期举行初选、党团会议、代表大会或会议，根据第十五条章程投票选举总统候选人，和（或）选举、选拔、分配或约束全国代表大会代表。当州共和党章程与州的法律在此规则上相抵触，则以本条款和州共和党章程为准。当本条款与第十五条相抵触时，则一切以本条款为准。

第十四条 代表选拔过程的参与

第一款 联邦应协助共和党全国委员会，为代表的选举、选拔、分配或约束方式等准备指导性材料以供分发。

第二款　共和党以全国、州、区、县代表大会的代表与备选代表的选举、选拔、分配或约束为目的进行的初选、党团会议或任何会议或代表大会，都不应受到性别、种族、宗教、肤色、年龄或国籍的限制。共和党全国委员会和州共和党或各州管理委员会都应采取积极行动鼓励包括男人、女人、年轻人、少数族裔、教会组织、老年人和所有其他所有人参与到代表的选举、选拔、分配或约束的过程中。

第三款　除非州法律规定，在代表与备选代表通过代表大会或代表大会与初选制度相结合的方式产生的州，选区和乡、县、镇会议都应公开，且任何符合条件的公民应积极参与。

第四款　各州应努力使共和党全国委员会州代表团的代表男女人数相等。

第五款　上述条款并不基于任何一种配额制。

第十五条　代表及备选代表的选举、选拔、分配及制约

第一款　优先顺序

全国代表大会的州代表与其备选代表、国会选区代表与其备选代表应当按照以下方式被选举、选拔、分配或约束：

（1）按照一州任何适用的共和党章程进行，不与其相抵触；

（2）如果州的共和党章程没有适用的规定，则根据州适用的法律办事，不与其相抵触；

（3）结合本条第一款第（1）（2）点的方式；

（4）如州的共和党章程与法律均未规定适用的方法，则根据第四款办事。

第二款　时间安排

（1）除了爱荷华州、新罕布什尔州、南卡罗来纳州与内华达州的用于选举、选拔、分配、约束全国代表大会代表的初选、地方党团会议或代表大会可以在全国代表大会召开之年2月1日任何时间或此日之后召开，且不受本条第二款第（2）点约束，其他任何选举、选拔、分配、约束全国代表大会

代表的初选、地方党团会议或代表大会的召开均不得先于全国代表大会召开之年 3 月的第一个星期二。

（2）任何总统初选、党团会议、代表大会或其他在全国代表大会召开之年 4 月 1 日前选拔全国代表大会代表的会议，应当规定以比例分配代表。

（3）如果民主党全国委员会未能根据第十五条第二款第（1）点提出的日期（2 月 1 日与 3 月第一个星期二）遵循总统初选日程安排，则第十五条第二款应恢复到 2008 年共和党全国代表大会通过的规则。

*（修订内容在 2010 年 6 月由共和党全国委员会通过）

第三款　常规

所有全国代表大会代表或备选代表的选举或选拔中，以下规则应当适用：

（1）全国代表大会代表与备选代表的选举、选拔、分配或约束只能通过以下方式中的一种进行：

（i）通过初选进行；

（ii）根据州法律规定，通过共和党全国委员会进行；

（iii）通过州与国会选区代表大会进行；

（iv）根据任何与该州选举、选拔、分派或制约最近一届共和党全国代表大会代表与备选代表相一致的方式；

（v）根据第十三条第一款第（2）点进行。

（2）只有根据州的法律（公共档案登记为共和党人的），或根据州共和党章程（投票人没有登记在党的），具备条件的投票人才可参与到任何选举全国代表大会代表或备选代表的初选、任何共和党党团会议、群众性集会、或选拔州、区、县代表大会代表的群众代表大会，且只有这些合法、合格的投票人才可被选举为州、区、县代表大会的代表。除了此处规定的资格条件，一州适用的共和党章程可规定不与法律相抵触的其他资格条件。这些条件应在召开全国代表大会的前一年 10 月 1 日前被通过，且在生效至少 90 日前公布在至少一份在全州广泛发行的报纸上。

（3）州的法律不得准许任何人在参与代表与备选代表的初选过程的同时，参与该场初选中对其他选任职位的其他党派提名的选择。如果这种情况发生，则全国代表大会代表与备选代表的选拔应根据不与《共和党章程》抵触的州的共和党条例。依据州的共和党条例进行的选拔过程应当规定，只有根据州法律或州共和党章程，具备条件的共和党投票人才能参与代表选举或选拔过程。

（4）在任何初选的裁判委员会或选举监督人中共和党的代表权被法律否认的行政辖区，代表与备选代表的选举应根据本条第一款第（1）点与第（4）点进行。

（5）在选举或选拔全国代表大会代表与备选代表时，州的法律不得妨害、限制、否认任何依据宪法有权担任美利坚合众国总统或副总统的美利坚合众国公民，根据州的法律成为美利坚合众国总统或副总统的提名候选人的权利或特权。州的法律也不得授权任何州的全国代表大会代表或备选代表的选举或选拔异于此章程。

（6）全国代表大会各个代表单位的备选代表应当与代表人数相等，且以与代表相同的方式、在相同的时间、根据相同的规则选举产生。如果一州的法律规定了另一种选择备选代表的方式，则备选代表的选择应当符合进行选举的州的法律，除非没有备选代表被选为共和党全国委员会委员。

（7）州共和党授权或执行的代表和备选代表的选拔活动、对代表的总统选举偏好的约束应当采用由州共和党自行决定的适用的方式，以鼓励军事人员积极参与，把握行使投票权的机会。

（8）全国代表大会州代表与备选代表在担任代表与备选代表时应为各自州的居民和合格投票人。所有分配给州的代表与备选代表应当由各州选举产生。州内分配及选举方式可能不同，但是只在有必要避免与适用于全国代表大会代表选拔的州法律抵触的范围内。不同的州代表与州备选代表分配与选举方式可参照1988年共和党全国代表大会。

（9）代表国会选区的全国代表大会代表与备选代表在被选举时与担任代表与备选代表时，应当为各自选区的居民与具备资格的投票人。每州的国会选区应包括由各自选区选举产生的3名代表、3名备选代表。分配给国会选区和国会选取选举产生的代表与备选代表人数可以在必要的范围内，为了避免与适用于选拔全国代表大会代表的州法律抵触，增加或减少。不同的选区代表与选区备选代表分配方式可参照 1988 年共和党全国代表大会。

（10）除了选举或选拔的州的法律规定全国代表大会的代表或备选代表、代表或备选代表的候选人需支付的一定费用以外，不得以支持选举或担任全国代表大会代表或备选代表为条件要求其支付额外的费用或款项。

（11）不允许存在借助党内职位或公选官职而自然地成为全国代表大会的代表，除了第十三条第一款第（2）点规定的。

（12）如果一州的共和党章程或州的法律实质上已改变了代表或备选代表选举、选拔、分配或约束的方式，或改变了州共和党举行的选举总统候选人和（或）选举、选拔、分配或约束全国代表大会代表的总统预选、党团会议、代表大会或其他会议的集会日期，且这些改变全国代表大会召开前一年的 10 月 1 日后生效或被通过，则不得依据此章程或法律选举、选拔、分配或约束全国代表大会代表或备选代表。如果一州的共和党不可能在此条第五款规定的日期或以条款规定的方式证明，其召开的总统预选、党团会议、代表大会或其他选举总统候选人和（或）选举、选拔、分配或约束全国代表大会代表的会议的方式及日期的有效性，则总统预选、党团会议、代表大会或其他选举总统候选人和（或）选举、选拔、分配或约束全国代表大会代表的会议的进行过程应当与前一届全国代表大会采用的方式与日期一致。如果总统预选、党团会议、代表大会或其他选举总统候选人和（或）选举、选拔、分配或约束全国代表大会代表的会议不可能与前一届全国代表大会采用的方式与日期一致，则应当由国会选区或州代表大会根据本条第四款选举或选拔代表或备选代表。

第四款　代表大会

一州法律或州共和党章程要求通过代表大会选举代表或备选代表的，或当没有适用的州的法律或州共和党章程时，全国代表大会代表和备选代表应由国会选区或州代表大会根据以下条款选举产生：

（1）国会选区或州代表大会应当由州共和党委员会召集。

（2）国会选区代表应当在选区党团会议、群众性集会、群众代表大会或县代表大会选举产生，只有具备资格在这些选区党团会议、群众性集会、群众代表大会或县代表大会投票的选民才能投票。

（3）任何党团会议、集会、代表大会的召集通知应当在这些党团会议、集会、代表大会开展的 15 日前，刊登在州、区或县内广泛发行的报纸上。

（4）代表没有资格在全国代表大会公开召集前，参与旨在选举或选拔全国代表大会代表的任何国会选区或州代表大会。

（5）国会选区代表大会应由州法律或州党章认可的具备资格投票的共和党代表组成。一州的代表大会应由该州法律或州党章认可的具备资格投票的共和党代表组成，他们来自该州内各个选区。代表应当由州共和党考虑共和党选票或人口情况按比例分配到县、教区、州或区的城市。

（6）选举或选拔全国代表大会的区或州代表大会（不包括州共和党委员会会议）不得有代理人。如果上述选拔代表大会的备选代表已经选举或选拔产生，则除了备选代表不允许其他人在代表缺席时投票。

第五款　州委员会的资格认证与文件提交

（1）全国代表大会召开前一年的 10 月 1 日或此日之前，每个共和党州委员会应当通过指导来年全国代表大会代表及备选代表的选举、选拔、分配、约束的准则、程序、政策和指导性材料（根据第十四条第一款规定准备），且应当将文件证明提交给共和党全国委员会的秘书，包括指导选举、选拔、分配、约束代表及备选代表的上述材料与所有法令的真确副本。

（2）共和党全国委员会可在以下情况发生时免除州共和党本条中规定的一些义务：州共和党不可能遵守第五款第（1）点中指定的 10 月 1 日的截止日期，无法按照前一届全国代表大会的方式进行总统预选、召开党团会议、召开代表大会，或召开投票选举总统候选人和（或）选举、选拔、分配、约束全国代表大会代表的会议；或无法根据本条第四款的规定，由国会选区或州代表大会选举、选拔、分配、约束代表与备选代表。共和党全国委员会认为这些义务的解除符合共和党的最佳利益。

第十六条　章程的执行

第一款　如果任何一州或州共和党违反《共和党章程》关于选举或选拔

过程的时间安排的条款，导致该州任何一名全国代表大会代表受到法规或条例的限制，无法为在第十五条章程授权该州为总统候选人投票并（或）选举、选拔、分配、约束全国代表大会代表或备选代表的当月第一日之前选拔或决定的总统候选人投票，则该州全国代表大会代表人数应当缩减50%，相应的备选代表的数量也缩减相同的比例。若得出的总数有分数，则进位为下一个整数。代表团不得缩减少于两名代表和相应数量的备选代表。

第二款　如果在全国代表大会召集之前，章程被触犯，则共和党全国委员会主席应通知触犯规则的州，告知其将被缩减的代表与备选代表人数。缩减后的代表与备选代表人数将会被反映在全国代表大会召集的内容里，且被上报给州秘书或触犯规则州的负责选举的官员以及每一州共和党主席。缩减后的人数将会成为唯一被认可的全国代表大会州的代表人数。

第三款　如果在全国代表大会召集之后，章程被触犯，则共和党全国委员会主席应通知触犯规则的州，告知其将被缩减的代表与备选代表人数。缩减后的代表与备选代表人数将被上报给州秘书或触犯规则州的负责选举的官员以及每一州共和党主席。缩减后的人数将会成为唯一被认可的全国代表大会州的代表人数。

第四款　如果共和党全国委员会主席未就对《共和党章程》关于全国代表大会代表和备选代表的选举、选拔、分配和（或）约束的规则的违反采取行动，则任何三个共和党全国委员会常务规则委员会委员认为规则被触犯的，可提交报告反对触犯规则的州或州共和党。

（1）任何三个共和党全国委员会常务规则委员会委员反对触犯规则的州或州共和党的报告应以书面形式提交，阐明委员认为州或州共和党触犯规则的理由。报告应当由每位提交报告的委员签字标注日期，递交给共和党全国委员会秘书。共和党全国委员会应当在收到报告20日内，将报告分发给所有共和党全国委员会的成员。

（2）常务规则委员会应当在规则委员会主席的召集下集会，就一州或一州共和党是否触犯章程投票。如果常务规则委员会大多数票裁定其触犯规则成立，则该州或该州共和党应当接受本条第一款所述的惩罚。

第五款　如果一州或一州共和党被裁定触犯章程：

（1）触犯章程的州共和党全国委员会委员不得被允许担任全国代表大会的代表或备选代表。

（2）共和党全国委员会委员在被排除在全国代表大会违反章程的州的代表团成员后，州共和党应当决定州剩余代表（和相应的备选代表）中哪些有权成为全国代表大会被缩减人数后的代表团成员。

（3）除了本条第五款第（1）点和第（2）点规定的惩处方式，常务规则委员会可施加额外的处罚，处罚涉及触犯章程的州在全国代表大会召开期间所住酒店的位置、大会嘉宾特权和 VIP（贵宾）通行证以及代表大会会场的坐席位置。

第六款　一州或一州共和党不得就对其触犯章程的判决和施加的惩罚提出上诉。

第十七条　州代表团

第一款　州共和党通过的规则规定其全国代表大会代表团空缺填补方式的，必须遵照这种方式。

第二款　州共和党通过的规则未规定其全国代表大会代表团空缺填补方式，而州的法律规定此种人员替代方式的，必须遵照州的法律。

第三款　如州共和党通过的规则与州的法律均未规定其全国代表大会代表团空缺填补方式的，州共和党应努力选拔个人填补代表团空缺，或与代表最初被选举或选拔的方式相同，或通过州共和党执行委员会投票产生。如州的共和党执行委员会在代表大会前 10 日仍未填补空缺，则通过州代表团投票产生。这种选拔方式不适用于第十三条第一款第（2）点中分配给各州的代表的选拔。

第十八条　超额代表与备选代表

第一款　州选举或选拔的代表与备选代表人数不得超过实际全国代表大会召集内容（包括第十六条的惩处措施）中授权的数量。不得允许任何代表单位通过投非整数票的方式选举或选拔任何代表或备选代表。

第二款　若任何一州超过授权数量的代表被批准，并以第十九条章程所述的方式上报共和党全国委员会秘书，则被认为存在争议，秘书应通知到各个上报的代表申请人，并将所有资格证明书和请求提交给共和党全国委员会，请其决定哪些申请人应当被列入全国代表大会临时名单。

第十九条　代表选举或选拔的认证

第一款　所有代表与备选代表的选举或选拔应在全国代表大会会议召开35 日前已完成。

第二款　根据第十六条章程，代表与备选代表应该在以下场合被证明是合格的：

（1）当他们被代表大会、代表大会主席和秘书，或共和党州委员会的主席和秘书选举产生并上报给共和党全国委员会秘书处；

（2）当他们由初选、选举委员会或根据州法律设立并指定的官员选举，颁发政党的全国代表大会代表或备选代表选举证明，所有证明书都应由正式选上的代表与备选代表按照规定的方式提交；

（3）当他们由共和党全国委员会或共和党州委员会主席和秘书选举产生，并被上报到共和党全国委员会秘书处。

第三款　每位代表与备选代表的资格证明书应在全国代表大会会议召开前 30 日提交给共和党全国委员会秘书，以便秘书制定全国代表大会临时名单。以下情况例外：根据州法律规定的选举代表或备选代表的时间无法使资格证明书在上述时间前上交成为可能。

第二十条　争议：州的决议

所有在各州的区代表大会选举区代表产生的争议，应由州代表大会裁决，如果州代表大会不能在全国代表大会前集会，则由州代表大会的委员会裁决。只有广泛影响到代表与备选代表的争议须呈报给共和党全国委员会。如果关于区代表的争议是出于州委员会或州代表大会非常规或非法的行为，则由共和党全国委员会接管，根据第二十二条与第二十三条章程听取争议并决定处理办法。

第二十一条　共和党全国代表大会的临时名单

第一款　递交第十九条章程规定的官方竞选证明书的代表与备选代表的姓名，应由共和党全国委员会列入全国代表大会临时名单。

第二款　全国代表大会临时名单上人员的代表或备选代表席位权力被质疑的，必须经过全国代表大会的投票，最终裁决关于此人的争议，并决定此人具有固定席位，此人才有权在全国代表大会或其任何委员会上投票。除非此人被授予这种投票权，或共和党全国委员会或资格认证委员会的委员中大多数赞成票肯定此人的投票资格。

第二十二条　提交争议

第一款　争议通知应阐明争议的根据与理由，并在全国代表大会开会30日前递交给共和党全国委员会秘书归档，同时应通过挂号信的方式邮寄给处于争议的人员，除非根据适用的州法律规定的选举代表或备选代表时间，无法使在上述日期前递送争议通知书成为可能。

第二款　争议通知书只能由代表权被质疑的曾有资格参加本州各级代表选拔过程的居民提交。

第三款　只有根据这些规则及时递交的争议才能被审议。

第四款　为阐明有关争议与资格的条例，词语"派别"应被理解为根据第二十二条章程递交争议通知书的人或人们，而通知书的主体是有权获得代表或备选代表席位的人或人们。

第二十三条　争议申辩流程

第一款　争议处理委员会应当有权力通过与章程一致的流程性规则，指导递交到争议委员会的争议尽快解决。如果本条款中任何截止日期在星期日或法定节假日，则截止日期向后延1天。

第二款 在全国代表大会召开 22 天前（或者，如果根据适用的州法律规定的代表与备选代表选举的时间无法满足此要求的，则在选举后 5 天之内），每一派别应当递交至少 3 份印刷的或打印的立场说明书给共和党全国委员会秘书，说明书用来支持派别对全国代表大会代表或备选代表席位的要求，并附有誓词与其他需要的证据。共和党全国委员会秘书，一收到一派的立场说明书，应当立即向对立方提供 1 份该立场说明书。每一份立场说明书应当以不超过 1000 字的综述简要概括说明书内容，具体阐述论据。

第三款 争议处理委员会应当尽快听取事件，决定涉及的争议点，是涉及法律还是涉及事实或两者皆有；决定委员会的对于争议问题的解决建议；递交争议问题及其解决建议给共和党全国委员会。争议处理委员会递交的每个议题都应当经过共和党全国委员会审议并裁定，除非共和党全国委员会通过大多数票扩大或改变了争议议题。如果争议处理委员会由于各种原因未能说明争议牵涉到法律还是事实，则共和党全国委员会应当决定争议被裁定为何种问题，且除非共和党全国委员会多数票同意，否则审理应当仅限于这些议题。

第四款 争议处理委员会应当就每份递交的争议制定报告，展示争议的理据；提出争议所依据的法令与规则（如果有的话）；每一方的论点。报告应当包含对争议涉及的法律与事实问题的阐述，争议处理委员会针对争议问题给出的解决建议的说明，并由主席或他指派的人签字。当争议处理委员会准备此报告说明法律与事实问题时，这些问题的说明书备份应立即送达在召开代表大会城市的一人，此人必须由派别在提交争议说明书时被任命，用以接收上述争议问题说明书。说明书还应立即由争议处理委员会主席以最迅速简便的方式邮寄给各方，提供包括但不限于隔夜送达服务书面收据。

第五款 各方应当有 8 日来提交对争议处理委员会就争议问题的说明（法律问题、事实问题，还是均有）的异议。如果共和党全国委员会被要求尽快对争议采取行动，则异议应在委员会会议前提交。异议应包括提交争议说明书的派别对争议问题（法律问题、事实问题，还是均有）所做的有必要被裁定的补充说明。

第六款　如共和党全国委员会被要求审议可能出现的任何争议，则代表大会资格认证委员会的成员也应被告知这些会议的事件与地点，并有权参加所有争议的听证会，但无权参与讨论或投票。

第二十四条　代表大会资格认证委员会

第一款　当全国代表大会集会时，共和党全国委员会秘书应当向代表大会资格认证委员会递交所有资格证明书和第十九条第三款规定的其他文件。

第二款　对于共和党全国委员会在任何争议处理方面不满的，可向代表大会代表资格委员会提出申诉，申诉人只能为正处于根据第二十二条与第二十三条进行的争议处理程序的派别。但是，申诉通知书必须在代表大会资格认证委员会集会前1小时之内递交给共和党全国委员会秘书。申诉通知书应当具体说明申诉的根据。只有具体说明理据，代表大会资格认证委员会才能审理申诉。无具体说明理据递交到共和党全国委员会的申诉，将不会被代表大会资格认证委员会受理，除非其得到在场委员大多数票数的同意。

第三款　关于一个或多个代表或备选代表的身份问题，或任何相关的争议问题，都不能直接呈现给在全国代表大会的代表大会资格认证委员会。所有争议必须首先根据第十八条第二款规定的方式呈递给共和党全国委员会或共和党全国委员会的争议处理委员会。

第四款　来自多于一个州或地区的关于代表和备选代表的动议，应当在资格认证委员会认定无效。

第三章　全国代表大会议程（临时条款）

第二十五条　议事程序

代表大会应按照由共和党全国代表大会准备的打印好的议事规则进行。

第二十六条　委员会报告

第一款　资格认证委员会的报告应当在代表大会规则和议事程序委员会的报告之前被处理；代表大会规则和议事程序委员会的报告应当在代表大会决议委员会的报告之前被处理；代表大会决议委员会的报告应在代表大会进入提名美利坚合众国总统与副总统候选人议程前被处理；代表大会常驻机构委员会报告可以在代表大会资格认证委员会的报告处理后任何时间被处理，但是基于共和党全国委员会准备的议事程序，必须在候选人提名之前。

第二款　如果代表在审议前既已得到第二十六条第一款中列出的任何委员会的报告，则被视为已读。

第二十七条　"州"的定义

第二十五条至第四十一条中，所用的"州"都应当被认为包括美属萨摩亚、哥伦比亚特区、关岛、北马里亚纳群岛、波多黎各和维京群岛。除了以下两种例外：第十三条章程；根据条款上下文"州"的概念明显不适用此款。

第二十八条　代表大会会场的准入

第一款　除了代表团成员、代表大会职员、共和党全国委员会委员、现任共和党州长、现任美利坚合众国共和党参议员、现任美利坚合众国众议院成员，不得准许其他人进入只限代表进入的代表大会会场区域。

第二款　媒体人员应当被准许进入批准其进入的区域。

第三款　共和党全国委员会主席应当保证大会嘉宾通行证的公平分配。每名大会代表和备选代表应当收到代表大会每一分会场至少一张嘉宾通行证。

第四款　每一州，通过其共和党全国委员会委员，应当被分配到全套的额外嘉宾通行证，数量等于该州代表与备选代表人数的33%，若有小数则凑成下一个整数。

第二十九条　投票

第一款　每个大会代表有权投 1 张选票，若代表缺席，则由备选代表投票。若身兼以下超过 1 个职位：共和党全国委员会男委员、共和党全国委员会女委员、州委员会主席，不得占据超过 1 个代表席位，也不得投超多一票的选票。

第二款　若任何代表缺席或国会选区的代表缺席，则按代表大会名单上的顺序对州或区备选代表点名，代表团有认证的按照其认证的顺序来。共和党全国委员会代表资格认证表格应当为州规定一种方式，指定可遵循的替代投票的顺序。

第三十条　议事规则

除了现有权威版本《罗伯特议事规则》（新修订版），美利坚合众国众议院议事规则在适用的范围内不与此章程抵触的，应为代表大会议事规则、代表大会的委员会及下属委员会的议事规则。但是，代表大会也可自己制定有关决议与委员会报告阅读的规则。

第三十一条　辩论时间

代表未经大会允许就同一问题发言不得超过 1 次或多于 5 分钟；公布美利坚合众国总统与副总统的提名候选人的名字时除外。

第三十二条　章程的中止

中止章程的动议应当总是有效，但仅当由任何州的大多数代表授权，且由 5 个或多于 5 个州的代表分别以多数票同意附议。

第三十三条　政纲决议

所有提出的关于政治纲领的决议应以书面形式递交给决议委员会，无需宣读和辩论。

第三十四条　少数派报告、修订案

第一款　决议委员会或规则与议事程序委员会的报告的决议或修订案，在代表大会前不得提交或以这些委员会任何报告的一部分提交，也不得在代表大会宣读或辩论，除非决议或修正案以书面形式在相应委员会就递交给代表大会的报告投票后不晚于 1 小时之内，上交给该委员会的主席、副主席或秘书，或代表大会秘书，且须附上请愿书，表明该委员会最少25%的成员给予肯定的书面支持。

第二款　代表大会资格认证委员会报告的修正案若影响到多于一州的代表或备选代表，则无效。

第三十五条　提出动议

对关于一项待决措施的修正提案的搁置应当符合议事程序。如果此动议通过，则既不应保留，又不能损害原有措施。

第三十六条　先决问题

当任何一州的大多数代表要求解决先决问题，且这个要求同样被两个或多于两个州的代表分别以大多数票附议，则该要求应在代表大会代表的大多数选票支持下生效。

第三十七条　点名

第一款　无论关于何种议题，在要求点名的代表大会中，各州应当按照字母顺序被点名。

第二款　投票时，每一州的投票情况应有该州的代表团主席或由其指定的人宣布；如果一州的投票有分歧，主席应该宣布每个候选人的票数，或宣布赞成或反对某一提案；如果出现例外，该州有代表反对代表团主席宣布内容的正确性，代表大会主席应主持进行代表团中成员的点名唱票，结果根据代表团每位代表的投票情况记录。

第三款　投票时，当点名唱票时，如果有代表需要被跳过，则在点名结束时，按照顺序对跳过的代表点名。没有代表可以被允许改变选票，除非在所有被跳过的代表被给予第二次投票机会后。

第四款　除了为美利坚合众国总统与副总统提名候选人的点名，以及来自15个或多于15个州分别以大多数代表要求人工点名唱票的情况外，代表大会主席可要求在需要点名唱票的大会上，就某个议题的投票可以通过电子、电话、计算机设备同步显示投票情况。每个代表团主席应当在大会秘书提供的正式点名记录表上记录与计算代表团的选票，显示出每位代表的投票情况，并将记录表在点名投票完成后30分钟内提交给大会秘书。

第五款　如果共和党全国委员会裁定，全国代表大会无论在集会城市还是会场均不能召开或进行会议流程，在那时并且只有在那时，对美利坚合众国总统与副总统提名候选人的点名将根据共和党全国委员会批准的流程进行。

第三十八条　单位投票制

任何州或国会选区不得尝试强制使用单位投票制来约束代表和备选代表。

第三十九条　计票

如果任何六个州里每州的大多数代表均要求唱名表决，则各州都应采取同样的上文所述的方式。

第四十条　提名

第一款　为美利坚合众国总统与副总统候选人提名和投票时，应当分别就州点名唱票。如果美利坚合众国副总统只有一个提名人选，其证明了本条第二款所要求的支持，则以口头赞成的方式为此职位提名的动议有效，且应要求就此职位的点名不必进行。

第二款　每位美利坚合众国总统与副总统的提名候选人，应在公布提名候选人名单之前，证明其分别来自5个或5个以上的州代表最多票的支持。

第三款　提名演讲和为美利坚合众国总统与副总统提名候选人的支持演

讲总时间不得超过 15 分钟。

第四款　在点名唱票结束时，任何美利坚合众国总统与副总统提名候选人得到大多数代表大会合法选票的，代表大会主席应当宣布候选人被提名。

第五款　如果没有候选人得到大多数票，代表大会主席应下令再次对州进行点名唱票，并重复点名，直到有一位候选人得到大多数代表大会合法选票。

第四十一条　代表大会委员会

第一款　应有 4 个代表大会委员会：决议委员会、资格认证委员会、规则与议事程序委员会和常驻机构委员会。每一个委员会应有由共和党全国委员会主席任命的 1 名主席、1 名联合主席。共和党全国委员会主席应当在其至少 50% 的成员按照以下句子所述提交选举通知时，宣告本款上述每个委员会的成立。各州代表大会代表一旦被选举或选拔产生，其应当尽快从代表团中选举产生代表团主席、大会的决议委员会、资格认证委员会、规则与议事程序委员会和常驻机构委员会的委员，其中包括每个委员会 1 名男性、1 名女性，且应根据第十九条第三款将选举通知递交给共和党全国委员会秘书；代表任职的代表大会委员会不得超过 1 个。备选代表不能担任代表团主席或代表大会委员会委员，除非能在大会委员会任职的代表数目少于需要填补的职位空缺，则备选代表可以任职，但备选代表任职的代表大会委员会不得超过 1 个。

第二款　委员会与下属委员会需为就以简单多数票方式处理的问题的讲话设定时间限制，但是也应当不少于 20 分钟。时间且应被平等分配给支持者与反对者，此款适用于任何有争议的动议、规则与申诉。

第三款　基于代表大会委员会或下属委员会 20% 委员的要求，投票情况必须根据此章程规定的方式记录，代表大会委员会与下属委员会的投票不得为无记名投票。

第四款　在全国代表大会 25 天前，规则与议事程序委员会成员和共和党全国委员会每位成员应得到一份现有的《共和党章程》以及所有由常务规则委员会从前一届全国代表大会开始通过的修改建议。任何改动应被明显标注。文件应附信说明所有提议的规则在规则与议事程序委员会会议之前仍有可能变更。附信后，任何增加的关于修改《共和党章程》的提议应当尽快提交给规则与议事程序委员会的委员。

第五款　各个代表大会委员会的成员在全国代表大会 25 天前，应当得到最新的委员会成员的名单，以及其完整的联系方式。

第四十二条　临时章程

从第二十五条到第四十二条均为下届全国代表大会及其委员会、下属委员会的临时章程。

*2008 年共和党全国代表大会通过的第十五条第二款原文语言表述如下：

"除了新罕布什尔州与南卡罗来纳州的用于选举、选拔、分配、约束全国代表大会代表的初选、地方党团会议或代表大会可以在全国代表大会召开之年 1 月的第三个星期二任何时间或此日之后召开，其他任何选举、选拔、分配、约束全国代表大会代表的初选、地方党团会议或代表大会的召开均不得先于全国代表大会召开之年 2 月的第一个星期二。"

备忘录

致（To）：相关方

来自（From）：共和党全国委员会委员

日期（Date）：2010 年 8 月 9 日

回复（Re）：由临时代表选拔委员会提案提议的第十五条第二款修正案

2010 年 8 月 6 日，周五，共和党全国委员会（RNC）通过了由临时代表选拔委员会关于第十五条第二款就 2012 年总统提名过程的时间安排的修正案。根据《共和党章程》第十条第四款，这些有关总统提名日程的修改在共和党全国委员会的权威下进行审议。

共和党全国委员会主席迈克尔·斯蒂尔（Michael Steele）对新的修正案的通过表示赞赏："委员会超过 2/3 的决议将使我们的总统提名流程步入正

轨，保证我们摆脱初选阴影，保留可能打败贝拉克·奥巴马的最强劲的共和党提名候选人。"

共和党全国委员会修订的第十五条第二款内容

第十五条　代表及备选代表的选举、选拔、分配及制约

第二款　时间安排

（1）除了爱荷华州、新罕布什尔州、南卡罗来纳州与内华达州的用于选举、选拔、分配、约束全国代表大会代表的初选、地方党团会议或代表大会可以在全国代表大会召开之年2月1日任何时间或此日之后召开，且不受本条第二款第（2）点约束，其他任何选举、选拔、分配、约束全国代表大会代表的初选、地方党团会议或代表大会的召开均不得先于全国代表大会召开之年3月的第一个星期二。

（2）任何总统初选、党团会议、代表大会或其他在全国代表大会召开之年4月1日前选拔全国代表大会代表的会议，应当规定以比例分配代表。

（3）如果民主党全国委员会未能根据第十五条第二款第（1）点提出的日期（2月1日与3月第一个星期二）遵循总统初选日程安排，则第十五条第二款应恢复到2008年共和党全国代表大会通过的规则。

（本章根据美国共和党全国代表大会2008年9月1日通过的，共和党全国委员会2010年8月6日修订的《美国共和党章程》翻译）

（中国人民大学　戴梦瑜　译）

参考文献

(一) 英文著作

［1］ Duverger, Maurice. Duverger's Law: Forty Years Later. in Grofman, Bernard and Arend Lijphart (ed.). *Electoral Laws and Their Political Consequences*, New York: Agathon Press, Inc. , 1986.

［2］ Everett C. Ladd Jr, *American Political Parties, Social Change and Political Response*, New York, London, 1970.

［3］ Everett C. Ladd Jr, *American Political Parties, Social Change and Political Response*, New York, London, 1970.

［4］ James Mac Gregor Burns and J. W. Peltason and Thornas E. Cronin, *Government By the People*, En-glewood Cliffs, NewJersey, 1985

［5］ J. LaPa Lombara, and M. Weiner (eds.), *Political Parties and Political Development*, Princeton: Princeton University Press, 1966.

［6］ Kenneth Prewit, Sidness Verba Harper, *An Introduction to American Government*, New York: Harper & Row, 1974.

［7］ Kirchheimer, "The Transformation of West European Party System", in J. Lapalombara & M. Weiner (eds.), *Political Parties and Political Development*, Princeton: Princeton University Press, 1966.

［8］ Lawrence D. Longley and Neal R. Peirce, *The Electoral College Primer*,

New Haven and London: Yale University Press, 1996.

［9］ Maurice Duverger, *Political Parties*, London: Methuen, 1945.

［10］ M. Ostrogorski, *Democracy and the Organization of Political Parties*, London: The Macmillan company, 1902.

［11］ Robert L. 1ineberry, *Government in America: People, Politics and Policy*, New York, 1991.

［12］ Russell J. Dalton, "Political Support in Advanced Industrial Democracies", in Pippa Norris (ed.), *Critical Citizens: Global Support for Democratic Governance*, Oxford: Oxford University Press, 1999.

［13］ William B. Heselting, *Third-Party Movement in the United States*, Prineton, New Jersey, Toronto, New York, Lonton, 1962.

（二） 英文文章

［1］ David Adamany, "The Political Science of E. E. Schattschneider: A Review Essay," *The American Political Science Review*, Vol. 66, No. 4, 1972.

［2］ F. C. Bertoa, "Party systems and cleavage structures revisited: A sociological explanation of party system institutionalization in East Central Europe", *Party Politics*, 2014.

［3］ Van Biezen, I., Mair, P, and Poguntke. T, "Going, going, …gone? The decline of party membership in contemporary Europe" *European Journal of Political Research*, Vol. 51, Issue 1, 2012, pp. 24 – 56.

［4］ John Kenneth White, "E. E. Schattschneider and the Responsible Party Model," *Political Scienceand Politics*, 1992.

（三） 中文著作

［1］曹绍谦：《美国政治制度史》，兰州：甘肃人民出版社 1982 年版。

［2］何俊志：《选举政治学》，上海：复旦大学出版社 2009 年版。

［3］焦佩：《变迁中的韩国左翼政党研究环境、理念、结构及功能》，济

南：山东大学出版社 2015 年版。

[4] 金安平、陈忱：《民主协商与协商民主：当代中国政党的理论与实践》，北京：中国文联出版社 2007 年版。

[5] 雷飞龙：《政党与政党制度之研究》，台北：韦伯文化国际出版有限公司 2002 年版。

[6] 李道揆：《美国政府和美国政治》，北京：商务印书馆 1999 年版。

[7] 刘杰：《当代美国政治》，北京：社会科学文献出版社 2001 年版。

[8] 孙林、黄日涵：《治学核心概念与理论》，天津：天津人民出版社 2017 年版。

[9] 王长江：《时代的声音——"三个代表"与党的建设》，青岛：青岛出版社 2002 年版。

[10] 王长江：《政党论》，北京：人民出版社 2009 年版。

[11] 姚尚建：《责任政党政府研究》，北京：中央编译出版社 2009 年版。

[12] 张立平：《美国政党与选举政治》，北京：中国社会科学出版社 2002 年版。

[13] 赵丽江：《政治学》（第二版），武汉：武汉大学出版社 2012 年版。

[14] 中央社会主义学院政党制度研究中心：《中国政党制度年鉴》，北京：中央编译出版社 2014 年版。

[15] 〔美〕汉密尔顿、杰伊、麦迪逊：《联邦党人文集》，程逢如、在汉、舒逊译，北京：商务印书馆 1980 年版。

[16] 〔美〕梅里亚姆：《美国政治学说史》，朱曾汶译，北京：商务印书馆 1988 年版。

[17] 〔美〕基思·格雷厄姆：《当代政治哲学》，董云虎、姜兴宏译，沈阳：辽宁大学出版社 1988 年版。

[18] 〔英〕戴维·米勒、韦农·波格丹诺：《布莱克维尔政治学百科全书》，北京：中国政法大学出版社 1992 年版。

[19] 〔美〕詹姆斯·麦格雷戈·伯恩斯：《领袖论》，李刘胜等译，北

京：中国社会科学出版社 1996 年版。

[20]〔美〕E. E. 谢茨施耐德：《半主权的人民》，任军锋译，天津：天津人民出版社 2000 年版。

[21]〔英〕爱德蒙·伯克：《美洲三书》，谬哲选译，北京：商务印书馆 2000 年版，

[22]〔英〕戴维·米勒、韦农·波格丹诺：《布莱克维尔政治学百科全书》，邓正来译，北京：中国政法大学出版社 2002 年版。

[23]〔英〕博林布鲁克：《博林布鲁克政治著作选》，北京：中国政法大学出版社 2003 年版。

[24]〔英〕休谟：《休谟政治论文集》，北京：中国政法大学出版社 2003 年版。

[25]〔英〕P. J. 马歇尔：《剑桥插图大英帝国史》，樊新志译，北京：世界知识出版社 2004 年版。

[26]〔美〕罗伯特·达尔：《多元民主的困境——自治与控制》，周军华译，长春：吉林人民出版社版 2006 年版。

[27]〔美〕乔万尼·萨托利：《政党与政党体制》，北京：商务印书馆 2006 年版。

[28]〔法〕让·布隆代尔：《政党政府性质——一种比较性欧洲视角》，北京：北京大学出版社 2006 年版。

[29]〔美〕托马斯·帕特森：《美国政治文化》，顾肃、吕建高译，北京：东方出版社 2007 年版。

[30]〔美〕R. R. 帕尔默：《现代世界史》，何兆武、孙福生、陈敦全等译，北京：书出版公司 2009 年版。

[31]〔美〕杰克·A. 戈德斯通：《国家、政党与社会运动》，章延杰译，上海：上海人民出版社 2009 年版。

[32]〔美〕李普塞特：《共识与冲突》，上海：上海人民出版社 2011 年版。

[33]〔英〕艾伦·韦尔：《政党与政党制度》，谢峰译，北京：北京大学

出版社 2011 年版。

　　〔34〕〔美〕西摩·李普塞特：《共识与冲突》，张华青等译，上海：上海人民出版社 2011 年版。

　　〔35〕〔美〕拉里·戴蒙德、理查德·冈瑟：《政党与民主》，徐琳译，上海：上海人民出版社 2012 年版。

　　〔36〕〔美〕利昂·D. 爱泼斯坦：《西方民主国家的政党》，何文辉译，北京：商务印书馆 2014 年版。

　　〔37〕〔美〕L. 桑迪·梅塞尔：《美国政党与选举》，陆赟译，南京：译林出版社 2017 年版。

　　〔38〕〔美〕迈特·格罗斯曼、戴维·霍普金斯：《美国政党政治——非对称·极端化·不妥协》，苏淑民译，北京：当代世界出版社 2020 年版。

　　〔39〕〔法〕迪韦尔热：《政党 概论》，雷竞璇译，香港：青文文化事业公司 1991 年版。

　　〔40〕〔法〕让–马里·科特雷、克洛德·埃梅里：《选举制度》，张新木译，北京：商务印书馆 1996 年版。

　　〔41〕〔美〕托马斯·戴伊、哈蒙·齐格勒：《民主的嘲讽》，北京：世界知识出版社 1991 年版。

　　〔42〕〔英〕维尔：《美国政治》，北京：商务印书馆 1988 年版。

　　〔43〕〔美〕哈罗德·F. 戈斯内尔等：《美国政党和选举》，上海：译文出版社 1980 年版。

（四）中文文章

　　〔1〕包刚升：《从保守主义民主理论到宪法工程学——乔万尼·萨托利的主要著述及其学术贡献》，载《政治学研究》，2017 年第 3 期。

　　〔2〕岑树海：《民主危机时代政党组织的适应性变革——论卡兹和梅尔的政党理论》，载《国外社会科学》，2016 年第 3 期。

　　〔3〕柴宝勇：《西方政党政府的分析性、经验性、规范性难题及其解答——来自让·布隆代尔的启示》，载《中共天津市委党校学报》，2007 年第

2 期。

　　[4] 柴宝勇:《政党概念的再探讨》,载《社会主义研究》,2011 年第 1 期。

　　[5] 陈家刚:《西方政党政府研究的范式变迁》,载《理论与现代化》,2008 年第 2 期。

　　[6] 陈崎:《冯·贝梅的政党思想述评》,载《北京行政学院学报》,2014 年第 1 期。

　　[7] 陈崎:《理查德·卡茨和彼得·梅尔的卡特尔政党理论述评》,载《教学与研究》,2013 年第 8 期。

　　[8] 陈崎:《为美国政党正名——利昂·爱泼斯坦的政党学说述评》,载《当代世界与社会主义》,2014 年第 4 期。

　　[9] 丁晔:《从国家与社会运动的互动看社会运动的"制度化"》,载《国外理论动态》,2013 年第 9 期。

　　[10] 方旭飞:《试论拉美印第安人运动与左派政党》,载《拉丁美洲研究》,2010 年第 4 期。

　　[11] 高奇琦:《西方政党类型学研究:历史主义与整合主义的新发展》,载《探索》,2011 年第 6 期。

　　[12] 高新军:《美国政党政治的特点和社会关系》,载《马克思主义与现实》,2005 年第 1 期。

　　[13] 郭起飞:《詹姆斯·麦迪逊多元主义政治思想研究》,大连理工大学博士学位论文,2013 年。

　　[14] 何文辉:《为美国政党辩护——列昂·爱泼斯坦〈西方民主国家的政党〉评介》,载《开放时代》,2004 年第 4 期。

　　[15] 靳呈伟:《拉美共产党的理论、政策与组织研究》,山东大学博士学位论文,2010 年。

　　[16] 李剑:《从"宗派"到"党派"——博林布鲁克与现代政党观的起源》,载《当代世界与社会主义》,2009 年第 1 期。

　　[17] 刘娟、权伟太:《从党政关系看西方国家的政党政治》,载《当代

世界与社会主义》，2009 年第 6 期。

　　［18］刘强：《美国人怎样入党》，载《乡音》，2003 年第 3 期。

　　［19］刘颜俊、王晶晶：《重访和超越迪韦尔热：选举制度、社会裂隙与政党数量》，载《学海》，2022 年第 6 期。

　　［20］马岭：《政党执政后的存在形式》，载《南阳师范学院学报》，2010 年第 5 期。

　　［21］乔万尼·萨托利：《政党的类型、组织与功能》，胡小君、朱昔群译，载《马克思主义与现实》，2006 年第 3 期。

　　［22］佘湘：《论国家治理现代化与服务型政党建设的政治逻辑》，载《理论研究》，2015 年第 4 期。

　　［23］宋腊梅：《麦迪逊的政党思想与实践》，载《河南大学学报（社会科学版）》，2008 年第 2 期。

　　［24］宋腊梅：《英美政党思想的起源》，武汉大学博士学位论文，2013 年。

　　［25］孙林：《网络时代西方政党政治困境》，载《理论视野》，2013 年第 4 期。

　　［26］孙琳：《E. E. 谢茨施耐德生平及其政党思想产生背景》，载《法制与社会》，2010 年第 6 期。

　　［27］屠舒：《书介》，载《国际研究参考》，2021 年第 12 期。

　　［28］谢峰、王燕：《简析美国政党与政府关系的特征及成因》，载《科学社会主义》，2012 年第 4 期。

　　［29］徐宗才：《麦迪逊政党思想评析》，载《法制与社会》，2016 年第 5 期。

　　［30］阎照祥：《博林布鲁克的宪政观和政党理论》，载《世界历史》，2015 年第 6 期。

　　［31］杨天雄：《浅析莫里斯·迪韦尔热政党理论的基本思想》，载《社科纵横》，2014 年第 12 期。

　　［32］姚尚建：《政党政府的批判与重建——基于谢茨施耐德〈政党政

府〉文本的分析》，载《湖州师范学院学报》，2007 第 4 期。

[33] 叶麒麟：《定位、测量与形态：政党与社会的关系研究》，载《武汉大学学报（哲学社会科学)》2017 年第 4 期。

[34] 袁倩：《社会运动中的国家行为——"类型——回应"视角的综述与反思》，载《广东行政学院学报》，2013 年第 3 期。

[35] 张冬冬：《分层的党员结构与邀请制——新加坡人民行动党党员制度及其借鉴意义》，载《云南行政学院学报》，2014 年第 3 期。

[36] 张建伟：《政党研究中的西方中心范式：挑战，局限与突破》，载《马克思主义与现实》，2022 年第 5 期。

[37] 张立平：《美国选举制度剖析》，载《当代世界与社会主义》，2005 年第 2 期。

[38] 张小劲：《关于政党组织嬗变问题的研究：综述与评价》，载《欧洲》，2002 年第 4 期。

[39] 张兹暑：《试论美国两党制的特点》，载《河北师范大学学报》（哲学社会科学版)，2002 年 第 6 期。

[40] 赵来文：《美国民主政治的实现形式——两党政治透析》，载《长春工程学院学报》（社会科 学版)，2002 年第 3 卷第 2 期。

[41] 赵雪：《政党体制计数标准浅析——兼评 G. 萨托利〈政党与政党体制〉》，载《人民论坛》，2010 第 35 期。

[42] 周建勇、周华杰：《新加坡集选区制的政治后果——基于 1988 年以来八次大选结果的分析》，载《上海行政学院学报》，2022 年第 3 期。

[43] 周淑真、冯永光：《美国政党组织体制运行机制及其特点》，载《当代世界与社会主义》，2010 年第 3 期。

[44] 朱昔群：《政党发展研究——一种比较的视角》，载《马克思主义与现实》，2006 年第 3 期。

后　记

　　对本书进行编写的想法是笔者在给党的建设专业研究生授课过程中萌发的。基于此，对西方现代政党理论进行了全面系统的考察，并对该领域内重要人物的理论、观点、思想等进行梳理，并从历史唯物主义和辩证唯物主义的立场给予评价。编写此书的目的是让学生了解、掌握西方现代政党的理论发展脉络，因此在编写过程中请党的建设专业研究生刘旖、张悦、黄嬛、刘晓炜、李若楠、曹婉婷、张会杰、喻文婷参与了编译工作，这是一群积极向上且能够吃苦的孩子，跟他们一起，让我感受到了青春的气息，更让我有一种更强的使命感和责任感。

　　感谢我已经出站的博士后朱晔文同学，她在英国谢菲尔德大学攻读政治学硕士后到布里斯托大学攻读政治学博士学位，然后回国做我的博士后。她对西方政党制度的深入研究和深厚的英语功底，为我的编写工作提供了帮助。感谢我的博士研究生周婧涵同学，协助我通读全文。

　　感谢中央编译出版社社长兼总编辑郗卫东先生，感谢编辑李媛媛、王岗老师，给编辑出版提供了大力支持。

　　在编写过程中，我们还参考和吸收了国内外学术界的相关研究成果，虽然进行了标注，但难免挂一漏万。谨此致谢。

　　受研究能力和编写水平限制，本书不可避免地存在一些浅薄和错漏之处，还存在一些分析不到位、不够精确之处，敬请读者批评指正。

岳　奎

2023 年 12 月 31 日于喻家山下